京师青年教师出版资助基金

JINGSHI QINGNIAN JIAOSHI CHUBAN ZIZHU JIJIN

U0819118

ZHONGGUO GAODENG YUANXIAO BANXUE XIAOLÜ YANJIU

中国高等院校办学效率研究

侯龙龙◎著

北京师范大学出版集团
BEIJING NORMAL UNIVERSITY PUBLISHING GROUP
北京师范大学出版社

图书在版编目(CIP)数据

中国高等院校办学效率研究／侯龙龙著.—北京：北京师范大学出版社，2012.12
京师青年教师出版资助基金项目
ISBN 978-7-303-15902-4

Ⅰ.①中… Ⅱ.①侯… Ⅲ.①高等学校－学校管理－研究－中国 Ⅳ.①G647

中国版本图书馆CIP数据核字（2013）第016915号

营销中心电话 010-58802181 58805532
北师大出版社高等教育分社网 http://gaojiao.bnup.com.cn
电子信箱 beishida168@126.com

出版发行：北京师范大学出版社 www.bnup.com.cn
北京新街口外大街19号
邮政编码：100875
印　　刷：北京京师印务有限公司
经　　销：全国新华书店
开　　本：148 mm × 210 mm
印　　张：10.5
字　　数：230千字
版　　次：2012年12月第1版
印　　次：2012年12月第1次印刷
定　　价：32.00元

策划编辑：郭　瑜　　责任编辑：郭　瑜　祁　琳
美术编辑：毛　佳　　装帧设计：毛　佳
责任校对：李　菡　　责任印制：陈　涛

目　录

第一章　提升我国高等院校办学效率的目的及意义

1.1　我国高等院校发展模式与办学效率研究

1.1.1　我国高等教育中的范围经济研究的现实背景

自从 20 世纪 80 年代以来，我国的高等教育大致经历了两个发展阶段，也主要采取了两种不同的发展方式。一种是被称为“外延式”的发展方式，这种方式主要是通过增加学校数量、依靠新建高校吸纳入学新生的办法来扩大高等教育的总体规模，我国在 20 世纪 80 年代的高等教育发展就主要采取了这种方式；另一种是被称为“内涵式”的发展方式，是指通过挖掘现有学校的潜力，提高现有学校的内部效率，扩大现有学校的招生数量来实现高等教育总体规模的扩大(闵维方，1990；丁小浩，2000)。可以说，我国自 20 世纪 90 年代以来的高等教育发展就采取了“内涵式”的发展方式为主，兼有“外延式”的发展方式的特点。具体情况见下面的图表分析。

表 1.1　1992 年以来我国普通高等学校校均规模历年的变动情况

（单位：人）

年份	1992	1993	1994	1995	1996	1997	1998	1999	2000	2001	2002
全国	2 074	2 381	2 591	2 758	2 927	3 112	3 335	3 815	5 289	5 870	6 471
本科院校	2 676	3 094	3 418	3 632	3 857	4 062	4 418	5 275	6 916	8 730	10 454
专科院校	1 051	1 235	1 338	1 405	1 466	1 594	1 701	1 975	2 282	2 337	2 523

资料来源：《中国教育事业统计年鉴 2002》，18 页。

从上表和下图可以看出，自 1992 年以来我国普通高等学校校均规模逐年增大，专科院校的校均规模随时间缓慢增加，而对本科院校和全国高校来说，校均规模不仅高于专科院校的平均水平，而且随时间增加很快，尤其是在 1999 年扩招后，本科院校的校均规模急剧增大，到 2002 年，校均规模已达到 10 000 人左右的水平，这样也带动全国高校总体的平均规模急剧增大。用图 1.1 表述更清楚些。

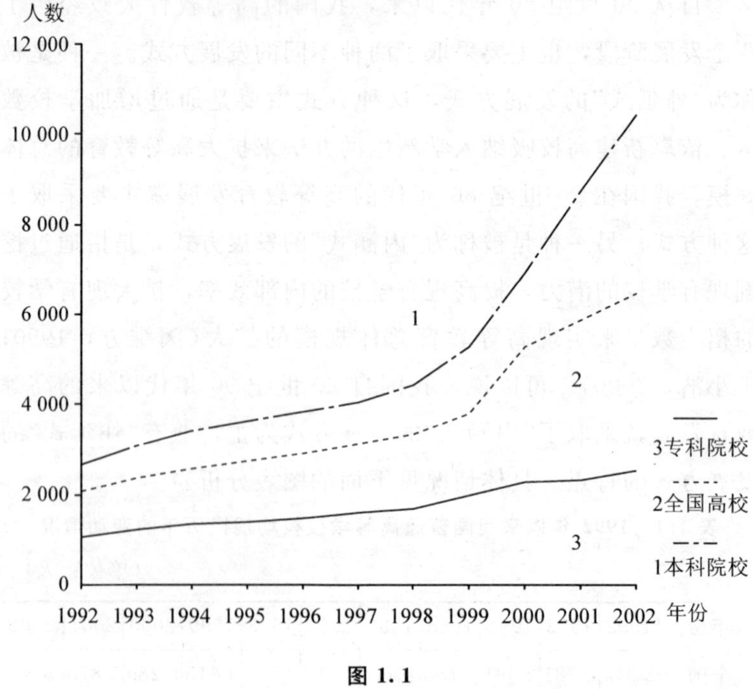

图 1.1

下面我们再来看看 1992 年以来，我国普通高校学校数的变动情况。

表 1.2　1992 年以来我国普通高等学校学校数历年的变动情况

（单位：所）

学校类型＼年份	1992	1993	1994	1995	1996	1997	1998	1999	2000	2001	2002
全国普通高等学校数	1 053	1 065	1 080	1 054	1 032	1 020	1 022	1 071	1 041	1 225	1 396
教育部直属院校*	36	36	36	35	35	35	45	46	72	72	72
中央其他部委所属院校	322	325	331	323	311	310	218	202	44	39	39
地方所属院校	695	704	713	696	686	675	759	823	925	1 114	1 154
民办高校数			880	1 209	1 109	1 095	1 200	1 240	1 282	1 202	1 202

资料来源：《中国教育事业统计年鉴 1992—2002 年》，18 页；* 1997 年之前是国家教委；民办高校数据来自中国教育和科研网 http://www.edu.cn/20011105/3008194.shtml，以及各年事业统计年鉴，这里的民办高校是指“社会力量办学的非学历高等教育机构”，它没有包括在全国普通高等学校数里面。另有授予学历的民办高校，截至 2003 年 11 月 7 日共 173 所，http://www.moe.edu.cn/highedu/gxtz/mbgx_20031107.htm，其他年份由于缺乏数据没有列出。

用图 1.2 表述更清楚些。

从图 1.2 可以看出，全国普通高校的总数随时间逐渐减少，并略有波动，2000 年之后又明显增加。教育部直属高校数量一直比较平稳，并略有增加。地方院校和中央其他部委所属院校在 1997 年之前数量比较稳定，1997 年之后，地方院校急剧增加，而中央其他部委所属院校急剧下降。民办高校数量处于一种大的波动当中。结合上面的两张图可以看出，大致在 2000 年之前，全国普通高等学校数量变动不大，而校均规模一直在增大，这段时间的高等教育发展主要是采取了“内涵式”

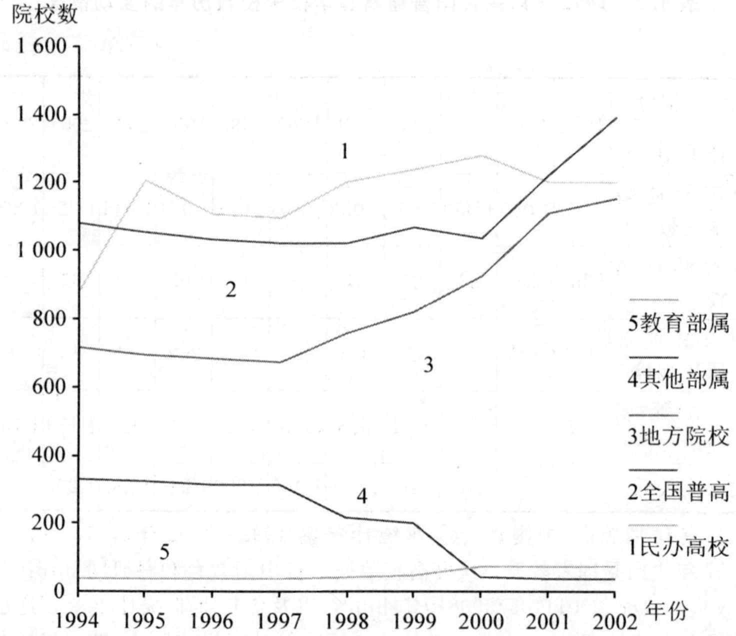

图 1.2

的发展方式；2000 年之后，全国普通高等学校数量和校均规模都急剧增大，此后，表现出了“内涵式”和“外延式”混合的发展方式。那么，我国高等教育在经历了这样的发展以后，目前的资源利用状况如何呢？这里我们将我国高等教育的内部效率的几个方面同世界各国进行比较①。

目前，我国第三级教育生均支出(5 798 美元)同世界各国的平均水平基本接近(WEI mean，5 200 美元)同 OECD 国家

① 已有的研究判断高校内部效率，通常从以下几个方面考虑：生均成本、生师比、规模经济等(韩素贞，1998；陈晓宇，1995；丁建立，1997；等)。

平均水平相比(9 210 美元)仍有很大差距，说明我国仍需加大对高等教育的人均投入。其中，捷克共和国、匈牙利、韩国、斯洛伐克共和国和西班牙同我国支出水平相近。

从公共教育经费中生均日常经费与人均国内生产总值之比看，我国的高等教育对国内生产总值的比重(161)高于世界平均水平(95)远高于 OECD 国家的平均水平(44)，我国的生均教育经费比重过高，需要减小它。那么要减少这一比重可以有三种方式：减小分子(生均教育经费)、增大分母(提高人均国内生产总值)或同时减小分子增大分母。

从比较中发现靠减少生均教育经费的方法是不可行的，那么似乎剩下的唯一解决办法是加快国家经济增长速度，提高人均国内生产总值。

高等教育规模的扩展必须以高等教育经费水平的提高为依托，但事实上，自从 20 世纪 80 年代以来，我国高等教育就面临着严重的财政制约。为弥补经费需求与供给的缺口，我国政府和有关部门已经采取了两种解决办法。一是扩大财政来源，多渠道筹措教育经费。二是提高教育资源的使用效率，挖掘高等教育的办学潜力(李文利，2000)。第一种措施中，实行成本补偿，提高学费是一项主要的举措。但是，随着近年学费的提高，通过这种途径筹措教育经费的空间也日益狭窄，高等教育中的公平问题日益突显出来。

所以，在目前我国的经济发展阶段和政府财政能力的约束条件下，提高高等教育的内部效率，充分利用已有的办学资源，成为实现高等教育健康发展的必由之路。在改进高等教育的内部效率方面，研究者们已经积累了丰富的研究成果，其中以规模效益的研究最为突出。以闵维方、丁小浩等学者为代表的规模效益研究，将分析层面具体到院校、系、专业，通过系统的理论分析和实证研究，曾经为我国20世纪90年代以来的高等教育发展提供了很好的理论指导。但是，随着我国高等教育规模的扩展，院校平均规模的扩大，规模效益可以利用的潜力和空间也将变得越来越小。寻找其他可以改善高校内部办学效率的途径就自然提上日程了。我们正是在这种背景下，对我国高等教育中的范围经济进行了系统的理论分析和实证研究。

1.1.2　我国高等教育中的范围经济研究的思想理论背景

对高等教育中范围经济的研究，由于涉及大学的教学和科研这样的多产出活动，所以，它的思想渊源可以追溯到德国新人文主义教育思想的代表人物卡尔·威廉·冯·洪堡。洪堡指出，大学兼有双重任务，一是对科学的探求，一是个性与道德的修养(转引自陈洪捷，2002，37页)。教学与科研相结合的思想是洪堡对世界教育思想的重要贡献之一，所谓“由科学而达至修养”的原则便概括了大学的双重任务；同时他还表达出了这双重任务的关系，即大学的活动为从事科学，其根本目标则在于促进学生乃至民族的精神和道德修养(转引自陈洪捷，2002，38页)。洪堡于1809—1810年撰写了《论柏林高等学府的内外组织问题》一文，进一步阐述了他的教学与科研相结合的思想。洪堡写道：“在高等学府这个概念中……汇集了与一个民族的道德文化有直接关系的一切，这个概念的立足点是高等学府必须对科学这个词的深度和广度展开研究，不是说有意识地把科学用于培养道德智慧，但无疑科学是培养道德智慧的最合适的材料。”(转引自吴式颖，任钟印，2002，184页)洪堡进一步指出："高等学府的本质在于内部把客观的科学和主观的教育、外部把结束了的中学教育和刚开始的大学在自己的领导下结合起来，或者说是促使前者向后者过渡。……高等学府的另一个特点是把科学永远看作是没有彻底解决的问题，因而永远处于科研中。通常中学教育只与固定的和既成的知识发生联系，而在大学里教师和学生的关系完全是另外一种关系，教师并不是为了学生存在，应该说教师和学生是共同为科学而存在。"可见，洪堡反对把大学中传授的知识看作一个封闭的系统，而把它看成是一个开放的、不断调整改变的力量，大学的教学和科研应当结合，大学学习是对学生科研能力的一种挑战。

本文不仅可以为洪堡关于大学的教学与科研相结合的思想提供支持，而且我们从范围经济这个特定的分析视角来讨论这一命题。从大学作为人力资本的生产和知识生产的一种联合生产的组织形态，教学和科研活动相结合在经济的意义上是否也有其存在的理由？这正是高等教育中的范围经济要回答的问题。

1.2 范围经济的概念和范围经济研究的缘起

范围经济是指"单个企业联合生产两种或两种以上的产品时，其成本比将它们分别放在不同的企业生产要节省。"(Panzar, J. C. and Willig, 1981)①这种生产方式也被称为是联合生产。

由此可见，范围经济是同所谓的多产出组织(Multi-prod-

---

① Panzar, J. C. and Willig, R. D. *Economies of Scope*, *American Economic Review*, 71, May 1981, pp. 268～272.

uct Organization)紧密联系在一起的，也就是说，当我们谈论范围经济的时候，一定是存在同时生产两种或两种以上的产出，从事这种生产的组织被称作多产出组织。就高等教育而言，通常认为大学、学院等这类高等教育机构是提供教学、科研和社会服务这些不同的产出。因此，大学、学院等高等教育机构是一种典型的多产出组织。我们就有必要对高等教育中的范围经济进行分析和研究。大学产出的混合性使得我们有可能在不增加投入的情况下，仅仅通过改变大学里(以及大学之间)资源的现有分配方式而降低成本。

1.3 为何要提升我国高校办学效率的探讨

目前，对高等教育中的范围经济问题已经有了美国、英国、日本、澳大利亚和土耳其等国别的研究，而我国目前除了宋光辉的研究外，仍无人做过实证分析，所以我们的这一研究可以在以下几个方面进行创新。

第一，通过对我国高等教育中范围经济的实证分析填补了国内关于高等教育中范围经济研究空白①。本文是国内首次系统地从理论到实证对高等教育中的范围经济进行的研究。

第二，本文在计算范围经济时，同时使用了二次成本模型和CES成本模型这两种模型对范围经济进行估计计算，而已有的国外同类研究通常只使用其中的一种成本模型进行估计。

---

① 需要说明的是，本文的研究是在与宋光辉(2003)相互独立的情况下做出的，笔者对这一问题的关注和研究可以追溯到2000年的硕士学位论文。后来在2003年年底，笔者看到了宋光辉(2003)的文章，当时，本文的基本工作都已完成。宋光辉关注的焦点是高校扩招，而我们分析的重点是范围经济，扩招只是讨论范围经济的一个方面，在论文中我们还会讨论我们的研究如何不同于宋光辉的研究。

这样我们就有机会对两种不同的成本模型的估计计算结果进行比较、对照。

第三，我们的研究还对比了单产出成本模型与多产出成本模型的计算结果，由于采用不同的产出处理方式，使得我们的研究结论不同于国外同类研究 Cohn et al.(1989)。而且，由于我们的处理方式更令人信服，从而对 Cohn et al.(1989)的对比结果提出了质疑。

第四，我们的研究不仅计算出了范围经济的结果，而且进一步分析了这些范围经济结果的经济含义，在这个基础上，我们总结出一个经过拓展的范围经济的新定义。而国外已有的同类研究都停留在求解出范围经济的计算结果。

第五，我们的研究不仅同时考虑了教学和科研产出的质量因素，而且使用了更有说服力的数据来量度质量变量。而国外的同类研究或者是没有考虑质量①，或者考虑质量因素时，不是笼统地将教学和科研活动用一个指标来量度，就是只对教学和科研中的某一项进行量度②。

第六，我们的研究也是国内首次从实证角度分析高校的合并效果，通过三种不同的方式考察了合并中的范围经济。尤其是，使用 Lloyd 等人(1993)提供的判别高校合并的经济效果的

① Cohn et al.(1989)，Lloyd et al.(1993)，Nelson and Heverth(1992)，Johnes(1996，1997)等。

② Koshal& Koshal(1995)，虽然使用了学生入学成绩 SAT 和学校声誉等级衡量质量，但他们是把这两个指标分别放在不同的模型里进行讨论的；再如 Glass et al.(1995)使用分类评估成绩将科研质量分为高、中、低三级，没有考虑教学质量；Koshal& Koshal(1999，2000)只使用了 SAT 成绩来衡量质量，仅能反映教学质量，而无法反映出科研产出的质量。

方法，可以相对准确的判断出合并带来的合并经济、规模经济和范围经济。而且，我们从理论上对合并经济的计算公式提出了质疑和修正。

第七，通过运用 Baumol et al. 的多产出组织理论对我国高等教育机构中的范围经济进行计量分析，使我们的研究还可以成为其他多产出行业研究(如银行业、医疗、运输业、石油精炼等行业的效率研究)借鉴的对象，有助于推动我国教育经济学和相关学科同国际学术研究的接轨。

本书的现实意义在于：通过对高等教育中范围经济的实证研究，可以为政府、高校在制定相应政策、决策时提供理论依据。具体来说，在高等院校规模的扩展形式、高等院校生产组织方式的选择、高等院校合并、高等教育的经费分配政策以及对高等院校不同产出上的教育投入上，范围经济研究都可以为提高资源使用效率，改进资源配置状况，提供一定的理论指导。

1.4 本书的主要内容

在对本书的研究背景、研究问题的提出、研究目的和研究意义做了相应陈述之后，我们下面介绍一下本文的主要章节和内容上的安排。

本书第三章主要介绍了同范围经济有关的理论及其应用情况。主要讨论了范围经济研究中的成本函数、生产函数和对偶理论等相关理论，包括成本函数从单产出向多产出的变化，多产出成本函数的技术特征以及 3 种常用的多产出成本模型。此外，还讨论了范围经济的来源、范围经济的假定条件、范围经济与合并的关系以及范围经济理论在不同行业中的应用研究等。

本书第四章和第五章，利用2000—2002年教育部直属74所高校数据，分别估计了高校的二次成本模型和CES成本模型，并计算了不同产出水平上的总体范围经济和特定产出的范围经济。此外，我们还比较了单产出和多产出的二次成本模型，进而对国外同类研究的算法提出了质疑。

本书第六章，将教学和科研质量引入到二次成本模型中，使用直接对教学和科研产出的评估获奖情况作为质量的量度指标，计算总体范围经济和特定产出的范围经济。使我们的研究同国外同类研究相比，更能充分反映教学和科研质量情况。

本书第七章和第九章，分别考察了学校类型和学校所在地区对范围经济结果的影响。以第四章估计的二次成本模型为基础，计算不同院校类型之间以及不同院校类型同全部院校为样本的总体范围经济和特定产出的范围经济。在考虑地区因素对范围经济的影响时，将高校所在地区分为东、中、西部，使用混合样本均值与使用不同地区均值计算总体范围经济和特定产出的范围经济。

本书第八章，分析了我国高校合并和扩招中的范围经济。我们主要使用了Lloyd等人(1993)提供的计算公式，使用2000年不同类型高校数据和二次成本模型、CES模型，对合并经济以及将合并经济分解后的范围经济和规模经济进行了计算。

本书第十章，还进一步将前面几章的影响因素：教学和科研的质量、学校类型、高校合并以及高校所在地区等综合起来考虑，计算了总体范围经济和特定产出的范围经济。

本书第十一章，总结了前面第四章至第八章实证研究的主要结论，并把这些结论同国外的同类研究结果进行了比较。在总结此前研究的基础上，提出了进一步研究的建议，为将来对本研究课题的深化指出了可能的方向。最后，基于实证研究的结论和理论分析，提出了相应的政策建议。

第二章　高等院校办学效率的相关研究成果

2.1　国外学者对高等教育中规模经济与范围经济的研究

一般来说，国外学者对高等教育中的规模经济和范围经济的研究有以下两个显著特点。

首先，在高等教育机构①的产出问题上，通常认为高等教育机构是一种多产出的组织(Multi-product Organization)(de Groot et al. 1991，Johnes 1997)，是从事多产出生产活动的(Cohn et al. 1989，Lloyd et al. 1993，Johnes 1997)。它的产出通常包括两大类：教学产出(Teaching Output)和科研产出(Research Output)(Cohn et al. 1989)，而其中的教学产出又被划分为两种：本专科产出(Undergraduate Output)②和研究生产出(Graduate Output)(Cohn et al. 1989，de Groot et al. 1991，Koshal& Koshal，1999)。尽管对高等教育产出还有

① 英文是 Institutes of Higher Education，IHEs，泛指提供高等教育服务的各种大学、学院及研究所等机构。

② 国内一些学者将"undergraduate"译成"本科生"。如马骥雄将"undergraduate" education 译成"本科教育"，杨汉青、韩骅在讨论本科生教育时，也使用了相同的译法。但是，一般的英汉词典中"undergraduate"词条是"尚未拿到学位的大学生"，依照中美高等教育的结构，"大学生"都应包括本科生和专科生。后来笔者的这一想法被《中国教育事业统计年鉴 1994》所证实，年鉴中将"undergraduate students"译成"本专科学生数"。据此，笔者采用后一用法，并进一步提出本科生和专科生产出是否也可以被看作两种不同的产出这一值得探讨的问题。

其他的划分方法①，但是西方教育经济学界(主要以美国、英国和澳大利亚的学者为代表)对高等教育机构的多产出(Multi-Product)性质是有基本共识的。

其次，对高等教育中的规模经济和范围经济的研究深受经济学研究成果的影响。因为规模经济和范围经济原本就是经济学中的两个概念，所以经济学家们的研究直接影响到教育经济学的研究方法和研究工具。如 Baumol，Panzar 和 Willig (1982)在他们那本经典性的论著 *Contestable Markets and the Theory of Industry Structure* 中，建立了一套专门分析多产出厂商的技术。Cohn et al. (1989)在他们那篇引证率很高的论文 *Institutions of higher education as multi-product firms：economies of scale and scope* 中，就是遵从 Baumol et al. 的方式，采用了他们对规模经济和范围经济处理方法。

2.2 国内学者对高等教育的规模经济研究

国内自 1986 年世界银行对我国 136 所高校进行了有关“规模效益”的实证分析之后，北京大学的闵维方、丁小浩、梁续军、姜力争等人通过理论分析和实证研究，取得了一定研究成果②。

世界银行(1986)对 20 世纪 80 年代我国高等教育系统的总体规模扩展模式进行了研究。闵维方(1990)对数据进行了实证

---

① 例如，Nelson 和 Heverth (1992)，除了划分科研产出和研究生产出外，还进一步将本专科产出细分为高年级本专科产出 Upper-level Undergraduate Output 和低年级本专科产出 Lower-level Undergraduate Output。Dundar&Lewis (1995)则将研究生产出细分为硕士生和博士生。

② 以下内容还可参见闵维方等(1995)的综述。

分析并作了新的调查，结果发现，自 1980 年到 1988 年的 9 年中，全国和省级高教系统的总体规模都有明显的扩大，但高教系统内部效率指标(包括平均学校规模、学生与学校各类人员的比例等)并没有明显变化。因而，9 年来，我国高等教育系统主要是依据“外延式”模式(闵维方，1990)发展扩大的，在规模扩展过程中，其内部效率没有得到大的提高。

梁序军(1990)对高校规模、投入、产出、规模效益、规模经济性等概念进行了探讨，给出了度量的方法。

姜力争(1991)对规模效益进行了理论上的探讨，从理论上分析了规模扩大对高校内部效率的影响。

闵维方(1990)、丁小浩(1993)对我国高校规模效益进行了实证分析，考察了生均成本、人力资源使用效率、物力资源使用效率等与学校规模之间的关系，得出的结论主要有以下三点：第一，在不考虑质量投入差别，假定产出质量相等的情况下，我国高校中存在规模效益现象，不同省份、不同类型的院校，其适度规模是各不相同的，相对于由学校规模的扩大而导致的生均成本节约而言，由提高生师比导致的生均成本下降是显著的，生均成本随学校规模的扩大而下降的速率是逐步递减的(闵维方，1990)。第二，在考虑了投入的质量因素后，高校仍然存在规模效益现象，当生均成本在一定范围时，一所学校在既定的生均成本水平下，可以通过增大规模而达到支持更高的质量投入水平的目的，在不同的质量投入水平下，由于规模增大而引起的生均成本减少率是不同的。第三，在一定范围内，学校规模的扩大可带来人力资源和物力资源的节约，可提高学校资源的使用效率。

闵维方、丁小浩、郭苏热(1995)进一步考察了高等院校、系和专业的规模效益，得出结论有：第一，生均成本随系规模、专业规模的增大而下降，并且随系、专业规模的增大而下降的速率是递减的，人力资源使用效率则随系、专业规模的增大而提高，并且随系、专业规模的增大而提高的速率是递减的，说明规模效益现象在系及专业层次也是存在的；第二，学校规模、系规模、专业规模都是对生均成本和各类人力资源使用效率有重要影响的因素；第三，在相当多的高校中，专业规模和系规模比学校规模对各类教育资源使用效率的影响程度要大。专业规模和系规模的扩大往往比学校规模的扩大更能改善学校的内部效率。

宋光辉(2003)首次使用教育部直属高校工作办公室所编1999、2000、2001年的《教育部直属高校基本情况统计资料汇编》的数据考察了我国高校扩招中高等教育的规模经济和范围经济。他的研究结论是，1999年开始的扩招显著改善了教育部直属高校的办学效益，绝大部分教育部直属高校从规模不经济转变到规模经济，培养本科生、研究生和从事科研活动从范围不经济转变成范围经济。他的研究认为，不少院校还有扩招空间，但研究型大学和语言类大学应保持现有规模。今后，应寻求合理的制度供给，促使高校通过竞争形成适度办学规模。此外，他还考察了不同院校类型院校的总体规模经济和总体范围经济以及以教育部直属7所“985工程”大学为代表的研究型大学的总体规模经济和总体范围经济。

他的研究中存在的主要问题是，仅使用了二次成本模型考察范围经济；在实证分析中没有考虑教学和科研产出质量对总成本以及范围经济的影响；在实证分析中没有考虑高校扩招中伴随的高校合并，导致扩招中的范围经济和规模经济结论是有偏差的。此外，还存在一些细节上的问题，这里就不一一列举了。

成刚、孙志军(2008)的研究同时应用参数法和非参数法分析我国高校 1998—2005 年的效率状况，其中参数法运用的成本函数模型对高校办学成本行为进行了估计，发现我国高校存在规模经济和范围经济，总体规模经济程度不断上升，但总体范围经济程度逐步下降，具体来看，硕士生的规模经济程度较为明显，而硕士生和博士生存在范围不经济现象。

从上面的综述和在对国内外有关文献的检索后，我们发现除了最近宋光辉、成刚和我本人的研究之外，我国高等教育中的规模效益研究是相当的“自成一体”的。这主要体现在两方面：一是所有的文献就一直未正式使用过规模经济这一词汇，通行的用法是“规模效益”；二是国内对高等教育中规模经济和范围经济的研究没有能够借鉴、吸收国外同类的研究成果。

2.3　高等教育中的规模经济与范围经济研究的比较分析

在进行下面的实证研究之前，我们先对国内外的文献进行一项比较分析。既然是比较，其中就有一个可比性的问题，因为比较的前提和基础是作比较的双方具有可比性。那么本研究的可比性在哪里呢？或者一个可能提到的问题是，不同国家高等教育体制的差异是否会影响到本研究的可比性，从而使我们对高等教育中规模经济和范围经济的研究因国别差异而有所不同呢？进一步说，国内学者的“规模效益”研究没有吸收国外学者的同类研究的成果是不是因为中外的高教体制有根本的不同，从而使他们的研究所使用的方法应当区别于国外同类研究的方法?[①]（使用的方法不同，分析过程和结果有差异就很自然了)在文献检索之后我们发现，国内学者的研究并不存在可比性的问题，当然也就不可能考虑国别体制差异对研究方法的影响了。而且从他们在研究中所运用的研究方法(如微观经济学中的规模经济理论)来看，他们是默认微观经济学原理对研究高等教育现象不因国别而有什么不同，是具有普遍性的。所以，中外高教体制的差异并不能构成他们使用不同于国外同类研究方法的充分理由。

国内学者早期的研究对象是我国高等教育中的规模经济问题，所使用的方法是借助经济学的研究成果对高等教育中规模经济问题直接进行分析，而忽视了国外同类研究已经达到的成果[②]。因此，对于国内外学者在研究方法上产生不同的真正原因，我们只能认为那恐怕是由于"规模效益"研究对那些关键文献，像 Baumol et al.，Cohn et al. 等的主观忽视所造成的[③]。

---

① 即由于研究对象的差异所导致的研究方法的不同。这里研究方法的差异主要是指他们所采用的分析框架不同。有关国内外学者在研究方法上的不同将在下面"比较分析"的第二点中进行讨论。

② 当然，我们所批评的不是国内规模效益研究的方法。正相反，这恰恰是他们的研究中值得肯定的。因为，国外学者的同类研究正是求助于经济学家的研究成果(即我们在"文献综述"中提到的国外学者研究的第二个特点)。我们只是认为研究方法的正确不能代替前人已有的研究，不能忽视国外同类研究中相对成熟的成果。

③ 根据我们以下比较分析的结果，这种忽视是同他们对经济学理论的片面运用直接相关的。正如我们在"静态比较分析"的第二点将要谈到的，他们只注意到微观经济学原理的规模经济理论中常规的情形——单一产出，而忽视了 Baumol、Panzar 和 Willig 等人自 20 世纪 70 年代以来对多产出组织的研究成果。

我们认为Baumol et al.(1982)所研究的多产出组织理论不仅是适用于高等教育、交通运输业、银行业及医疗服务业等不同行业的(见 Dundar & Lewis，1995，引言中的综述)，而且不受国别差异的影响，只要是具备多产出特征的组织，就可以用他们的理论得到很好的解释。Johnes(1997)、Lloyd et al.(1993)分别对英国和澳大利亚的高等教育机构的规模经济和范围经济进行了研究。他们也沿用了Baumol et al.(1982)的研究成果，而且英国和澳大利亚的高等教育机构的成本特征与美国有很大差异，前两者主要是以公立大学为主，私立大学很少①，这一点同我国倒是更为相近；而后者则是公立与私立都占相当大的比重。因此，我们认为中外高等教育结构上的相似性②足以支持这一比较研究，其差异并不会对两者的可比性构成威胁。

在可比性的基础上，我们试图将国内学者对我国高等院校规模效益的研究放在国际背景下作一番检视。

2.3.1　静态的比较分析

第一，在对高等教育机构(IHEs)产出的判断上，国内规模效益研究认为只有一种产出——在校学生是高校的产出，或者说从所建立的回归模型中看，高等教育产出只有"全年平均在校学生人数"这一项产出作为学校规模的衡量指标。所采用的回归模型如下：

---

① 见 Lloyd et al.(1993)的引言部分，1081页。

② 正如我们在"静态比较分析"的第三点比较分析的结果，这里的相似性主要是指高等教育机构的多产出特性。实际上，我们所讨论的可比性也正在这里，研究对象即高等教育机构(IHEs)作为一种多产出组织的特征是不因国别体制的差异而有什么不同的。它们都提供教学、科研和为社会服务这些相同的产出。

$$Y = A + B_1 \frac{1}{ENT} + B_2 \cdot STR + \sum_{i=1}^{8} C_i \cdot X_i + \sum_{i=1}^{4} D_i Z_i + ERR \tag{1}$$

公式中 Y 代表生均成本，ENT 代表学校规模，使用的就是全年平均在校生人数，STR 代表生师比，X_i代表学校类型，Z_i代表上级主管的差异。

在分析教育质量对规模效益的影响时，采用的回归模型如下：

$$AVC = F + e.\ quality$$

$$F = A_0 + A_1 - ENTIVE + \sum_{i=1}^{11} B_i T_i + \sum_{i=1}^{7} C_i \cdot AG_i + \sum_{i=1}^{5} D_i \cdot ADRC_i \tag{2}$$

其中 AVC 是生均成本，ENTIVE 相当于上面回归方程中 1/ENT，即 1/在校生人数，T_i，AG_i .$ADRC_i$，是类似上面回归方程中 X_i，Z_i的虚拟变量，quality 表示教育产出质量参数。

在作高等院校、系和专业的规模效益研究时，虽然衡量高校规模的参数除了在校生数(Totent)，还增加了各系平均学生数(Dscale)以及各专业平均学生数(Exscale)，但是产出还是只有一种——在校学生，Totent、Dscale、Exscale 只是同种产出(在校学生)在不同的规模水平上的表现而已，它们之间的差异只是量上的，而不是质上的。

与此截然不同的是，国外学者在研究高等教育的规模经济和范围经济的问题时对产出的认定，前面已经提到 Cohn et al.(1989)，de Groot et al.(1991)，Lloyd et al.(1993)，Johnes

(1997)等明确提出高等教育机构(IHEs)是一种多产出的组织。正是由于高等教育的多产出性质，高等教育系统才会被认为是存在范围经济的典型行业(平狄克、鲁宾费尔德，1995)。

也正是由于在高等教育产出判断上国内学者同国外学者研究的差异导致了他们在高等教育中规模经济和范围经济的研究上产生了根本的不同。

第二，在对高等教育中规模经济的研究框架上，国内规模效益的理论分析，是直观地依照规模经济的概念展开的，或者说他们对高等教育中规模经济的研究，就是直接把经济学中规模经济的定义照搬过来套用在高等教育的成本和产出上。规模经济的定义是，随着产出规模的扩大，平均成本递减；反之，则是规模不经济。从方程(1)和(2)我们可以看出，国内规模效益所要研究的是随着学校(系、专业)平均人数所表示的规模扩大，生均成本如何变化来确定规模经济或规模不经济。

与之不同的是 Cohn et al. (1989)，Johnes(1997)，Koshal & Koshal(1999)等都是遵从 Baumol et al. (1982)的分析框架。Baumol，Panzer 和 Willig(BPW)在单产出的基础上对多产出厂商(Multi-Product Firms)的规模经济和范围经济问题进行了细致的分析，他们给出了检验规模经济和范围经济的技术手段①。

第三，综合前面两点的认识，我们可以看出，由于国内规模效益研究对高等教育产出的单一产出(single-Output)的判

① 有关这些判别公式详细的推导和证明可参见 Baumol，Panzer 和 Willig (1982)以及本书第四章的相关内容。

断，使得高等教育中的范围经济这一重要问题，没有能够进入他们的研究视野。范围经济存在的前提是联合生产。也就是说，只有当厂商的产出有两种或两种以上时，才会有范围经济发生的可能，单一的产出是无论如何也不会出现范围经济的。所以，这种单产出的模型根本无法解释为什么本专科生与研究生、科研(这其中的两种或全部)往往会在同一所高等教育机构出现，而不是分别在不同的高校中进行单独的专业化“生产”。因为如果高等教育中仅存在规模效益而无范围经济的话，在资源有限的条件约束下，将教学和科研产出进行分工、专业化“生产”显然要比放在一所高校里“联合生产”可以获得更大的规模，可以更有效地利用规模效益①。

这一现象只能通过将范围经济和规模经济理论结合起来才能得到有效的说明。那么在高等教育产出的判断上，哪一种认定更符合事实或者更有利于我们认识高等教育中的经济规律呢？这里我们只举两个常识性的论据。一个是教育学家们的看法，大学的功能是什么？公认的看法是，大学承担着教学、科研和为社会服务这三项主要的功能。第二个是经济学家们的看法，高等教育系统是存在范围经济的典型行业(Johnes, 1997)，这一认识也是被写进经济学原理的教科书里的(平狄

① 当然，这里有个前提就是目前高校的规模还远未达到他们所计算出的最优规模。根据规模效益的研究结果，20世纪80年代我国高校的平均规模(1 922名)在2 000人左右，而4 000名在校生则是当时高等教育办学条件下比较接近适度规模的水平。这样按照他们的研究，就无法解释当时教学和科研一体化的现象，而只是简单地批评20世纪80年代的中国高校没有很好地利用规模效益，走了一条“外延式”的发展道路。

克、鲁宾费尔德，1995)。所以，国内学者规模效益的研究在高等教育机构的产出判断上，忽视了一个重要方面——科研产出①，就是对于教学产出也只是笼统地以“在校学生”代表。实际上，我们知道在教学产出中，本专科产出和研究生产出是不同的(用经济学的术语来说就是有产品差异的)。研究生产出(GR)的成本高于本专科产出(UD)已是不争的事实。Nelson和Heverth (1992)的研究发现，研究生的边际成本是本专科生的4.3～8.89倍。尽管他们的这一研究只是个案研究的结果，但是本专科产出和研究生产出作为两种不同的产出这一结论显然是有代表性的。②

我们说高等教育中的规模经济可以是本专科产出、研究生产出和科研产出中的某一种产出规模扩大所带来的平均成本下降，称为特定产出规模经济(Cohn et al. 1989，Johnes 1997，Koshal & Koshal 1999)，也可以是整体产出增加所带来的平均成本下降，被称为整体规模经济(同上)。显然，国内的规模效益研究不是特定产出规模经济，因为他们所使用的在校学生

① “社会服务”(Public Service)也被认为是高等教育机构的一种重要产出(de Groot et al，1981，Dundar & lewis，1995)。de Groot et al. (1991)，在计量美国研究型大学的成本结构时发现，有关这种产出的数据非常有限。我们认为这主要是由于“社会服务”难以衡量的缘故，Dundar & Lewis (1995)也提到该种产出的数据或者是难以计量，或者就是计量出的数据无法使用。这恐怕正是我们在注释25中将要讨论的前提性假设所面临的“易于处理”和“真实性”之间的矛盾。那些能够对“社会服务”做出真实衡量的数据往往是难以处理的。所以，“尽管我们已经认识到了‘社会服务’作为高等教育机构产出的重要性，可是目前的研究还无法找到可靠的衡量方式”(Dundar & Lewis，1995)。本书的第十一章对此作了实证分析。

② 其实，作为用人单位或者说“用户”的企业来说，本专科生和研究生显然是两种不同的“产品”，这种不同直接体现在他们的“价格”差异上：工资水平、福利待遇、职称评定等。

数 ENT 实际上包含了本专科产出(UD)和研究生产出(GR)两种。实际上，一个高等教育机构(IHEs)只提供单一的产出 UD、GR 或 RES 的情形，在现实中是很少见的，更常见的情形是提供其中的两种或全部的混合产出(Òutput Mix)。也许，符合规模效益情形的标准模式应该是那些只提供本专科生教学而自己基本没有科研产出的高校。同时，他们研究的也不是整体规模经济，因为他们没有考虑科研活动。我们先估且称之为准规模经济(Quasi-Economies of Scale，即介于特定产出规模经济和整体规模经济之间的一种研究本专科产出和研究生产出这两种特定混合产出的规模经济。详见附录)。

第四，在高等教育产出的衡量和产出质量的衡量上，Cohn et al. (1989)使用“相当于全日制的入学人数”(Full-time equivalent enrollments，FTE enrollments)代表教学产出，关于这一指标对衡量教学产出质量的有效性，Cohn et al. 表示“我们找不到可靠的衡量教学产出的指标”，所以只好假定教学产出质量基本相同。Koshal 和 Koshal 采用了“全日制的本专科学生数和研究生数”(the Number of Full-time Equivalent Undergraduate and Graduate Students)作为教学产出的衡量，并使用“平均学生能力测验成绩”(Average Scholastic Aptitude Test Scores)作为教学产出质量的衡量。Johnes 和 Lloyd et al. 都使用“学生课业量”(Student Load by Course)作为教学产出的指标等。可以看出，国外在规模经济与范围经济的讨论中，有关教学产出质量的衡量也没有一个令人满意的看法。

国内对教学产出质量的认识，以丁小浩(1993)的一篇“我国高等院校规模效益再分析”最具新意，鉴于对直接从质量上度量教育产出有困难，丁小浩换了个角度，用投入质量来代替教学产出的质量，他选择了教授、副教授数/教师总数（PROFER），教授、副教授数/在校生数（PERPROF），固定资产净值（FIXCAPE）及生均固定资产净值（PERFI）四个指标分别度量高等教育中人力投入和物质投入的质量，比起"平均学生能力测验成绩"等指标来，丁小浩的指标似乎更有说服力①。但是丁小浩（1993）的以投入质量代替产出质量有一个假定：就是高等教育机构（IHEs）的内部管理水平是相同的，或者说管理水平是外面给定的。因为决定投入质量与产出质量正相关的因素除了生源质量②就是IHEs的内部管理水平了，就像在国际市场上国内很多资金雄厚的大企业竞争不过国外同类的中小企业，除了国别及体制方面的差异，管理水平上的差距是一个重要原因。所以，只有当所研究的高等教育机构（IHEs）的内部管理水平大致相同时，才能保证投入质量与产出质量之间存在着正相关性，丁小浩的产出质量研究才不会产生误导的结果。

---

① 高等教育产出质量衡量的困难在于，它不仅要反映出质量差异，而且要在规模经济和范围经济的研究中易于操作，这正是1991年诺贝尔经济学奖得主罗纳德·科斯所说的前提性假设（Assumption）既要"易于处理（Manageable）"又必须是"真实的（Realistic）"所面临的矛盾（周其仁，1997）。一般来说，这二者往往是难于同时兼顾的。尽管科斯批评经济学家们那种常见的倾向：为了使问题变得"易于处理"，易于运用已有的知识和技巧来处理要研究的问题，从而在某种程度上牺牲前提的真实性。但是，笔者仍认为像科斯那样找到一个"既真实、又易于处理"的前提性假设是十分困难的，而且从新制度经济学的发展来看，科斯找到的那个"交易费用为正"的前提性假设更接近于真实但并不容易处理（至少将其形式化是相当困难的）。所以，就规模效益1993年的研究而言，质量水平虽然反映全面了，回归模型则显得到相对简单一些。

② 严格来说，生源仍属于投入要素，而不是介于投入与产出之间的中间过程。不同的生源质量会影响到产出质量。显然，规模效益1993年的投入质量指标没有将这一因素考虑进来，这也是该模型的存在的问题之一。

对于研究产出(RES)的衡量(当然是指国外)，理想的办法当然是将出版物、研究报告、专利数及其他研究成果都列入考虑范围(Cohn et al. ，1989)，但不具有可操作性(特别是面对复杂的回归方程时)。通常对科研产出的衡量指标有研究经费(Cohn et al. 1989，Koshal & Koshal 1999)、出版物的数量以及通过科研投入衡量科研产出(Nelson & Heverth 1992，Johnes 1997，Lloyd et al. 1993)等。

第五，从计量规模经济所采用的回归模型看，规模效益研究所估计的生均成本方程(见方程 1 和 2)都预设了生均成本(AVC)同在校生人数的倒数(ENTIVE)成正比，(即 AVC 同 ENT 成反比)。我们将这一预设同他们所得出的结论作比较，规模效益研究得出结论说“生均成本随专业规模和系规模的增大而下降，且生均成本随专业规模和系规模增大而下降的速率是递减的”。那么他们的这个结论是怎么得出来的呢？首先他们在回归模型中假定了生均成本(AVC)同在校生数(totent)、系平均学生数(dscale)及各专业平均学生数(exscale)成反比：

$$\begin{cases} AVC = 48.9954/exscale + \varepsilon \\ AVC = 44.4211/dscale + \varepsilon \\ AVC = 410.620/totent + \varepsilon \end{cases} \tag{3}$$

然后有$\partial avc/\partial exscale < 0$　　$\partial^2 avc/\partial exscale^2 > 0$

$\partial avc/\partial dscale < 0$　　$\partial^2 avc/\partial dscale^2 > 0$

根据高等数学的一般原理，当自变量为正数时，对成反比例的自变量求一阶导数和二阶导数结果是确定的(一阶导数小于零，二阶导数大于零)。所以规模效益研究对生均成本(AVC)和学校规模的反比假定就已经预先包含了结果，换句话说，规模效益的回归模型只能说明规模经济而无法预测规模不经济的出现。实际上，规模效益研究虽然得出了“生均成本随学校规模(系规模、专业规模)的扩大而下降的速率是递减的”结论，但是按照他们的模型，只要一直扩大学校规模(系规模、专业规模)，规模经济就会一直持续下去，而绝不会出现规模不经济的情形。这样，规模效益的模型根本无法解释，在资源有限的情况下，为什么每所高校不只开设一个系或一个专业？因为这样可以保证系或专业的规模最大，有效利用规模经济。

其次，从形式上看，方程(2)、方程(3)属于多元线性回归模型，而国外同类研究所使用的估计方程，大都是多元非线性回归①，也就是说在成本方程的估计上，规模效益的模型显得相对简单。那么，哪种模型更能反映真实情况呢？我们可以看看两种模型各自的拟合情况。规模效益1990年的回归方程(2)的拟合优度的平方根 R=0.56(R^2=0.31)，剔除了人员性支出后更降到 R=0.4(R^2=0.16)。规模效益1995年的研究的回归方程(7)的拟合度也只是0.2～0.5，远未达到0.8的经验水平，说明规模效益所估计的成本方程对样本数据的拟合程度太低，需要考虑修正原模型。而采用二次成本方程的 Cohn et al. (1989)对“高等教育一般信息概览”(Higher Education General Information Survey，HEGIS)中的美国公立和私立大学1981—

① 如 Cohn et al. (1989)和 Koshal & Koshal(1999)采用所谓的 FFCQ 方程，de Groot 1991 和 Nelson & Heverth 1992 采用的 translog function，以及 Johnes 1997，Lloyd et al.，1993 等都是采用的二次成本方程。

1982年有关数据进行的回归分析中，拟合优度 R^2 分别达到0.8289和0.7122。而Koshal & Koshal(1995)对学生能力测验成绩(SAT)的回归分析中，拟合优度更是高达0.99，他们所采用的估计方程也是非线性的。所以，国内对估计方程的处理可以向国外的同类研究学习①。

总之，国内学者在20世纪90年代开始的对高等教育规模经济的研究，无论是从出发点——高等教育产出的判断，分析框架的严密性，还是计量规模经济所用的回归模型来看，都存在着一定的问题。

另外，就研究方法而言，我们认为借助经济学所提供的工具对高等教育现象进行跨学科研究是一件值得肯定的事情。但是，借助的前提是对经济学的理论工具有透彻的理解。例如，规模经济理论不仅包括单产出的情形而且包括对多产出组织的处理。要避免片面照搬规模经济理论的一个有效办法就是，在开始研究之前先看看国外同行做过哪些工作，使用了什么样的研究方法，这样自己的研究才不至于重复别人已有的工作，或者通过对比发现自己的不足，从而使自己的研究有一个超越前人的出发点。②

2.3.2　动态的比较分析

前面的整理分析偏重于国内外学者研究成果的静态比较，

① 虽然各自所处理的数据不同使我们还不能肯定二次成本方程一定优于规模效益所使用的回归模型，但是从以下两点我们确信这种学习是值得的：一是他们的回归方程拟合优度低，而且同FFCQ等方程比较起来相对简单；二是根据Dundar & Lewis (1995)的引述，二次成本方程(Quadratic Cost Function)符合多产出组织的特征要求，因而被普遍认为是最适合分析多产出组织的。

② 附录一做了补充讨论。

而下面的整理则试图说明造成国内外学者研究差异如此悬殊这一现象的深层原因是什么，因而这部分的内容更多的是从文献发展的动态角度考察国内外学者的有关研究。

2.3.2.1　关于“规模效益”概念的提出

《中国高等院校规模效益研究》(以下简称《效益》)一文在讨论“规模经济理论在高等院校应用的特殊性”时[①]，通过分析虽然已经得出了“高等院校具有的多目标特性将使它不可避免地具有多维直接产出，因此不可能存在单一的完备的可以代表高校直接产出的指标”的结论(《效益》，55 页)。而在“建立我国高等院校规模经济模型的合理性依据”中“关于高等院校产出测量问题的再讨论”也承认“由于高等教育的多目标性，产出的多维性，仅以学生数代表产出并不是适当的，学生数也没能提供教育质量的信息。”(《效益》，60 页)但是，“由于规模效益的研究主要关心的是学生规模与平均成本以及生均占有各类高校教育资源数量的关系，因此，用学生数量表示产出在一定程度上是可以接受的。”(《效益》，60 页)从以上的引文我们会发现，国内学者的“规模效益”研究在高等教育机构产出的判断上并没有犯常识性的错误，他们对于高等教育机构作为多产出组织的这一基本事实也是确认的。既然如此，我们不禁要问为什么最终进入规模效益回归模型的却只有“在校学生”这一种产出[②]?本来基于对高等教育机构(IHEs)的多产出判断，逻辑上我们不得不追问使用单一产出的规模经济理论如何处理作为多产出

① 见丁小浩的博士论文《中国高等院校规模效益研究》。

② 参见“静态比较分析”的第二部分第一点的讨论。

组织的高等教育机构这一必然要面临的矛盾？①

但是《效益》一文在这里却笔锋一转，给我们提出了“规模效益”这样一个新名词。从表述上看，代表高等教育机构(IHEs)产出并不适当的“学生数量”之所以变得“在一定程度上也是可以接受的”完全是因为“规模效益”的缘故。那么这个“规模效益”为何如此神通广大，它一出现，我们在逻辑上必然会遇到的那一对矛盾就不需要解决了(抑或已经解决了?)，“在校学生数”也变得“可以接受了”，真是两全其美。这样看来，“规

① 因为在传统的厂商理论和规模经济理论中，都是以单一产出的厂商作为研究的对象。所以，在Baumol等人自20世纪70年代开始建立起处理多产出组织的理论之前，学者们都是将多产出组织(不论是以利润最大化为目标的厂商还是像高等教育机构这样的非营利组织)简单地作为单一产出的情形来处理的。Adams、Hankins和Schroeder(1978)，Brinkman(1981)，Brovender(1974)，Hoenack、Weiler、Goodman和Pierro(1986)，Smith(1978)，South wick(1969)，Tierney(1980)以及Verry和Davies(1976)等对高等教育机构成本的估计，Maynard(1971)对高等教育机构规模经济的研究(这些研究当然主要都是以美国高等教育机构为对象的)都假定了高等教育机构是从事单一同质产出(Single Homogeneous Output)的“生产”活动的(主要是以本专科学生的学分数[Undergraduate Student Credit Hours]来计量)。尽管James(1978)已经注意到这种假定的不真实性会带来误导的结果，但是人们对于高等教育机构的多产出的特性仍然没有给予足够的重视。而Brinkman(1981) Southwick(1969)，Verry和Layard(1975)以及Verry和Davies(1976)虽然确定了高等教育机构的多维特性，但是却没有找到基于多产出成本概念的规模经济和范围经济的分析技术。直到Baumol等人(1982)对多产出组织的研究成果整理出版(即他们那本至今在产业组织理论界仍堪称经典的*Contestable markets and the theory of industry structure*)，人们对于多产出组织(广泛存在于银行、运输、电信、高等教育以及医疗服务等行业中)的研究才有了新的进展。以Cohn et al.(1989)，de Groot et al.(1991)，Nelson和Heverth(1992)等为代表的高等教育中的规模经济与范围经济的研究正是这一理论趋势在高等教育领域的体现。(以上内容还可参见Dundar和Lewis 1995，以及Cohn et al. 1989引言中的综述部分)尽管《效益》一文的第二章“文献综述”中涉及了众多国外文献，但是由于《效益》一文及此前的“规模效益”研究并未使用Baumol等人的多产出技术(详见本文第三点的讨论)，所以我们这里会有此一问。

模效益”的研究不仅没有我们在“静态比较分析”中推测的“面对单产出的规模经济理论如何处理多产出的高等教育机构(IHEs)这一矛盾时的尴尬”而且，以“学生数量”代表高等教育机构的产出也获得了合理性的依据。

那么，我们就要问了，这个“规模效益”的概念是怎么样提出来的呢？《效益》在第四章的“理论分析”中是这样阐述的：“我们所提出的所谓规模效益，研究的是高等学校各类成本以及资源利用的效率如何随学校学生规模的增加或减少而发生变动”(66 页)。从表述上看，这里所说的“规模效益”仍然是符合规模经济逻辑的(即成本随规模的变化如何变动)。但是，该文接着又说“我们所用的规模效益概念并不是新古典经济理论中规模报酬和规模经济的概念，规模效益实际上具有一种比规模报酬和规模经济的定义更加宽泛的前提假定”。这里，我们不禁要问了，既然有新古典经济理论中现成的规模报酬和规模经济理论，为何弃之不用，而舍近求远又发明一个“规模效益”的概念呢？①《效益》给出的解释是，规模报酬和规模经济“建立的前提既包含产出的同质性(指规模经济)又包含要素比例不变(指规模经济和规模报酬)以及要素价格不变(指规模经济和规模报酬)②。但是在现实生活中，不光生产组织在规模变动的

① 对于这个问题的回答，读者可能会认为它同我们前面提到的那对矛盾有关。直截了当地说，就是“规模效益”的提出可以避免那对矛盾的麻烦。但是，正如我们下面分析的那样(尤其是正文第三点)，无论从《效益》作者的意图(作者提出“规模效益”并没有提到“使用单一产出的规模经济理论如何处理作为多产出组织的高等教育机构这一对矛盾”)，还是从“规模效益”的技术处理效果来看，它都没有能解决那一对矛盾。

② 关于规模效益研究中对规模经济和规模报酬的理解可参见《效益》第三章46～50 页和第四章 66～67 页的内容。

同时很难遵守这些基本假定，而且这种严格意义下的规模经济也是很难通过实证分析加以验证的，更由于规模的变动很难遵守这些严格假定的限制，即规模变动一般都会伴随着要素比例和要素价格的变动，以及产出性质的变化。因此，在本文对高等院校的分析中，我们不妨使用规模效益概念，用以区别于经典理论中规模报酬和规模经济的严格界定”(同上)。

这样看来，《效益》一文提出规模效益概念的主要论据是“规模变化一般都会伴随着要素比例和要素价格的变动以及产出性质的变化”。要素比例、要素价格和产出特性随规模变动无非是说，规模报酬和规模经济的条件不能得到满足，因为他们要求的条件太严格了，所以不如找个条件宽松许多的规模效益概念来代替。可见，按照《效益》一文的逻辑，规模报酬和规模经济的理论是无法处理伴随着要素比例和要素价格的变动以及产出性质变化的规模变动情形的。这也是该文据以提出所谓“规模效益”的理由。但是，我们在对规模报酬和规模经济的概念进行梳理之后发现，《效益》一文对要素比例和要素价格以及产出性质的理解有某种较大偏差，下面分别予以讨论。

第一，就要素价格变化同规模经济的关系而言①，《效益》一文显然认为在要素价格变化的条件下是无法讨论规模经济的，规模经济要求要素价格不变。但实际上，自从 20 世纪 70 年代以来 Baumol 等人对多产出组织的研究已经解决了在要素

① 关于规模报酬与要素价格变化的问题一直没有看到正式的讨论(即使是在比较静态分析中，通常是把要素价格固定来讨论它与成本函数的关系，参见 H. 范里安，1990，430～433 页)。但我们认为，只要规模经济与规模报酬这二者之一满足《效益》一文据以提出“规模效益”的三个论据，那么“规模效益”的概念就不能成立。

价格变化的条件下如何处理规模经济的问题。具体地说，要素价格变化是会对规模经济的程度产生影响的。例如，人员性工资的增长，在一定条件下会导致规模经济和范围经济程度的上升或下降[①]。这里，要素价格变化成为规模经济研究的一项处理内容，即在要素价格变化的情况下仍然可以讨论规模经济，二者并不是不相容的[②]。那么，我们再来看看"规模效益"研究是如何处理要素价格变化的问题呢？从《效益》一文的技术处理来看，作者只是尽力保持要素价格不变的前提下，研究规模效益[③]，而不是告诉我们要素价格变化时会对规模经济产生什么影响。这显然同其所掌握的研究手段是分不开的。

第二，关于要素比例变化的问题，首先需要弄清规模经济与规模报酬的关系[④]。规模报酬所讨论的是要素之间比例不变时，增加要素整体投入比例，看产出会有什么样的变化。但

---

① 至于工资变化对整体规模经济、特定产出的规模经济和范围经济影响程度的具体计量办法可参见 Baumol et al. 1982，chapter 6 公式 6B2、6B5 及 6B13。

② 实际上，在 Baumol et al(1982)对多产出规模经济讨论之前，Basset& Borcherding(1970)已经分析了单产出行业中投入价格对规模经济的影响；而 Silberberg(1974)和 Hanoch(1975)也涉及了要素价格效应对平均成本曲线的影响。(参见 Baumol et al.，1982，chapter 6，p. 154，note 4)所以，归根结底还是由于《效益》对于规模经济理论的有限理解所造成的，他们认为单一产出的规模经济没有提供对要素价格变化的处理办法，但事实并非如此。

③ 这岂不是同规模报酬和规模经济没有什么两样了吗？实际上，《效益》对据以提出规模效益的三个理由：要素比例和要素价格的变动以及产出性质的变化的技术处理仍然是，保持产出的同质性、要素价格不变以及尽量排除要素比例的变化(见《效益》第四章，67 页)。这就更让人费解了。既然如此，"规模效益"同"规模经济"以及"规模报酬"还有什么分别呢？

④ 根据 Hanoch(1975)的转述，规模经济(Economies of Scale)与规模报酬(Return to Scale)最初使用的是同一个词"Return to Scale"，但对二者内涵的区分却可以追溯到 1911 年 F. Y. Edegeworth 的一篇有关铁路的经济论文。

是，“从长期看来，随着产出水平的变化厂商可能有积极性改变投入比例。当投入比例变化时，规模报酬的概念就不再适用了。……递增的规模报酬作为一种特殊情况包含在规模经济中。但是，后者比前者更为一般，因为它允许厂商在改变产出水平时改变投入组合。”(Pindyk，Rubinfeld，1996，p212)。可以看出，规模经济与规模报酬的一个重要区别就是前者允许(要素)投入比例发生变化，而后者却不适用于这种情况。“在某些条件下规模收益递增(或递减)可以等同于规模经济或规模不经济。”(《新帕尔格雷夫经济学辞典》，1996，84页)[①]，也就是说要素比例不变、规模报酬递增(或递减)只是规模经济(或规模不经济)的一种特殊情形，并不代表要素比例变化就不能讨论规模经济(或规模不经济)问题。尽管《效益》认为规模经济概念要比规模报酬概念更一般(《效益》，47页)，但它认为二者都以投入要素比例不变为前提的看法显然是有偏误的。如上文所说，二者对投入要素比例的不同要求恰恰是它们的重要区别之一，而不是像该文所理解的，规模经济仅仅是规模报酬长期变化的情形。因而，《效益》对高校规模变化会违背要素比例不变假定的担心是多余的。这种担心源于对规模经济的片面理解。另外，从该文对要素比例问题的处理来看，显然没有考虑

① 这里所说的“某些条件”是指在要素价格和要素比例都不变的前提下，规模收益递增会得到规模经济的结果；规模收益递减会得到规模不经济的结果。(关于规模报酬与规模经济、规模不经济之间这一关系的证明可参见H. 范里安，1990，430～433页)而当要素比例发生变化时，规模报酬则不再适用，这时只能由规模经济来处理。

要素比例变化的情形该如何解决①。

第三，提出“规模效益”理论的第三个论据是，规模经济理论要求产出的同质性同高等教育产出的异质性(即产出特性的变化)的矛盾②。我们一直没有看到《效益》对产出异质性的明确表述。文章提到的产出特性有“高校所提供的服务范围的变化以及学生层次的变化等”(《效益》，66页)，也有“培养的毕业生在某些特征或质量方面存在显著差别的高等院校之间规模比较的可能性”，即“不同类型的高校的产出特性的差异”(《效益》，67页)。但是不管如何理解，《效益》所说的产出特性变化不外是指两个方面：一是指组织内部产出的异质性。这时我们必须面对“处理单一产出的规模经济理论和作为多产出组织的高等教育机构”之间的矛盾。如果说“规模效益”研究为了解决这一矛盾，采取了保持研究工具不变，调整研究对象的办法，用单产出的规模经济理论研究高等教育机构的单一产出规模变化③。但是，正像我们在《比较研究整理之一》所作的比较分析那样，“规模效益”所研究的既不是整体规模经济，也不是特定产出的规模经济，而是包含“本专科生”和“研究生”(以“在校学生”代表的)两种产出的特定混合产出的规模经济。我们分析的结果，这一研究思路是不成功的。联系前面的分析(引子

---

① 《效益》对要素比例变化的处理也只是保持所采用的数据要素比例不变。回避了要素比例变化的问题。

② 正如前面所分析的那样，由于忽视了Baumol等人的研究成果以及采纳了不严格的规模经济的定义，这里，《效益》所理解的规模经济理论只能处理单一产出的情形。这样，存在这对矛盾就理所当然了。

③ “规模效益”研究的回归模型就是这样建立的。参见静态比较分析的第一点。

部分)可以看出，尽管在高等教育机构产出的判断上，《效益》也认可产出的多维性，但是在高等教育的规模效益讨论中，最终进入计量模型的仍然只有一种产出——“在校学生”①。这种脱离真实的简化之所以被用作“规模效益”讨论的出发点，是同机械照办经济学理论分不开的。正因为《效益》一文的作者所了解的规模经济理论只能处理单一产出的情形，所以在研究工具无法改变的情况下，只能采取调整研究对象来适应研究工具的办法，将高等教育机构看作只有“在校学生”这一种产出，从而适合于单产出的规模经济理论的处理。在不借助多产出分析技术的情况下，研究作为多产出组织的高等教育机构，其结果只能是“削足适履”②。

综上所述，《效益》一文据以提出“规模效益”概念的三个论据，规模经济和规模报酬无法处理要素比例和要素价格的变化以及产出特性的变化的局限，只是由于作者对规模经济和规模报酬概念的片面理解以及对自20世纪70年代以来Baumol等人对多产出技术研究成果的忽视所造成的，这些问题并不真正存在。另外，按照该文的逻辑推演，对“规模效益”的技术处理(保持要素比例、要素价格以及产出特性三者不变)仍然让人无法看出它同作者所理解的规模经济和规模报酬的概念有什么不

① 关于这一点，我们在下面的第二个问题有关单产出技术的讨论中还有详细的说明。

② 另外，需要澄清的一点就是在这种情况下高等教育机构产出的异质性在产出规模变化之前就已经存在了，而不是如《效益》所理解的是伴随规模变动出现的。而且，通常认为高等教育机构的多产出特性是不变的，当然也不会随着规模的变动而变化。一些特殊的情形可能是，原本只有本专科教学的大学或学院开始通过招收研究生扩大产出的规模；或原本仅从事科研活动的研究机构通过招收研究生扩大自身的产出规模。

同，作者提出"规模效益"的逻辑似乎又是自相矛盾的。值得注意的是，有关组织之间产出的异质性问题是《效益》一文中颇具创新的部分[①]，但令人感到惋惜的是，没有得到相应的后续应用研究。

2.3.2.2 对"规模效益"的模型中采用单一产出所存在问题的一个补充说明

实际上，"规模效益"研究所使用的单产出技术(Single-product Techniques)在国外同类研究中因为自身存在的诸多疑问早已淘汰不用[②]，并已为多产出技术所取代。但在《效益》那里却颇受推崇[③]。不仅如此，在单产出技术中有两种常用的计产出的办法。一种是"当量在校生数"，是按权数对不同层次的学生数量进行加权计算得到的。另一种就是"在校生数"，是通过对不同层次的学生数量简单求和得到的。比较而言，虽然两种计量手段仍然是单一产出的技术处理，但是使用按权数对不同层次的学生数量进行加权计算出的"当量在校学生数"来替代简单的"在校学生人数"所建立的模型显然要合理得多，因为前者至少体现了在校学生有某种程度"质"的差异(以权重来体现

① 即实证分析第四部分。

② 比如，没有任何证据能证明这种单产出技术处理多产出的方式具有相应的合理性，通常会产生严重的统计误差，从而使相关的推论不可置信(Baumol et al., 1982, chapter 15)。另见下文第六点。

③ 见《效益》一文3.3关于高等院校产出测量问题的再讨论，60页。

本专科生和研究生的差别)，属于不同的产出①，而后者根本就无法分辨出不同的产出，是不经过合理简化就将多产出问题当作单产出问题来对待。《效益》的研究采用的却是通过简单求和得到的“在校生数”②，原因仅在于“获取该指标相对于‘当量在校生数’要容易的多”(《效益》，60页)。尽管规模效益研究在使用“在校生数”时，还附加了学校级别、学校类型及学校上级主管部门等控制变量，但是产出还是只有一种，体现不出高等教育机构产出之间的差别。

我们再联系第一点“关于规模效益概念的提出”的“引子”部分的讨论，尽管在高等教育机构产出的判断上，《效益》一文也认可产出的多维性，但是在高等教育的规模效益讨论中，最终进入计量模型的仍然只有一种产出——“在校学生”，我们也分析了为什么进入规模效益的只有一种产出。通过比较我们认为，《效益》所提出的“规模效益”概念同规模经济和规模报酬并没有根本的不同，“规模效益”的提出显得是在“制造问题”，它妨碍了我们对国内高等教育中规模经济研究的理解。实际上，

① 举例来说，规模效益研究在最近一篇讨论中国高校的结构效益问题中使用了“当量在校生数”作为“被解释变量”：折合全日制本专科学生数＝本科生＋专科生数＋2×硕士生＋3×博士生＋2×第二学士学位学生＋3×留学生＋培训班学生＋专业证书班学生＋2×继续教育学生＋0.2×函授生＋0.5×夜大生＋成人脱产生(3页)。我们这里所讨论的“规模效益”研究是以“当量在校生数”作为“解释变量”来说明高等教育机构的成本变化情况，而没有讨论高校的产出规模由什么决定。

② 见《效益》，70页。与此一脉相承的是，郭苏热(1994)的硕士论文对高校系和专业的规模效益的分析中，也使用了完全相同的计量办法：在校学生数＝在校本科生数＋专科生数＋研究生数＋其他学生数。而且郭苏热对“平均系规模”“平均专业规模”的定义正是以“在校生数”为基础的(平均系的规模＝在校生数/系、所、中心的个数，平均专业规模＝在校生数/专业总个数)。

由于《效益》所理解的规模经济理论只能处理单一产出的情形，所以进入其回归模型的才只有“在校学生”这一种产出，这不是调整研究工具而是调整研究对象来适应研究工具的结果，这才是事情的真相。而不是如《效益》所说的因为提出了一个“规模效益”的概念，所以“在校学生”这单一产出就变的可以接受了。因此，无论是从研究方法的选择还是技术处理来看，以“在校学生”这一种产出作为高等教育机构的计量都是不合适的。

2.3.2.3　研究方法问题

首先，《效益》一文对研究方法和研究结果的划分有些含糊不清，在“高等院校规模经济研究的方法”中讨论的是对高校规模、投入及产出如何进行合理的度量(24～26 页)，而这本应是引言(Introduction)部分应当进行的内容，因为对概念的澄清是研究进行的前提，而不是研究所运用的方法。而在“国外高等院校规模效益实证研究结果”部分在详尽叙述研究结果的同时，《效益》也介绍了国外同类研究所使用的研究方法(如 MC/AC 比值判断法，26～31 页)。这样一种研究方法和研究前提的错位，不禁让人怀疑《效益》对国外同类研究梳理的严谨性。其次，《效益》在“研究的方法”和“实证研究结果”中根本未曾提及 Baumol 、Panzar 和 Willig(简写为 BPW)等人自 20 世纪 70 年代以来对多产出技术的研究成果。在“实证研究结果”部分，《效益》花了两段落的篇幅介绍 Cohn et al. (1989)的研究(27、29 页)，笔墨不能算少，但是对 Cohn 等人在研究中所使用的研究方法①却只字未提②。因此，除了《效益》所回顾整理的国外同类文献以1982年之前居多而有可能局限其视野外③，我们仍然坚这一观点：国内学者的"规模效益"研究方法上的失误乃是其对经济学关键文献(特别是Baumol et al.，1982)的主观忽视从而导致片面运用规模经济理论所造成的。

同时，我们发现在《效益》一文完成之前(1995)仍发表了像de Groot et al. (1991)、Nelson & Heverth(1992)、Lloyd et al. (1993)等关于高等教育中规模经济和范围经济的重要文献，这里每一篇论文的研究方法均取自BPW。但《效益》的研究似乎没有注意到这一方面。

2.3.2.4 关于范围经济的问题

在《比较研究整理之一》的第三点我们认为，由于对高等教育机构的单一产出判断，所以导致了"范围经济"这一问题没有能够进入他们的研究视野。但是在《效益》一文对"国外高等院校规模效益实证研究结果"进行梳理时，我们发现作者并没有

---

① 即" Institutions of Higher Education as Multi-Product Firms: Economies of Scale and Scope"原文第二部分methodology，完全取自BPW。

② 其实，从《效益》一文未将Cohn et al. (1989)列入"主要参考文献"(122～126页)足可看出《效益》对这篇引证率很高的论文的重视程度。适成对比的是，De Groot et al. (1991)认为，Cohn et al. (1989)是第一篇运用多产出技术处理高等教育机构的论文。

③ 在"国外高等院校规模效益实证研究结果"中列出的20余篇参考的外文文献中仅有4篇是1982年之后的(26～31页)，而且最近的一篇便是Cohn et al. (1989)。Baumol等人的研究成果于1982年整理为专著出版，似乎《效益》一文(1995)有理由不注意到Baumol et al. (1982)。但是，此前Baumol等人对多产出研究的论文早已在20世纪70年代进行，并发表于《美国经济评论》(A. E. R.)如Baumol(1977)，Willig(1979)，Panzar，J. C. and Willig(1981)、《经济文献季刊》(Q. J. E.)如Panzar，J. C. and Willig，(1977)和《政治经济学》(J. P. E.)如Baumol and Braunstein (1977)等杂志。

漏掉"范围经济"这一重要问题。在对国外有关高等院校规模经济研究文献综述的结尾，该文做了几点"特别说明"，在第一点就提到了"我们应该注意区别规模经济和范围经济的概念"。对此，联系《效益》的上下文，我们这里有两点需要说明，一是《效益》介绍范围经济的两个段落的篇幅仍是在转述别人的研究结果，此后在该文中再未见提及"范围经济"字眼，更谈不上对此进行专门的讨论和研究了 。所以，笔者认为《效益》一文对"范围经济"的说明只是在文献综述时例行公事，点到即止。二是既然高等教育中的范围经济问题值得注意，那么为什么在《效益》之前的"规模效益"研究根本就不曾提到这一问题，而在此之后，也无人对此做专门的研究呢？笔者以为，范围经济的问题看似同"规模效益"的研究毫不相干，但实际上，上述现象只能通过对"规模效益"研究的审视才能得到说明。正如我们在前面所分析的那样，"规模效益"研究在片面运用单一产出的规模经济理论处理作为多产出组织的高等教育机构时，犯了"削足适履"的毛病。他们只能通过调整研究对象，使其符合研究工具的要求，才能运用单一产出的规模经济理论。所以，在技术处理上他们把高等教育机构看作是只有"在校学生"这一种产出的组织。这样，最终进入"规模效益"回归模型的就只有单一产出了①。但是这种处理的结果，不仅使"规模效益"研究脱离了研究对象的真实性从而带来误导的结果②，而且使得范围经

① 详见前面第二点对单产出技术的讨论。

② 本研究的下一步准备使用Baumol等(1982)的多产出技术对中国高等教育机构中的规模经济与范围经济问题进行回归分析。

济问题的研究无法在原有的框架里进行①。另一方面，由于“规模效益”研究对 Baumol 等人研究成果的忽视，当面对以多产出为基础的范围经济时，也必然会束手无策。因为范围经济的研究正是 Baumol 等人(1982)研究的“多产出技术”的一部分②。离开 Baumol 等人(1982)的范围经济理论，他们找不到研究“高等教育中的范围经济”所需的方法，用什么来衡量范围经济(范围不经济)是否存在。

2.3.2.5 将经济学理论应用于高等教育领域时的特殊性

从《效益》来看，使用经济学中的规模经济理论时，并不是没有考虑该理论在高等教育领域应用的特殊性，而且作者也显然在前提性假设的真实性上下了许多工夫，例如《效益》(51 页)，专门讨论了“规模经济理论在高等教育院校应用的特殊性”，包括对成本问题的估计，对投入的全面计量，对产出的度量及产出质量的度量等。这说明，“规模效益”研究在运用经济学的理论工具解决高等教育的问题时并不是“简单照搬”了事，而是考虑到了高等教育中的特殊性的。但是，在对成本问

---

① 讨论范围经济的前提是存在多产出的联合生产。所以对于只能处理单一产出的“规模效益”而言，如果要对高等教育中的范围经济进行研究，就需要完全撇开原有的规模效益研究，像研究规模效益一样“另起炉灶”。这同 Baumol 等(1982)以多产出组织为基础，所建立的统一的规模经济和范围经济理论截然不同。

② “范围经济”(Economies of Scope)这一概念最初是由 Panzar & Willig 于 1975 年在贝尔实验室以一篇题为“Economies of Scale and Economies of Scope in Multi-Output Production”的经济讨论稿中提出来的，后经 Baumol & Braunstein (1977)的经验研究、Willig，(1979)的多产出技术与市场结构的统一理论框架(unifying framework)的建构、以及 Panzar & Willig，(1981)、Bailey & Friedlander (1982)等研究的发展，范围经济不仅进入多产出技术中，而且深入到多产出技术同市场结构的讨论中(参见 Willig，1979，p. 346，note 1)。有关多产出技术中对范围经济处理的详细内容可参见 Baumol 等(1982)chapter 4，pp. 71～78。

题的估计，对投入的全面计量，对产出的度量及产出质量的度量等的讨论中，我们发现作者并未对“规模经济的单一产出技术如何处理作为多产出组织的高等教育机构”这一基本矛盾有任何解答[①]，由于使用只能处理单一产出的规模经济理论，“规模效益”研究未能从多产出角度考虑成本方程的估计，从而规模经济与范围经济的计量也不可能遵从多产出技术。

2.3.2.6　对“规模效益”回归模型的验证

整理至此，我们还没有回答：如果说“规模效益”研究采用了错误的研究假设(即将高等教育机构作为单产出组织来处理)，那么按照它的回归模型所作的处理会得到什么样的结果呢？或者换句话说，能否通过将 Baumol 等(1982)的多产出技术应用于对我国高等教育机构中的规模经济与范围经济问题进行回归分析，然后将两种结果相比较的方式来证明“规模效益”研究的错误？不能，因为根据林毅夫(2000)，能否推翻或证伪一个理论只有两种办法：一是就该理论模型的内在逻辑一致性提出质疑，这里的内在逻辑一致性就包括了研究前提、研究方法和研究结论的内部逻辑是一致的。二是看该理论模型同经验事实的符合程度。你不能用一个理论模型去证明另一个理论模型不成立[②]。这里，林毅夫所讨论的是整个理论体系的规范问题，它当然适用于我们对“规模效益”的分析。不过如果我们作进一步的区分，将一个理论模型划分为事实部分(相当于英文

---

① 《效益》对高校成本问题的讨论为多产出技术在应用于中国高等教育机构的研究中可能会遇到的困难给予了很好的提示(如会计核算制度的制约)，但并不能掩盖“规模效益”研究对多产出技术的忽视。因为，“规模效益”研究并不是在无法运用多产出技术的条件下进行有意识的选择的结果。

② 参见林毅夫(2000)6 页及 10 页注释 8。

的 What)、方法部分(相当于英文的 How)和作为解释的理论结论(相当于英文的 Why)，那么对于高等教育中的规模经济与范围经济研究而言，它不是对某种现象的理论解释的问题，也不是对研究方法的讨论，而是一个事实判断的问题，是对规模经济与范围经济是否存在这种现象的一种描述[①]。由于这些现象(不论是整体规模经济、特定产出的规模经济还是范围经济)存在与否是无法通过直接观察得到的，所以，我们才发明出了多产出技术、回归模型这些复杂的手段帮助我们去“观察”无法用肉眼直接观测到的现象和规律[②]。正是由于结果无法直接观察，所以当我们用两种不同的方法得到不同的结果时，就无法获知哪一个结果是真实的(或者我们根本无法判断这两种方式得到的结果是否真实)。这时就只能通过对研究起点的真实性的考察和对研究方法的科学性进行判断。正如我们整理的结果，一方面，“规模效益”研究将研究对象做了不真实的简化处理；另一方面，该研究的回归模型不仅形式简单而且拟合优度很低(见静态比较分析中的第五点)。所以，我们认为“规模效益”研究存在很大的局限。

2.3.2.7　小结

实际上，国外学者对于高等教育中的规模经济与范围经济的研究也经历了一个从单产出到多产出的技术处理手段的变化过程。随着技术处理手段的成熟和更新，从单产出到多产出、线性回归模型到非线性回归模型的更替，规模经济与范围经济的研究也越来越接近高等教育机构的现实。仅仅从单产出的角

① 即存在不存在高校产出规模扩大时，平均成本下降以及从事多产出活动时是否可以获得成本上的节约这些现象。相当于英文中的 What。

② 这有点像天文学家所用的望远镜的功能。

度来看，起初 Bottomly(1972)，Bowen(1980)，McLanghlin et al. (1980)，Maynard(1971)等以“入学人数”(Student Enrollments)作为高等教育机构的全部产出的假设来讨论高等教育机构的成本问题①，而到了 Verry 和 Layard(1975)等学者那里对高等教育成本方程的估计②则同时包含了本专科产出、研究生产出和科研产出，或者采用对三者分别进行回归分析的办法。也就是说，国外学者在找到多产出的处理技术之前，对成本方程的估计也经历了对高等教育机构各项产出从片面的假设处理到全面考虑的一个过程。而国内学者的“规模效益”研究忽视了科研产出，似乎还停留在国外同类研究的起步阶段。所以，循着国外学者对于高等教育中的规模经济与范围经济的研

① 参见 Cohn et al. (1989)，p. 284。

② 实际上，对规模经济和范围经济的计量的研究和对成本估计方程的研究在相当程度上是分开进行的。例如，被认为是第一篇采用多产出技术对高等教育的成本结构进行估计的文献 Cohn et al. (1989)，所使用的规模经济和范围经济的计量手段来自 Baumol 等(1982)，成本估计方程(FFCQ)则来自 Mayo(1984)。当然，Baumol 等(1982)对于多产出组织的成本估计方程已有相当深入的探讨(详见 chapter 15，pp. 445～463)，我们所说的“多产出技术(Multi-product Techniques)”不仅包括了 Baumol 等(1982)对于规模经济与范围经济的计量，也包括了他们对于多产出组织的成本方程的估计。但 Mayo(1984)在应用多产出技术对公共设施(Public Utilities)管制的研究中在二次成本方程(即 Baumol 等所讨论的“The Quadratic Cost Function”pp. 453～457)的基础上作了进一步的修正(主要是将固定成本由常量这一不现实的假定修正为可变的虚拟变量)，得到了所谓的固定成本可变的二次模型(Flexible Fixed Costs Quaduatic Model，FFCQ)。另外，需要说明的是，Jimnez(1986)在使用多产出成本方程对拉美的初等和中等学校的教育成本结构进行研究时，对规模经济和范围经济的计量采用了不同于 Baumol 等(1982)的方式，而是来自于 Brown et al. (1979)和 Cowing & Holtman(1983)使用的公式(参见 Jimnez，1986，p. 33)。限于篇幅，这里我们不对两类规模经济和范围经济的计量办法进行比较评价。只是说明，从后来对高等教育的多产出研究文献来看(从第一篇 Cohn et al. ，1989，到最近一篇 Koshal，& Koshal，1999)无一例外都采用了 Baumol 等(1982)的处理方式。

究可以很好的帮助我们找到国内的“规模效益”研究处在什么样的位置上。

2.4 高校办学效率研究的主要发现

在教育经济学的研究中，运用经济学的理论与方法对高等教育机构进行分析是一种有效的研究途径。对高等教育机构中是否存在规模经济现象和范围经济现象的实证分析和判断正是运用这一研究理路的一个典型实例。我们在对国内外学者有关这一问题的研究进行检索以后发现，他们的研究都严格遵循了上述的研究理路。同时，我们也发现国内外学者的这种研究理路虽然相似，但却像是两条不相交的平行线——虽然国内外学者在解决高等教育机构的规模经济和范围经济问题上，都将目光投向了经济学，试图从那里寻找到解决这一问题的资源，但是两方学者寻找的结果却大不相同。

通过对这两条研究进路的梳理我们发现，虽然都是寻求经济学的研究工具，但国内学者所找到的是始自 19 世纪末由经济学家马歇尔所建立的新古典微观经济学中的规模经济理论，国外学者所找到的是自 20 世纪 70 年代以来由 Baumol 等经济学家们建立的一套新的理论工具。在这一理论中，虽然仍保留了新古典经济学中规模经济的基本思想，[①] 但是却提供了完全不同的计量手段。更为重要的是，Baumol 等经济学家的理论正是针对不同于传统的单一产出的厂商而建立的，它是一套更

① 即平均成本随产出规模如何变动。

适合于现实中的多产出组织的理论工具。[①] 从这里可以看出，国内外学者对高等教育机构中的规模经济的研究，尽管都是从经济学中寻求解决的办法，但借用的工具不同是造成他们采取不同研究理路的主要原因。同时，由于 Baumol 等人的多产出理论相对于新古典经济学中原有规模经济理论的批判和继承关系，国内外学者的这两种研究理路又不是简单的平行和并驾齐驱的关系，国内学者的一些研究理路没有能够借鉴经济学中最近的研究成果，从而造成国内"规模效益"研究的落后态势。我们的这一比较和整理工作不仅帮助我们澄清了国内"规模效益"研究所处的研究位置，而且指明了这一研究位置同国外学者同类研究之间存在的差距。

这一差距构成了我们下面实证分析的基本动因，我们试图弥补这一差距，或者尽可能缩小这一差距。实际上，宋光辉(2004)、成刚和孙志军(2008)以及笔者的工作(2009)都在这方面做了一些尝试和努力，也为以后的研究奠定了必要的基础。

① Baumol 等经济学家们认为，现代社会的发展所产生的不是传统经济学教科书中的单产出厂商，而是遍布于各种行业的多产出组织。因此，Baumol 等人的研究不仅是经济学应对现实的需要，而且将经济学中规模经济的研究从营利厂商这一传统的领域延伸到具备多产出特征的各种组织，包括非营利的公共组织。

第三章 关于范围经济的理论及其应用研究

3.1 生产函数、成本函数与对偶理论(Duality Theory)

3.1.1 关于成本函数

成本函数度量在某些固定要素价格下，生产给定产出水平的最小成本。就其本身而论，它概括了有关厂商可获得的技术选择的信息。成本函数的行为能够告诉我们许多有关厂商技术的性质。(瓦里安，1998，p. 68)

根据平新乔(2001，p. 120)，设生产函数为 $q=f(x_1, x_2)$，r_1、r_2分别为要素价格，x_1，$x_2>0$，则成本函数是

$$C(r_1, r_2, q) \equiv \min(r_1 x_1 + r_2 x_2)$$
$$\text{s.t. } f(x_1 x_2) \geqslant q$$

3.1.1.1 次可加性与范围经济、规模经济

定义：如果对于产量：q_1，q_2，q_3，…，q_n，存在以下关系：

$$\sum_{i=1}^{n} C(q_i) > C(\sum_{i=1}^{n} q_i)$$

也就是说，将产量：q_1，q_2，q_3，…，q_n 分散开独立生产的成本之和大于将其放在一起进行生产总成本，那么我们就说该成本函数是严格次可加的(Subadditivity)。(平新乔，2001，p. 127)

那么，次可加性与规模经济和范围经济之间是什么关系呢？从形式上看，上面的不等式与范围经济的表达式完全一

样，原来，在次可加性里，如果 q_1，q_2，q_3，…，q_n 分别代表不同种类产出的产量，那么上述不等式就和范围经济完全一样，次可加性就意味着范围经济；如果 q_1，q_2，q_3，…，q_n 分别代表同一种产出的不同产量，那么，次可加性就意味着规模经济。所以，次可加性对于单一产出而言就是规模经济，对多产出而言就是范围经济。

3.1.1.2　成本函数从单一产出扩展到多产出时的情形

早期的经济学教科书通常关心的是生产单一产出的企业，如何进行分析，在每个行业里，这种产出都被假定为是同质的。但是，在现实生活中，我们看到很多企业是同时生产多种不同的产出的，大学也是这众多行业里的一个。

从多产出组织研究中所使用的成本函数变化，我们也可以看出，这种从单产出到多产出的分析逻辑演变。在最早的处理多产出成本函数时，都是简单的将单产出的成本函数套用过来。但是，这种简单套用有很多缺点，如破坏了生产结构的正则条件(Regularity Condition)①，待估参数过多以及无法允许产出为 0。(另见，Caves et al.，1980 年的讨论)

从单产出成本函数——作为过渡的 hedonic 成本函数——完全的多产出成本函数，我们可以把 hedonic 成本函数同单产出的和多产出的成本函数做一个比较。比起单产出的成本函数来，hedonic 成本函数可以一定程度上反映出组织的多产出特征，它是通过将个别产出加总的(Aggregate)方式，其具体形式可参见 Spady & Friedlaender(1978)。

① 所谓正则条件(regularity condition)可见下面讨论的多产出成本函数的技术性质“首先”里的几个条件。

Spady & Friedlaender(1978)在研究卡车行业的成本函数时，注意到卡车运输所提供的产出实际上不同于很多单一产出的行业，因此，提出了能够反映多产出特征的成本函数。

但是比起成熟的(Full-blown)的多产出成本函数来，例如，二次的、CES 的以及 Translog 的成本函数，hedonic 成本函数有致命的缺陷：它的产出比例会发生变化，由此导致了这类成本函数无法区分规模经济和范围经济。关于单产出成本函数、hedonic 成本函数以及完全的多产出成本函数的详细讨论，还可参见 Baumol et al.(1982)第 15 章的内容。

3.1.1.3　多产出成本函数的技术性质

成本函数的选择以及具体某一组织的生产函数的确定：这里我们必须要回答的问题是，对于某个或某种组织而言，它的成本函数应当是什么样的、采取哪种形式？或者说，具体的成本函数需要满足什么样的条件、特征，我们才能认为它对组织成本特性的描述才是恰当的？Baumol 等(1982，448～450 页)讨论了多产出组织的成本函数所需要具备的一些特征。

第一，成本函数应当是“PROPER”的，也就是要满足在投入价格 w 下，C(y，w) 必须是非负的、非递减的、凹的以及在要素价格 w 上是线性齐次的，而且，C(y，w)也 不能随产出而递减。关于成本函数 C(y，w)的这些特征的证明可参见范里安(1998)，我们也将证明附在正文后面，见附录 1《关于成本函数特征的证明》。

实际上，这几个特征是所有要求成本最小化的成本函数都具备的特征，不论单产出组织还是多产出组织，成本函数要求的成本最小化，必然带来这些特征。因此，这几个特征是最一般化的成本函数特征。而我们下面要讨论的特征则是多产出成本函数所特有的。

第二，成本函数应当允许某些厂商生产的某些产出为零。这样像 Cobb-Douglas 的函数形式和 Translog 形式的成本函数就不符合要求。

$$C(y,w)= by_1^{a_1} y_2^{a_2} \ldots y_n^{a_n}$$

$$\ln C(y,w)= a_0 + \sum a_i \ln y_i + \sum\sum a_{ij} \ln y_i \ln y_j$$

在本文第三章我们会看到，产出 y 如果不允许取 0 的话，范围经济和计算规模经济时的平均成本根本无法计算。所以，虽然 Cobb-Douglas 和 Translog 形式的成 本函数都比较常用，却无法用在多产出组织的成本研究中。

第三，函数应当是“substantive flexibility”，也就是说，函数的形式不能预先就决定了结果。例如，Cobb-Douglas 的函数形式就预先决定了范围不经济，不存在弱成本互补性。因为判断两种产出在成本上是互补，还是替代，有一种简洁的办法就是求两种产出的 CMC(Cross Marginal Cost)，即：

$$\partial_2 C/\partial y_i \partial y_j$$

根据上式的符号正负就可以判断出 y_i 和 y_j 两种产出的关系是互补(负)，还是替代(正)。因为 CMC 的值正是估计模型里 y_i 和 y_j 乘积项的系数。

第四，成本函数在作为计量模型时，不应当对过多的参数进行估计。

第五，成本函数形式应当采用一种弹性的形式(A flexibile Function form)，不应当对一阶和二阶导数和偏导数施加任何限制，下面第三章我们会看到，在求某种产出的边际成本和

CMC 时，需要用到总成本对产出的一阶和二阶导数和偏导数。

上面讨论了这么多对多产出组织成本函数的要求，那么它的具体形式应该是怎样的呢？Baumol 等(1982)在总结已有的多产出成本研究的基础上，给出了三种实证研究中常用的多产出成本函数形式，并对他们之间的特点进行了比较①。

第一种是所谓的二次成本函数(The Quadratic Cost Function)形式如下：

$$C(y,w)=a_0+\sum_{i=1}^{k}a_i y_i+\frac{1}{2}\sum_{i=1}^{k}\sum_{j=1}^{k}a_{ij}y_{ij}$$

其中，TC 表示生产 k 种产出的总成本，a_0 是常数项，a_i 和 a_{ij} 是产出变量的系数。y_i 是第 i 种产出的量。

使用二次成本函数的好处是，除了满足多产出成本函数的基本要求外，可以很容易的线形化，从而使用普通最小二乘法或其他的标准估计过程来估计参数。所以，对多产出组织而言，有很多经验层面的研究都采用了二次成本函数(像 Cohn et al. 1989；Dundar&Lewis，1995；Koshal & Koshal，1999，2000，2001；Mayo，1984)，而且，在常见的多产出成本函数里，二次成本函数更受研究者的偏爱，尽管并没有明确的理论基础说明二次成本函数要优于其他成本函数形式(Baumol 等，1982，453 页；Dundar&Lewis，1995，121 页)。

在 Baumol et al. (1986)的研究里，除了二次成本函数，还提到另外两种多产出的成本函数形式：一种是不变替代弹性

---

① 有关多产出成本函数的比较，还可以参见 Johnes(1997)以及 Pulley&Braustein(1992)。这些成本函数的形式都是经验总结出来，他们不仅符合上面对多产出成本函数的技术要求，并且经过了研究者的大量实证检验。

的成本函数(CES)：

$$C = F + \left[\sum_i a_i y_i^{\ b_i}\right]^{\rho}$$

其中 y 是产出，a，b，ρ 都是参数；使用 CES 的好处是，需要估计的参数很少，这样可以获得更高的自由度。使用这种模型的缺点就是无法用 OLS 估计，需要用非线形的 OLS 估计。

第三种是所谓"Hybrid Translog"(混合超越对数)的成本形式：

$$C = a_0 + \sum_i a_i \ln w_i + \sum_k \beta_k [(y_k^{\theta} - 1)/\theta]$$

$$+ \frac{1}{2}\sum_i \sum_j \gamma_{ij} \ln w_i \ln w_j + \frac{1}{2}\sum_k \sum_l \delta_{kl}$$

$$[(y_k^{\theta} - 1)/\theta][(y_l^{\theta} - 1)/\theta] + \sum_i \sum_k \rho_{ik}(\ln w_i)$$

$$[(y_l^{\theta} - 1)/\theta]$$

其中，w_i是第 i 种投入的价格，y_k是第 K 种产出，当 θ 趋向于 0 时，有：$(y_l^{\theta} - 1)/\theta = \ln y_k$，即：

$$\lim_{\theta \to 0}\left[\frac{y_k^{\theta} - 1}{\theta}\right] = \ln y_k$$

这时候，上述"Hybrid Translog"的成本函数就变为标准的"translog"的成本函数：

$$\ln C(y, w) = a_0 + \sum_i a_i \ln y_i + \sum_i \beta_i \ln w_i$$

$$+ \frac{1}{2}\sum_i \sum_j a_{ij} \ln y_i \ln y_j +$$

$$\frac{1}{2}\sum_i \sum_j \beta_{ij} \ln w_i \ln w_j + \sum_i \sum_k \rho_{ik} \ln w_i \ln y_k$$

显然，标准的"translog"的成本函数无法做到允许产出取

0 值[1]，所以，才有了"Hybrid Translog"的成本形式。但是，即使经过形式变换后，"Hybrid Translog"的成本形式允许产出取 0，它的笨重、高度非线形形式以及对数据过高要求，使得研究者很少使用这种成本形式。在我们的文献检索中，Glass et al.(1995)是我们发现唯一一篇使用"Hybrid Translog"的成本函数对高等教育范围经济进行研究的文章。此外，尽管也有研究者使用标准的 Translog Cost Function，像 de Groot et al.(1991)，Nelson & Heverth (1992)，但是，除了能够估计总成本模型，这种成本形式无法用来计算规模经济和范围经济。对使用标准 translog 成本函数估计多产出成本函数的批评还可参见 Röller，L.（1990a，1990b）以及 Pulley&Braustein(1992)。

3.1.2 关于生产函数与规模报酬

生产函数是在给定生产投入品的前提下的最大可能产出点的集合。(平新乔，2001，91 页)生产函数的这个定义隐含了有效利用了生产技术与生产投入品的意思。因此，生产函数表示一定技术条件下特定的投入的组合有效使用时的最大可能性产出。

规模报酬是指：在技术条件和要素价格不变的条件下，当所有的投入要素都按同一比例变动时，产量变动的状况。表达为：

$$Q = f(K,L) \text{ 设 } t > 1$$

如 $f(tK, tL) > tf(K, L)$，则称规模报酬递增；

---

[1] 魏军锋和平新乔(2002)估计移动公司的成本结构时，使用了标准的"translog"的成本函数，但是，他们没有也无法计算规模经济和范围经济。

如 f(tK，tL)＜ tf(K，L)，则称规模报酬递减；

如 f(tK，tL)＝ tf(K，L)，则称规模报酬不变。

由于生产函数一般是由投入要素来解释，所以，我们无法从中看到单产出和多产出的区别来。

3.1.3　关于对偶理论

Shephard 对偶定理是说，对于一个满足一定条件的成本函数来说，我们可以用这个成本函数来定义一个生产函数，这个生产函数完全是由最初的成本函数得来。(Diewert，1971)

如成本函数 C(y，w)，y 是 n 维产出向量，w 是 m 维投入要素的价格向量；与之相对应的是转换生产函数 T(y，x)，x 是 m 维投入要素的数量向量。一个是从成本角度定义，另一个是从产出的角度定义的。但效果是一样的，一个假定产出不变的条件下考虑投入成本，另一个是假定投入不变的条件下考察产出量的变化。

根据对偶理论，生产函数和成本函数是可以相互转换的，那么，通常所说的规模经济是一种成本函数的表达形式，如果用生产函数来表达该如何呢？这就是我们前面所说的规模报酬[①]。

既然，规模经济的生产函数表达就是通常所说的规模报酬，那么，前面我们所说在 3.1.1 中所说的范围经济也是一种成本函数的表达形式，如何用生产函数表达范围经济呢？根据平新乔(2001，111～112 页)，在“联合生产与范围经济”的分析，范围经济的生产函数表达的定义为：“当一个企业以同一

---

①　关于规模报酬与规模经济的对应关系的证明可参见范里安(2003)“规模报酬与成本函数”，424～426 页，有详细的证明。

种资源(或同样的资源量)生产一种以上的产出品时，由于生产活动纬度的增加(即生产范围在横向上的扩展)所带来的效益增进(或利润上升，或成本节省)，叫做范围经济”。范围经济可以“使单个企业以相同的资源生产的两种产品比两个单独的企业生产出的产品更多。”

假定只有一种投入要素 x，投到两个企业中的投入量为 x_1、x_2，用生产函数形式表达就是：

$$f(x) > f(x_1) + f(x_2)$$

其中 $x = x_1 + x_2$，同样道理，如果 $f(x) < f(x_1) + f(x_2)$，则存在范围不经济，如果 $f(x) = f(x_1) + f(x_2)$，则既不存在范围经济，也不存在范围不经济。①

3.2 关于范围经济的理论

对规模经济的计量遵循了一种从单产出到多产出的推演逻辑。无论是整体规模经济还是特定产出的规模经济，其计量方式都是从这一演化逻辑中推导出来的②。但对于范围经济而言，不同于整体规模经济和特定产出的规模经济，它在单产出的情形下是不存在的。所以，当我们讨论多产出情形下的范围经济时，我们需要根据范围经济的定义进行判定③。

3.2.1 范围经济的来源(Sources)

根据 Bailey and Friedlaender(1982)，范围经济产生的原

① 我们没有看到范围经济的生产函数表达与成本函数表达等价的证明，与规模报酬与规模经济的对应关系的证明不同，范围经济不同表达形式之间的证明涉及生产方式的变换。

② 参见笔者的硕士论文第三章“整理之三”的第九点讨论。

③ 参见 Baumol et al. (1982)定义 4B1，71～74 页。

因，最常提到的就是投入的公共性（Public Inputs）和不可分性。例如，大学里的图书馆，不仅用于教学，而且同时用于科研。就投入的公共性而言，范围经济与规模经济的区分在于投入是被一种产出负担还是被多种产出分担①。关于范围经济的例子，Baumol 等（1982，75 页）举了小麦与麦秆、羊毛制品与羊肉、牛肉与牛皮制品等。这被称为是具有成本互补性。范围经济的第二个来源在于生产技术或生产过程的公共性，例如，现代计算机技术和机器人智能系统的结合，使得多种不同的电子产品可以同时采用大致相同的生产技术进行生产运作。范围经济的第三个来源是同所谓的网络经济（Economies of Networking）联系在一起的，范围经济的另一个来源是对无形资产的共享。

由于前面我们所说的范围经济与成本次可加性的关系，范围经济成为企业集团研究的理论基础。根据平新乔（2001）的归纳，范围经济的好处有以下四个方面。

第一，由于生产过程是相互联系的，联合生产可能会带来成本节省。一个农民种粮食又兼养猪，就由于种粮与养猪之间的有相互促进的效应。

第二，N 种产品（服务）在需求上也是相互联系的，联合生产后，一家企业同时为 N 种不同需求服务，这可以利用需求上的互补性而提高效益。例如，机场内设各种商店与餐馆，就是由于出门旅行与就餐、购物是互补的。

---

① 问题是同时存在规模经济与范围经济时，可能出现为了利用一种经济而挤占另一种经济，毕竟公共投入是有限的。当教学和科研同时利用图书馆时，意味着教学或科研的规模经济受到限制。

第三，有时一个企业集团从事的各种生产活动无论从生产上还是在需求上均无什么联系，但出于“分散风险”的考虑，N种产品会比单生产一种更安全，不易于被市场风险或金融风险一网打尽。

第四，一个企业集团从事N种不同的生产活动，也有利于调动企业内部的经理与管理人员的积极性。试想，如果一个企业只生产一种产品，当外部遇上风险，企业利润受到随机干扰时，对企业经理的绩效就难以做出准确评估。而如果企业从事多种生产服务活动时，各种风险由“大数定律”的作用会相互抵消一些，企业的风险均值就会小得多，这有利于股东对管理人员的业绩做出正确的评价，从而有利于提高管理人员与经理的效率，节省成本。

3.2.2 范围经济与规模经济、要素价格变动以及要素比例变动的关系

范围经济与规模经济区别在于，它们是两种不同的量度组织内部效率的手段。联系：可以看作专业化与多样性的矛盾，在资源一定的情况下，进行某种产出的规模生产，必然是以无法扩大其他产出规模为代价的；反之，亦然。可见在资源给定的情况下，范围经济与规模经济可以构成对方的机会成本。一个关于规模经济与范围经济的冲突：“大厂商的产品范围取决于这一条件：多生产一种产品所增加的成本(由于失去了规模经济)等于所增加的收入(由于市场范围的扩大)。(Vassilakis，1989，824页)

从计算结果看，两者也可以是一致的，例如，当同时出现总体的规模经济和总体的范围经济时，两者都要求同比例扩大

各项产出的规模来获得成本节省。当然，如果一个表现出规模经济(或范围经济)，而另一个却表现出范围不经济(或规模不经济)，那么，两者的推论就是冲突的。对于特定产出的规模经济而言，它的实际含义是什么呢?

从求得的规模经济和范围经济的数值来看，我们可以根据数值的大小来判断范围经济的程度，也就是完全联合生产与其他生产方式相比较的成本节省程度。但是，对于规模经济来说，除了大于 1 或小于 1 外，我们无法根据数值的大小来判断规模经济(或不经济)的程度，也就是说，规模经济计算的结果并没有实际的意义。

范围经济与要素价格、要素比例：范围经济是从成本角度考察生产效率的，比较不同的生产形态下，成本的大小。其中有个假定就是要素价格保持不变，因为范围经济所比较的生产形态是产出种类和产量都没有变化的，变化的只有生产的组织方式(是联合生产，还是专业化的分工生产)。如果要素价格同时变动的话，那么不同生产形态下的成本就很可能是要素价格变化和生产组织方式不同这两者带来的，而不仅仅是由生产组织方式的不同所带来的。这样，除非我们能够剥离出要素价格变动所引起的成本变动，否则就无法识别成本变化之中，哪些是由生产组织方式的不同所导致的，范围经济也就无从考察了。同样道理，规模经济也有要素价格不变的假定。要素比例对范围经济的影响也是同样道理，因为投入要素之间的比例变化会对生产成本产生影响，所以，为了分离出生产组织方式变动对成本的影响，我们需要控制投入要素之间的比例，保持其不变。实际上，要素比例不变的假定相当于企业的生产技术不变假定，可以把要素比例变化看作是企业采用新的生产技术所带来的后果。①

3.2.3 可竞争市场

什么是可竞争市场(Contestable Market)以及可竞争市场同范围经济的关系是什么？这也是同什么决定一个多产出行业的有效企业数这样的问题联系在一起的。“可竞争市场是指来自潜在进入者的压力，对现有厂商的行为施加了很强约束的那些市场。在这一市场上，不存在严重的进入障碍。完全可竞争市场是可竞争市场的极限情形，它是指一个进入绝对自由，退出绝对无成本的市场。这里的‘进入自由’，不是说进入没有成本，而是说相对于在位者而言，进入者没有生产技术上或者产量方面的劣势。简言之，完全可竞争性的条件是不存在针对进入者的成本歧视。完全可竞争市场是可竞争性理论分析产业结构和行为绩效特征的基准。”(朱彤，2000)从定义上看，可竞争理论同多产出组织并无必然联系。也就是说，可竞争理论并不是随着产业组织形态的演变而相应提出的新理论，而是针对完全竞争与规模经济的冲突提出的解决办法。从进入和退出障碍看，中国的高等教育行业壁垒高昂，无法用可竞争市场分析。“在判断对一特定部门的管制是否合理之前，应该分析该部门是否受人为进入障碍的保护以及该部门的可竞争性程度。只有当现实产业的可竞争性条件存在时，才能有效利用可竞争性理论的规范结论，来分析潜在竞争者对现有厂商行为施加的压力。”

---

① 虽然通常对范围经济和规模经济的处理是假定要素价格不变，但是Baumol et al.(1982)也考察了要素价格变化对整体规模经济、特定产出的规模经济和范围经济影响程度的具体计量办。

多产出不同于单产出的市场情形："由于具备规模经济特性的产品由一家厂商生产最经济，因此，只有当某一特定产品不存在规模经济时，才会由两家以上的厂商生产。""当厂商生产几种产品时，自然垄断是指一家厂商垄断生产这几种产品的情形，因此，即使这几种产品的射线平均成本处处递减，但若不存在范围经济，也可能会排斥自然垄断。因为此时若把一个多产品厂商分成几个专业化厂商，不会增加任何成本，反而有可能节约成本。"范围不经济与垄断的冲突如同规模经济与完全竞争的冲突一样。[①]

Baumol 等(1982)的著作中范围经济只是多产出组织理论的一个方面，我们更需要从这部著作的整体去把握该理论。例如，多产出行业中的自然垄断和竞争均衡、可竞争市场问题等。[②]相应地，另一个让人感到奇怪的问题就是，关于高等教育中的规模经济和范围经济的研究都没有讨论这些技术性概念以外的问题[③]。我认为原因可能是，可竞争市场的假定条件(无进入和退出的壁垒)不符合高等教育的现实，那么其他行业的多产出组织有哪个是符合其假定的？Peter A. Cassidy 和

---

① 根据《新帕尔格雷夫辞典》，"可竞争市场"的说明，Baumol et al.(1982)提出可竞争市场理论是为了解决新古典经济学中规模经济与完全竞争的冲突这一理论困境，范围经济和多产出组织理论只是整个理论的一个方面。

② 这里主要的问题是，规模经济和范围经济只是一个技术性的概念(尽管这种技术性在多产出组织之中显得很特殊)，而更基本的理论问题是，这一技术性的方面会对多产出组织在市场的表现上产生什么不同于单一产出组织的影响？

③ 显然，高等教育行业的市场结构、市场的准入与壁垒、可竞争性和承受力(sustainability)等问题都是值得探究的。还可以从其他行业的规模经济和范围经济的研究中寻找答案。同样地，我们发现其他行业的研究也仅止于技术性的检验是否存在规模经济和范围经济，而没有考察其市场方面。

JohDavies 把可竞争性分析应用于美国水上货物运输；Giyn Davies 和 John Davies 利用可竞争性理论分析了美国银行业的相关政策问题；Richard E. Simnett 分析了美国电信业的可竞争性问题；Willism B. Tye 把可竞争性理论用于分析铁路产业管制和反托拉斯问题，等等(朱彤，2000，63 页)。这样一来，问题就更突出了：为什么学者们没有能把可竞争市场理论应用于高等教育中？进一步的问题是，为什么 Baumol 等(1982)的工作重点会放在多产出组织上呢？可竞争市场理论为什么不用来研究单产出组织？根据 Baumol 等(1982)的前言所述，基本的原因还是以 U 型平均成本曲线刻画的单产出企业并不符合现实。

3.2.4 范围经济与合并(M&A)的理论，或一体化理论与范围经济

在合并这一主题下，似乎可以考察工商业史同多产出组织形成发展的关系①。钱德勒关于美国商业史的研究中(当然不仅仅是在他的研究中)，有两种兼并都会导致多产出组织：混合兼并和垂直兼并，只有水平兼并这种同业兼并只会导致企业规模的扩大。所以问题又集中在对企业兼并史的考察。根据钱德勒对美国商业史的研究，范围经济的出现是在 1870 年之后的美国，主要集中在食品、化工、石油、原生金属和机械等行业(钱德勒，1999，30 页；Jeremy，1998，184 页)。钱德勒

① 当然我们可以说，多产出组织未必都是兼并的结果，但是在工商企业的发展史上多产出组织的出现与兼并的关系密切。

所说的范围经济主要是从生产和批发经销两方面讨论的①，就兼并与范围经济的关系而言，主要集中在纵向一体化上和通过多样化经营的混合兼并②。之所以会在 1870 年之后出现，他的解释是"直到 19 世纪 70 年代，现代交通运输和通信网——铁路、电报、轮船和海底电报——和为了把这些作为统一系统运转起来而绝对必要的组织和技术革新的完成，才使原材料能够以一定的速率和数量并在能够取得生产能力上的重大经济成果所要求的精确的时间安排下向工厂(或加工厂)流入并转变为制成品流出。……交通运输和通信方面的革命产生了生产和经销上革命的机会"。通信和交通技术革新之所以重要，是因为交易效率的提高是大规模经营(按照科斯的理论，应当是通信所带来的企业内的管理费用的降低快于市场中交易效率的提高)。而范围经济的利用，"是在企业创造了管理组织，基本上

① 钱德勒对范围经济的定义有好几处，基本含义同我们上面的定义一样：联合生产或经销经济是利用单一经营单位的生产或销售过程来生产或销售多于一种产品而产生的经济，"范围经济"指联合生产或联合经销的这些经济，不过，钱德勒认为通常的讨论只注意到生产上的范围经济，而没有注意到批发销售上的范围经济。关于生产上的范围经济，"联合生产经济即范围经济带来的成本减少也很显著。这方面的成本利益来自用很多相同的原料和半制成材料并用同样的中间工序来生产多种产品。在同一工厂同时生产的产品数目的增多，降低了每单一产品的单位成本。"关于批发销售上的范围经济，"即使用同样的设施来销售和批发不同的产品"。

② 关于纵向一体化与范围经济可参见 33 页，关于混合兼并与范围经济可参见 200 页。这里我们面临两个解释上的问题，一是既然在 19 世纪 70 年代就已经出现了多产出组织的范围经济现象，为什么经济学家门的研究要到 19 世纪 70 年代才开始？二是如何处理 1870 年之后的工商企业的兼并史，不同的兼并阶段对范围经济有什么影响？如 1890 年的谢尔曼法(《Sherman Law》)主要禁止了横向联合，结果促进更多的纵向联合。(钱德勒，178 页)

能利用规模经济以后……才出现的。”[①]另外，可参见 Milgrom and Roberts(1992，542 页)。

下面我们着重讨论一下在高校合并中范围经济研究，国外学者对这一问题的研究以 Lloyd et al.(1993)为代表。Lloyd et al.(1993)在一篇题为“Amalgamations of universities are there Economies of scale and scope?”(大学的合并中存在规模经济和范围经济吗?)的论文中对澳大利亚的高校合并问题进行了研究。他们认为高校间之所以会合并是为了获得规模经济和范围经济上的双重收益，合并不仅会使学生们课时量(student load by course 用以衡量产出)增加[②]，而且可以提供广泛得多的课程。Lloyd et al.(1993)将这种由于合并而带来的规模经济和范围经济称之为“合并经济”(Economies of Amalgamation)并给出了计量它的公式：

$$S_m = [C(Y) - \sum C(Y_j)] / \sum C(Y_j) \qquad (3.2.1)$$

其中，$Y = \sum Y_j$

S_m是指由于 j 所高等教育机构合并所带来的合并经济，Y_j是合并前第 j 个机构的产出，Y 是合并后的机构(Post Amalgamation Institution)的总产出，如果只有两个机构合并则 j=1，2；若是两个以上的机构合并，则 j=1，2，…，J。

如果 $S_m<0$，则存在合并经济，即合并后的成本应当比合并前分别进行“生产”更经济。

---

① 有关的解释还可参见 Chandler，61～67 页以及 19 页有关交易费用经济与规模经济和范围经济的关系：交易效率的改进(通信交通技术的变革)使得大规模生产从而利用规模经济成为可能，之后出现了范围经济。

② 至少同每个合并前的机构(Pre Amalgamation Institution)一样多。

如果 $S_m>0$，则存在合并不经济。

我们可以将合并经济的公式同范围经济的公式作一下比较①：

$$SC_t = [C(Y_t) + C(Y_{n-t}) - C(Y)]/C(Y) \quad (3.2.2)$$

从形式看，除了使用的分母不同外，公式 3.2.1 与公式 3.2.2 是极为相似的，只不过是因为分子中的成本排列顺序不同，$S_m<0$ 是合并经济而 $SC_t(Y)>0$ 才是范围经济。但是，从内容上看，公式 3.2.1 和公式 3.2.2 中 Y_j 与 Y_t 的含义是却截然不同的：Y_j 表示合并前的第 j 个机构的总产出，而 Y_t 是指某一高等教育机构的多种产出中的第 t 种产出量，因而 Y_j 可以包含 Y_t 以及 Y_{n-t}。这时，第 j 个机构有 n 种产出。合并经济不仅意味着合并后的产出种类数会增加②，同时意味着总体规模的扩大(如果合并前的两个机构有相同的产出，同时也意味着特定产出规模的扩大)，所以，合并经济是包含了范围经济和规模经济的双重效应 的结果，也正因为如此合并经济要比纯粹的规模经济或纯粹的范围经济更难于分析。那么，该文对合并现象的分析运用了什么样的原理呢？Lloyd et, al. (1993)采取了将合并经济分解为规模经济和范围经济的办法。因为在我们所具备的知识里，只有规模经济和范围经济的技术处理是已知的，所以如果能将未知的合并经济分解为更基本的

① 有关该公式可参见本文第 3 章的公式(3.6) 以及 Cohn et al. (1989)。

② 当然，这里所说的产品种类数增加是由于合并前的机构之间在本专科生产出、研究生产出和科研产出之间存在互补性所带来的。但是，在现实的合并当中更为常见的是，合并前的高校都具有这三项产出，合并后并没有产出种类数的增加，这时的范围经济该如何理解呢？我们下面的讨论就是以这种情形为例进行说明的。

规模经济和范围经济问题，那么问题便容易解决了。

那么对于合并中出现的 S_a 规模经济程度和 S_C 范围经济程度，我们以两所高校为例，分别由以下定义给出：

$$S_a = \frac{C(y^1 + y^2) - 2C[(y^1 + y^2)/2]}{2C[(y^1 + y^2)/2]} \quad (3.2.3)$$

$$S_C = \frac{2C[(y^1 + y^2)/2 - C(y^1) + C(y^2)]}{C(y^1) + C(y^2)} \quad (3.2.4)$$

其中 $C(y^1)$和 $C(y^2)$分别是两所高校的总成本，$C(y^1+y^2)$表示这两所高校发生合并后的总成本，$C[(y^1+y^2)/2]$表示相当于合并后只有一半产出规模时的总成本。关于这两个公式的推导可参见附录 2“关于合并经济分解的几何推导”①。

上面计算了合并中的范围经济，Lloyd et，al.(1993)还分析了造成范围经济的产出比例的变化，定义了范围经济的范围变化，给出了下述公式：

$$X = \frac{1}{2}\sum_i \mid w_i^1 - w_i^2 \mid$$

其中，w_i 表示合并前第 i 种产出在高校所有产出中所占的比重，w_i^1 表示在第 1 所高校里面，产出 i 的比重。进而有：

$$F(y) = Sc/X$$

F(y)被称为“范围经济的幅度”，表示每单位产出比例变化所带来的范围经济。

容易看到，当两所高校进行完全专业化生产(也即非联合

① 由上面的公式会产生一个问题，就是合并经济分解为规模经济和范围经济后，这里的范围经济公式同我们后面第 3 章计算的范围经济公式之间是什么关系？从附录 4 的分析可以看出，两种范围经济公式的参照系不一样，这里的范围经济参照的是合并前的两所高校的成本，而我们后面第 3 章计算的范围经济更多是参照完全独立生产与局部联合生产这样的虚拟生产状态。

生产，Disjoint Production)，例如有两所高校，两种产出，高校 1 只生产产出 1，高校 2 只生产产出 2，那么有 X=1，此时，F(y)=Sc。这时候只有范围经济，没有规模经济(这时候，表示高校 1，2 的点都在坐标轴上，几何图形为矩形）。当两所高校生产产出(包括比例)完全一样时，会有 X=0，这时候只有规模经济，没有范围经济（这时候，两所高校的点重合在一起，几何图形为一条射线)。

3.2.5　作为高等教育中内部效率量度的范围经济

在评价高等教育的内部效率的时候，人们通常会罗列一些常用的指标。例如，生均成本、生师比、规模经济和范围经济等(Dundar & Lewis，1999)，那么就范围经济而言，很多高校会面临范围不经济的情形，最突出的就是那些学术性、研究性大学之外以教学为主要内容的高校。这个时候，如果放在内部效率的大背景下，我们应当做何评价呢？实际上，这个问题是同范围经济在整个内部效率评价体系中的位置或权重联系在一起的。截至现在，尽管高等教育中的内部效率的各方面评价都有不同的研究分析，但是高等教育中的内部效率的综合评价还没有被认真讨论过。也就是说，内部效率的各方面评价基本上是各自独立进行的，如生均成本、规模经济和范围经济都有各自独立的研究，但是内部效率的各个方面相互关系是怎样的？如何对高校的内部效率进行综合评价？这需要同时考虑各个效率指标的相对重要性，需要赋予各指标以不同的权重。还有就是已有的指标能否覆盖了一个高等教育机构的内部效率的全部呢？比如说，DEA 同其他指标有没有重合的地方？还是各自从不同方面进行的评价？如果要对一所高校的内部效率进行综合评价，就首先需要弄清楚内部效率的几个指标之间的关系是怎样的。本文也只是把这些思路性的东西提出来，希望将来的研究对此能有所推进。

3.2.6 范围经济与组织结构：一个嵌入性的视角

那么我们这里所说的嵌入性是什么意思呢？就是说在内部效率的评价上，除了纯粹可以量度的数量指标，如生均成本、规模经济和范围经济之外，如果要做全面的评价，还需要考虑高校内部的组织结构和管理模式是不是合理有效，这些社会学、组织的因素被考虑进来以后，内部效率的指标体系就显得庞杂了，那么一个突出的问题就是这些指标之间的关系是怎样的？嵌入性说的是内部效率的经济指标不是孤立存在的，它同社会学、组织的因素密切相关，前者是“嵌入”在后者当中的，那么规模经济、范围经济都是基于一定的组织结构为基础的，如果忽视组织因素，单纯考虑扩大规模或者产出种类，那么相应的规模经济和范围经济恐怕无法实现。根据Chandler(1962)的理论，组织规模扩大到一定程度之后，必然要求组织的内部结构做出相应的调整和变化，那么如果没有这个调整、适应过程的话，就会限制组织规模的进一步扩大。例如，规模经济与科层制的关系，规模经济的利用要求一定的科层管理结构与之相匹配，那么丁小浩、闵维方(1995)所讨论了，大学中的教学会共用一套行政体系从而带来的成本节省，那么我们这里要补充的想法是，随着高校规模的扩大，它的组织结构是不是可以一直保持不变？还是说，行政的组织也需要做出相应的变化？例如，当学校规模较小的时候，管理层级只需要校系两级就足够了，而当学校规模扩大到一定程度时，如两校发生合并，学院这一管理层级就显得必要，形成校、学院和系的三个层级的组织结构。这样科层的成本也随规模扩大而增加了，直观的生均成本就不一定是下降了。同前一个问题一样，这类研究面临的主要问题可能是如何操作，从而将关键变量变得可以量度。

3.3　范围经济理论应用到多产出组织的研究——对高等教育等不同行业的考察

范围经济理论的出现在很大程度上是同现代经济中经济现实密切联系在一起的。下面我们就介绍一下自 Baumol 等(1982)提出范围经济理论后，被应用到不同行业的情形。例如，Steaman(1984)列举了大量存在联合生产(存在范围经济可能)的行业案例。又如 Dundar & Lewis(1995)，Wang & Friedlaender(1985)以及 Bailey & Friedlaender(1982)所提到的银行业、交通运输业、公用设施、电信业、石油业、货车运输(Trucking)和汽车制造业(Automobiles)、铁路运输(Railroads)、航空业(Airline)①以及医疗服务行业等。

Shoesmith(1988)将石油精炼的产出划分为：汽油、蒸馏燃料和其他精炼产品；Mayo(1984)将公共设施划分为：天然气和电力两种产出；Fournier&Mitchell(1992)对医疗服务的产出划分为 五种：住院病人的护理、医生的出诊、急诊、外科；4 种投入：人力投入包括了辅助、行政和护理以及非劳动投入(如设施、药品医疗供应)；Pulley&Braunstein(1992)认为，银行所提供的产出包括了 4 种：存放需求减去储蓄和短

① 这两种运输的范围经济都存在于客运与货运(Passenger and Freight Transportation)(这可看作是公共投入，都需要相同的车站、铁轨和通信系统等服务设施)。

期存放、房地产贷款、工商业贷款以及分期付款(Installment)和信用卡贷款；投入价格 3 种：物质资本的价格、劳动力的工资和资金的成本(利息)；Wang&Friedlaender(1985)认为的卡车行业的范围经济来源于几种产出：完全卡车装运(Full Truckload，TL)、不完全卡车装运(Less-than-truckload，LTL)，后者又按照托运的里程长短分为：短途托运(Short-haul，250 英里以下)、中途托运(Intermediate-haul，250～500 英里)和长途托运(Long-haul，500 英里以上)。上面主要是对范围经济在高等教育之外其他行业的应用的一个简单介绍，下面再着重讨论一下当我们将范围经济的理论应用到高等教育中时，需要考虑哪些高等教育自身的特性。

首先，在高等教育产出的测度上，不像营利性的企业那样的产品容易量度，对高等教育的产出，一直没有一个公认的标准可以恰当地测量教学和科研产出(Cohn，et al.，1989；Koshal er al.，1999；Koshal and Koshal，2000)。

其次，在高等院校成本与产出质量之间的关系上，正如 Koshal and Koshal (1995，2000)在一篇论文里提到的，很多较早的研究在处理高等院校成本与产出的关系时，只是简单的遵照微观经济学的教科书，假定了所有的高校都生产相同质量的产出(Johnston，1960)。但是，众所周知，不同高校的教学和科研质量都是不同的，例如，接受 1 年北大或清华的教育与接受 1 年其他普通高校的教育是不同的。所以，在研究高等院校的范围经济的时候，需要将成本与产出的关系按照不同院校的质量进行相应的调整。

最后，在高等院校成本与其高等院校所追求的目标之间的关系上，不仅高等院校不像企业那样以营利和成本最小化为目标，而且不同院校之间的目标和发展规划也相差悬殊，既有像北大、清华这样追求“世界一流大学”的高校，也有普通的以教学为主要目标的院校。追求的目标差异也会对高校的成本行为产生影响。根据丁小浩(2000)，高等院校既不追求成本最小化，也不追求成本最大化，而是在一种可接受的生产范围里进行运作，发生“适当”的成本。笔者以为，不论高等院校的成本行为是怎样的，通过成本方程拟合，估计计算出的范围经济的结果都可以作为高校改进成本行为的一种参照，这也许只是在一个弱的意义上说范围经济研究的作用。另外，对于高等院校之间的目标差异，本书中的做法与国外同类研究类似(Koshal and Koshal，1995，2000)，主要是通过将高校区分为不同院校类型的办法来控制不同高校的目标差异。①

① 当然这种办法对高校目标差异的处理仍然很粗糙，正如上面提到的，同一类型的高校，目标仍然可能迥异，所以，对高校目标差异(因为对成本行为有影响)的处理仍然值得进一步努力。

第四章 使用二次成本模型时的总体情况

4.1 背景介绍

源自于 20 世纪 70 年代可竞争市场的研究(见 Baumol et al.，1982，Preface，x-xi 的文献说明)，在很大程度上改变了人们对企业组织和产业结构的看法①。其中，对于现代社会中越来越多的多产出组织的研究，迅速被应用到包括银行业、公用设施、电信业、石油业、货车运输和汽车制造业、铁路运输、航空业以及医疗服务行业和高等教育等在内的众多行业中。

本章的结构安排如下：第 2 部分是模型，包括成本函数的选择和对多产出组织的处理技术；第 3 部分是数据和变量的选择；第 4 部分是回归计算的结果和分析；第 5 部分是求解的边际成本、平均成本和规模经济。

4.2 模型的选择和对多产出组织的处理技术

成本函数的选择所应满足的条件，我们在前面第 3 章 3.1.1.3 节已经做了说明，Baumol 等人(1982)比较了几种形式的成本函数。本章的研究中，我们遵循 Baumol et al. (1982)，cohn et al. (1989)，de Groot et al. (1991)，Nelson and Heverth(1992)，Dundar and Lewis(1995)，Koshal and Koshal

① 相关的评论可参见 Baumol et al. (1986，339～370 页)。

(1999)以及 Koshal and Koshal(2001)等人相同的研究路径，假定高等教育机构的生产符合二次成本函数①：

$$TC = a_0 + \sum_{i=1}^{k} a_i Q_i + \frac{1}{2}\sum_{i=1}^{k}\sum_{j=1}^{k} b_{ij} Q_{ij} + c_1 FS + c_2 \sum_{i=1}^{k} Q_i FS + dCSIZE + V \quad (4.1)$$ ②

其中，TC 表示生产 k 种产出的总成本，a_0 是常数项，a_i 和 b_{ij} 是产出变量的系数。Q_i 是第 i 种产出的量。在高等教育中，我们分别用 Q_U、Q_G、Q_R 代表本专科生产出、研究生产出和科研产出，具体的量度，将在下一节讨论。FS 是教职工平均工资，CSIZE 是生师比。V 是随机误差项。

下面我们定义对高等教育的范围经济的技术处理③。

根据 Baumol et al.(1982)，Cohn et al.(1989)，de Groot et al.(1991)，Nelson and Heverth(1992)，Dundar and Lewis (1995)，Koshal and Koshal(1999) 以及 Koshal and Koshal

① 关于类似高等教育机构这种多产出组织的成本函数的选择，可参见 Baumol et al.(1982)，chapter 15，尤其是 448～463 页。

② 这里，Q_{ij} 的意思是 $Q_i \cdot Q_j$，它包含了平方项和各项产出的交叉乘积项。

③ 以下定义可参见 Baumol et al.(1982)第 3、4 章的内容。对于多产出的平均成本公式(4.2)我们需要说明的是，为什么计算形式会是这样的。对于单产出的平均成本，计算很简单，只要将总成本除以产量即可。但是，对于多产出组织而言，一个明显的问题是，它无法像单产出那样计算平均成本，因为产出不是一种。虽然每种产出的产量已知，但是分摊在不同产出上的成本却不能直接获得。Baumol et al.(1982)采取了一种迂回的办法，对于产出 U 而言，先获得联合生产 G 和 R 的成本(即局部联合生产的成本)，然后在此基础上，增加产出 U，可以认为之后新发生的、增加的成本都是由于产出 U 而产生，也就是生产 U 的成本。这样就获得了个别产出的成本。同样道理，(3.2)式也可以换成：$ATC_U = \frac{TC\{Q_U, Q_G, 0\} - TC\{0, Q_G, 0\}}{Q_U}$ 或者 $ATC_U = \frac{TC\{Q_U, 0, Q_R\} - TC\{0, 0, Q_R\}}{Q_U}$。

(2001)等人，我们首先定义本专科产出的平均增量成本(Average Incremental Cost)：

$$ATC_U = \frac{TC\{Q_U, Q_G, Q_R\} - TC\{0, Q_G, Q_R\}}{Q_U} \quad (4.2)$$

其中，$TC\{Q_U, Q_G, Q_R\}$是生产 Q_U单位的本专科产出，Q_G单位的研究生产出和 Q_R单位的科研产出的总成本；$TC\{0, Q_U, Q_G\}$是当本专科产出为零时的总成本。同样我们还可以定义 Q_G和 Q_R的平均增量成本。类似于单产出情形中的规模经济可以用平均成本与边际成本的比例来确定一样，对于本专科生的特定产出的规模经济(Product-specific Economies of Scale)可以用以下公式度量：

$$E_U = \frac{AIC_U}{MC_U} \quad (4.3)$$

其中，$MC_U = \frac{\partial TC}{\partial Q_U}$，是本专科产出的边际成本。如果 $E_U > 1$，则称存在本专科产出的特定产出的规模经济，$E_U < 1$则存在规模不经济。总体规模经济定义如下：

$$RE = \frac{TC\{Q_U, Q_G, Q_R\}}{Q_U MC_U + Q_G MC_G + Q_R MC_R} \quad (4.4)$$

当 $RE > 1$ 时，我们说存在总体的规模经济，$RE < 1$，则存在总体的规模不经济。

就范围经济而言，我们遵循 Dundar and Lewis(1995)；Koshal and Koshal(1999)以及 Koshal and Koshal(2001)等人的划分，分别定义总体的范围经济(Global Economies of Scope)和特定产出的范围经济(Product-specific Economies of Scope)。

总体范围经济：

$$GE = \frac{TC\{Q_U,0,0\} + TC\{0,0,Q_R\} - TC\{Q_U,Q_G,Q_R\}}{TC\{Q_U,Q_G,Q_R\}} \tag{4.5}$$

如果 GE>0 则存在总体的范围经济，GE<0，则存在总体范围不经济。

本专科生的特定产出范围经济：

$$PSE_U = \frac{TC\{Q_U,0,0\} + TC\{0,Q_G,Q_R\} - TC\{Q_U,Q_G,Q_R\}}{TC\{Q_U,Q_G,Q_R\}} \tag{4.6}$$

如果 $PSE_U>0$ 则存在本专科生特定产出的范围经济，$PSE_U<0$，则存在特定产出的范围不经济。

4.3 数据描述

截至 2003 年 12 月 11 日，我国的普通高等学校共有 1553 所①，其中教育部直属院校 72 所，其他院校包括各级地方政府所属院校、各种专科学校、短期职业大学等，在我们的研究视野里还应包括民办高校②、中科院、中国社会科学院系统和党校等研究机构。我们的样本取自教育部直属院校 2000 年、2001 年和 2002 年财务决算所调查的数据，共调查教育部直属

① 中国教育和科研计算机网，http：//www.edu.cn/20040203/3098281_3.shtml 以及教育部网站：http：//www.moe.edu.cn/highedu/gxtz/ptgx_031225.htm，2004 年 3 月 23 日登录。

② 这里的民办高校仅包括具有颁发大专学历文凭资格的民办高校，我国另有大量非学历教育的民办高校。（中国教育信息网，2002）

院校 74 所①。调查的数据主要包括：教育经费收入、各项支出汇总、人员经费及公用经费支出、资产负债资产情况、银行贷款情况、对外投资、事业发展及业务成果、办学成本和效益指标、各类学生汇总、教职工人数、在职会计人员情况、校办产业主要指标、各院校财务状况等。

在高等教育产出的量度上，学术界并没有一致的意见(Cohn et al.，1989)。为了研究的需要，我们遵循 Koshal and Koshal(1999，2000，2001)对产出的划分，将我国高等教育看作是生产三种产出的组织②：全日制的本专科学生数(Q_U)、全日制的研究生学生数(Q_G)和科研活动的经费支出金额(Q_R)。Q_U 包括了所有本专科的大学四个年级的所有在校学生数，Q_G 则包括了所有正在攻读硕士和博士学位的研究生人数。就科研

① 我们这里收集的数据包括了教育部直属的 74 所院校样本，需要说明的是，根据《中国教育统计年鉴》2000—2002 年的数据，这三年当中我国教育部直属高等院校一直是 72 所。我们通过教育部网站 2003 年 4 月 8 日的汇总名单：(http：//www.moe.edu.cn/highedu/gxtz/adress.htm)发现，我们得到的上报数据是把石油大学、中国矿业大学以及中国地质大学分别作为两所高校上报的，原因可能是这三所大学总部与分校区分隔两地。例如，石油大学有北京和山东东营两个校区；中国矿业大学本部在江苏徐州，另有北京校区；中国地质大学本部在湖北武汉，另有北京校区。我们在处理时将此三所高校的不同校区作为不同的样本处理。另外，在 2003 年教育部直属高校的名单里还包括华北电力大学，我们的上报数据中则没有此高校的数据情况。所以，本文分析的样本学校三年都是 74 所，特此说明。

② "社会服务"(Public Service)也被认为是高等教育机构的一种重要产出(de Groot et al.，1981，Dundar & Lewis，1995)。de Groot et al.，(1991)在计量美国研究型大学的成本结构时发现，有关这种产出的数据非常有限，Dundar & Lewis (1995)也提到该种产出的数据或者是难以计量，或者就是计量出的数据无法使用。我们认为这主要是由于"社会服务"难以衡量和数据难以获得的缘故，所以，本文也同国外同类研究一样没有把这种产出加入到我们的计量分析中，主要考虑的是教学和科研这两大方面的产出。

产出而言，理想的度量手段是出版物的数量、发表论文的数量、完成的课题数量、发明的专利数以及发表文献的被引用率等。但是，这样的理想办法即使对一个系来说也很难做到，更不用说一个大的高校样本(另见 Cohn et al.，1989)。Cohn et al.(1989)使用学校科研所获得的科研经费作为科研产出的量度，Koshal and Koshal(1999，2000)则使用科研支出作为其量度，Johnes(1997a)则使用科研经费和科研合约数作为量度。我们这里受数据可获得性的限制，遵从 Koshal and Koshal (1999，2000)等人的处理办法，采用了学校科研事业支出作为度量①。这里的总成本(TC)是以大学的当前各项支出的汇总来度量②。

模型中我们把教职工平均工资作为投入要素价格的量度。因为教职工工资构成了高等教育生产成本中一个很大的比重，特别是在投入要素成本中比重很大，所以，在模型 3.1 里加入了教职工平均工资(FS)。Koshal and Koshal 等人(2001)认为，生师比也是影响总成本的重要变量，我们也仿效了这一做法，在模型 3.1 中加入了这一变量(CSIZE)。

关于数据我们有几点需要说明：①我们这里使用了2000—2002 年三年的数据，而我国的高等教育规模发展变动

---

① 有关科研产出的量度的讨论还可参见 Cohn et al.(1989，285 页)；Glass et al.(1995，62 页)。

② 我们这里的总成本是通过对教育和科研事业支出合计汇总(即所谓“事业支出”)的结果。除此之外，在我们获得的高校支出数据里，还有经营支出、拨出经费、对附属单位补助支出、上缴上级支出等，笔者以为，只有事业支出(包括教育和科研支出)是直接用于教学和科研的成本，所以，使用事业支出作为总成本的指标。此外，在“教育经费收入”数据中，包含了一项“专项拨款”，对于北大、清华等高校而言，主要是“985”工程拨款。

很大，在这三年当中发生的扩招和合并就各不相同，因此，这里的分析只能说明这三年的情况，不能对长时期的发展提供结论。②我们对教学和科研等产出的量度都用的是替代性指标(Proxy)，所以我们的计算结果受制于 Q_U、Q_G 和 Q_R 在多大程度上准确描述了教学和科研产出的实际状况。③如同在所有的经验研究中一样，关于量度和计算的误差都是不可避免的，这些都会使我们的计算结果产生偏差。所以，对本研究数据的验证以及使用其他年份的数据计算是非常值得鼓励的。④尽管我们的取样只包括了教育部直属高校，而没有包括地方政府所属院校、各种职业技术学院、民办高校、中科院、中国社会科学院、地方社会科学院和党校等研究机构，但是，教育部直属高校作为我国高等教育系统中一群特殊的样本①，它所包含的信息是非常有价值的，尽管它可能没有足够的代表性，无法反映出我国高等教育的总体情况。⑤由于样本数据中没有完全独立生产的样本院校(就是只从事本专科生教学、研究生教学或科研其中的一种活动)，而范围经济的计算公式(如总体范围经济)是讨论完全独立生产与完全联合生产的成本比较，所以，我们的估计结果可能在总体范围经济的估计上存在一定的偏差。理想样本应当同时包括相当数量的完全独立生产、完全联合生产和局部联合生产的高校，结果才比较理想，现在的样本数据以完全联合生产高校居多。

---

① 尽管教育部直属高校作为样本不是很大，但是这个样本基本上包括了我国综合排名前50名的高校(见武书连等人，2001)，并且，几乎所有的样本院校都进入了“211”工程(中国教育与科研网，2004)。所以，笔者以为，样本所包含的信息比起它的缺点来要重要得多。

我们首先以2000年的数据为样本，采用上述二次成本模型进行回归分析，本研究中所使用的变量说明可见表4.1。

表4.1 变量的含义和统计结果

	变量的描述	均值 N=74	标准差
TC	总成本(百万元)	319.002 4	288.035 752
Q_R	科研支出(百万元)	58.453 919	75.490 180 7
Q_R^2	科研支出的平方	9 038.617 655	30 212.073 776 9
Q_U	全日制本专科人数(千人)	10.789 649	7.476 444 9
Q_U^2	全日制本专科人数的平方	171.558 378	245.111 128 9
CSIZE	生师比	12.235 135	3.264 061
Q_G	全日制研究生人数(千人)	2.119 203	2.021 496 7
Q_G^2	全日制研究生人数的平方	8.522 247	15.749 657 8
FS	教职工的平均工资(千元)[a]	24.944 905 405	8.374 981 451 1
FS^2	教职工平均工资的平方	691.440 777 9	524.449 961
$Q_U \cdot Q_G$		32.933 264	49.908 298 9
$Q_U \cdot FS$		271.246 878 34	208.572 484 53
$Q_U \cdot Q_R$		869.813 689	1 356.327 538 5
$Q_G \cdot FS$		60.080 676 419	76.358 307 911 5
$Q_G \cdot Q_R$		250.008 790	601.371 869 7
$Q_R \cdot FS$		1 748.639 845 3	3 322.774 444 79

a：这里教职工平均工资包括了工资总额和福利费。

4.4 回归和分析结果

使用上述数据并应用多元回归技术，我们可以先估计二次多产出成本函数。结果列在表2中的等式(7)、等式(8)、等式

(9)中。等式(7)、等式(8)、等式(9)分别对应三种情形：完全不考虑平均教工工资和生师比，考虑平均教工工资而不考虑生师比，同时考虑平均教工工资和生师比。

表 4.2　回归结果

	总成本等式(7)	T值及显著性	总成本等式(8)	T值及显著性	总成本等式(9)	T值及显著性
	B		B		B	
(Constant)	39.912	2.302**	−33.856	−0.713	−44.625	−0.965
科研事业支出(百万元)	1.181	2.58**	1.161	1.325	1.46	1.7*
科研支出的平方	−1.33E−03	−0.557	−3.91E−03	−1.892*	−3.18E−03	−1.565*
本专科生人数(千人)	2.168	0.546	11.134	2.17**	14.21	2.758***
本专科人数平方	0.472	2.487**	0.473	3.472***	0.371	2.661***
硕士博士总数(千人)	70.75	3.519***	−7.745	−0.219	−27.678	−0.782
研究生数的平方	2.776	0.445	1.752	0.299	0.375	0.066
本专科与研究生人数乘积	−3.077	−2.207**	−2.251	−1.577*	−1.4	−0.977
本专科与科研支出的乘积	8.02E−04	0.025	−3.02E−03	−0.099	−1.92E−02	−0.63
研究生与科研支出乘积	0.179	0.729	0.212	1.121	0.238	1.298
教职工平均工资(千元)			4.012	1.117	7.303	1.934*
教职工平均工资的平方			−1.82E−02	−0.28	−6.11E−02	−0.93
本专科与教职工工资乘积			−0.329	−1.688**	−0.36	−1.906*
研究生与教职工工资乘积			2.048	1.506*	2.605	1.945*
科研支出与教职工工资乘积			1.31E−02	0.371	−3.36E−03	−0.096
生师比					−3.609	−2.232**

续表

	总成本等式(7)	T值及显著性	总成本等式(8)	T值及显著性	总成本等式(9)	T值及显著性
R^2	0.971		0.989		0.990	
Adj-R^2	0.967		0.987		0.988	
(F-ratio)	241.716***		386.983***		385.899***	
Durbin-Watson	1.342		1.652		1.753	
n	74		74		74	

注：在系数旁边值是T检验结果，Adj-R^2是根据自由度调整后的值。表示显著程度为15%的水平，* 表示显著性程度为10%的水平，** 表示显著性程度为5%的水平，*** 表示显著性程度为1%的水平。

从上表的估计结果可以看出，①总成本模型在加入投入要素(教职工工资)以及生师比前后，各解释变量的系数变化很大，说明投入要素是影响总成本的重要因素之一。②本专科产出与研究生产出的乘积项、本专科产出与科研产出的乘积项系数为负，说明本专科产出与科研产出以及本专科产出与研究生产出有"弱成本互补性"。(Pazar and Willig，1979)

接下来我们对三个等式分别进行多重共线性、异方差性以及自相关问题的检验。首先从(7)、(8)、(9)三个等式的R^2值很高，而显著的T比率很少这一点来看，我们初步怀疑三个等式可能存在多重共线性问题(古扎拉蒂，2000，326页)。

然后我们使用几种不同的方法对多重共线性进行判定。

(1)通常称为方差扩大因子法，根据SPSS提供的多重共线性的诊断，方差扩大因子VIF的最大的两个值，模型(7)、(8)、(9)分别为：589.356(研究生与科研的乘积项)和261.038(研究生数的平方项)、907.676(科研产出与教职工工资的乘积项)和853.386(科研产出与研究生数的乘积)、

950.017(科研产出与教职工工资的乘积项)和856.865(科研产出与研究生数的乘积)，显然它们都远大于10，因此，三个模型都存在严重的多重共线性。

(2)通常称为特征根判定法，根据SPSS提供的多重共线性的诊断，特征根条件数K的最大值分别为：97.304(显示科研的平方项与研究生数的平方项以及研究生与科研的乘积项方差比例较大)、224.221(显示教职工工资与研究生数的乘积项以及研究生数、研究生数的平方项，本专科生与研究生的乘积项、与科研的乘积项方差比例较大)、235.689(教职工工资与研究生数的乘积项、研究生数、本专科生与研究生的乘积项方差比例较大)。可见特征根条件数K的最大值接近100或大于100，所以，判定结果与上面一样，三个模型都存在严重的多重共线性。

(3)根据辅助回归法进行判断。

对于等式(7)，首先将Q_R对其余各自变量进行回归，得到判定系数R^2为0.969，根据古扎拉蒂的10.7.3式得：

$$F=\frac{R^2/(k-2)}{(1-R^2)/(n-k+1)}=\frac{0.969/8}{0.031/65}=\frac{0.121\,25}{0.000\,48}=254.727$$

显然，Q_R对其余各项的辅助回归所得到的F值254.727大于模型(7)在1%显著性水平上的F值2.928以及在5%显著性水平上的F值2.154，10%的显著性水平上F值1.811，所以，模型(7)Q_R与其余各项存在多重共线性。

同样地，对模型(8)而言，将Q_R对其余各自变量进行回归，得到判定系数R^2为0.997，根据古扎拉蒂的10.7.3式得：

$$F=\frac{R^2/(k-2)}{(1-R^2)/(n-k+1)}=\frac{0.997/13}{0.003/60}=\frac{0.07669}{0.00005}=1\,533.8$$

显然，Q_R 对其余各项的辅助回归所得到的 F 值 1 533.8 大于模型(8)在 1%显著性水平上的 F 值 2.442，以及在 5%显著性水平上的 F 值 1.887，10%的显著性水平上 F 值 1.637，所以，模型(8)Q_R 与其余各项存在多重共线性。

对模型(9)而言，将 Q_R 对其余各自变量进行回归，得到判定系数 R^2 为 0.997，根据古扎拉蒂的 10.7.3 式得：

$$F=\frac{R^2/(k-2)}{(1-R^2)/(n-k+1)}=\frac{0.997/14}{0.003/59}=\frac{0.07121}{0.00005}=1\,401.85$$

显然，Q_R 对其余各项的辅助回归所得到的 F 值 1 401.85 大于模型(9)在 1%显著性水平上的F值 2.400 以及在 5%显著性水平上的F值 1.863，10%的显著性水平上 F 值 1.621，所以，模型(9)Q_R 与其余各项存在多重共线性。

可见，使用不同的方法判定的结论是一致的。下面再看看三个模型的异方差性检验，我们对三个模型进行 Breusch-Pagan-Godfrey 检验(古扎拉蒂，367 页)。

(1)先通过回归求出三个估计模型的残差平方和 RSS 分别是：

$RSS_7=173\,083.422$

$RSS_8=65\,244.518$

$RSS_9=60\,082.634$

(2)各自的 σ^2 极大似然估计 $\tilde{\sigma}^2$ 分别是：

($\tilde{\sigma}^2=RSS/n$)2 338.965 2，881.682 7 和 811.927 5。

(3)构造变量：$p_i=\hat{u}_i^2/\sigma^2$。

(4)使用构造变量 p_i 分别对各自的回归项进行回归，得到根据构造变量的三个回归模型的解释平方和(ESS)分别是:105.254、28.990、26.180。

(5)定义 $\Theta = ESS/2$，计算三个回归模型的 Θ 分别为:52.627，14.495，13.09 查卡方分布表，三个回归模型的 χ^2 自由度分别为 9，14 和 15，相应地在 1%显著性水平上的 χ^2 分别为:21.666、29.141 和 30.578，在 5%显著性水平上的 χ^2 分别为 16.919、23.685 和 24.996。在 0.1%显著性水平上的 χ^2 分别为:27.877、36.123 和 37.697；所以在各个显著性水平上回归模型(8)和(9)的值都大于 χ^2 值，因此，对于回归模型(8)、(9)我们都在各个显著性水平上不能拒绝同方差性假设，回归模型(7)存在异方差性，回归模型(8)和(9)都通过了异方差性检验。

我们再来看看三个回归模型的自相关问题。

对于模型(7)、模型(8)、模型(9)而言，回归结果给出的 D-Wd 统计量分别为:1.342 ，1.652 和 1.753，查 DW 检验上下界表得在 5% 的显著性水平上，$d_l = 1.369$，1.215，1.184；$d_u = 1.901$，2.08，2.118；在 1% 的显著性水平上，$d_l = 1.227$，1.082，1.052；$d_u = 1.748$，1.931，1.97。模型(7)的 DW 在 5%的显著性水平上，$0 < DW = 1.342 < d_l$，存在正的自相关；在 1%的显著性水平上，$d_l < DW = 1.342 < d_u$，无法判定。模型(8)的 DW 在 5%的显著性水平上，$d_l < DW = 1.652 < d_u$，无法判定；在 1%的显著性水平上，$d_l < DW = 1.652 < d_u$，无法判定。模型(9)的 DW 在 5%的显著性水平上，$d_l < DW = 1.753 < d_u$，无法判定；在 1%的显著性水平上，$d_l < DW = 1.753 < d_u$，无法判定。

那么面对三个回归模型同时存在多重共线性，模型(7)存在异方差性以及模型(7)的DW在5%的显著性水平上，存在正的自相关，1%的显著性水平上以及其他模型(8)、模型(9)自相关无法判定的问题。我们该如何处理呢？

对于 Q_R 与其他回归项之间存在的共线形问题，如果按照一般处理办法将 Q_R 舍去，剔除科研这项产出，那么结果会导致模型的设定偏误(古扎拉蒂，330页)，因为在高等教育的生产活动中，科研产出对总成本的影响是不能忽略不计的。所以，我们希望能通过补充新数据、扩大样本容量的办法来消除多重共线性的问题(古扎拉蒂，2000，332页)。① 对于自相关无法判定的情形，一般的建议也是通过增大样本容量的办法来解决(何晓群，刘文卿，2001，110页)。

由于我们同时拥有这74所学校的三年数据，所以，我们想把三年的数据合在一起扩大样本容量，看看能否解决多重共线性以及自相关无法判定的问题、异方差性问题。当然，首先需要考察时间年限是否对回归结果有显著性影响。

我们向模型(1)加入两个时间虚拟变量 Y_{01} 和 Y_{02}，当样本数据为2001年的数据时，$Y_{01}=1$，否则为0，同样，如果样本数据为2002年的数据时 $Y_{02}=1$，否则为0。

$$TC = a_0 \sum_{i=1}^{3} a_i Q_i + \frac{1}{2}\sum_{i=1}^{3}\sum_{j=1}^{3} b_{ij} Q_{ij} + c_1 Y_{01} + c_2 Y_{02} + V$$

首先看看统计描述：

① 另外，我们还对2001年和2002年的数据也分别做了回归分析，结果见附录5。

表 4.3　变量的含义和统计结果

	变量的描述	均值 N=222	标准差
TC	总成本(以百万元人民币为单位)	413.729 9	362.105 023
Q_R	科研支出(以百万元人民币为单位)	70.824 493	87.943 569
Q_R^2	科研支出的平方	12 715.342 032	39 962.907 834
Q_U	全日制本专科人数(千人)	12.278 851	8.236 389
Q_U^2	全日制本专科人数的平方	218.302 712	306.647 926
CSIZE	生师比	14.363 018	4.721 843
Q_G	全日制研究生人数(千人)	2.765 869	2.606 199
Q_G^2	全日制研究生人数的平方	14.411 710	25.792 523
FS	教职工的平均工资(千元)[a]	30.513 472 363	101.218 205 40
FS^2	教职工平均工资的平方	1 033.061 754 578 561	715.091 282 913 909
$Q_U \cdot Q_G$		47.763 166	70.595 838
$Q_U \cdot FS$		368.563 699 468	262.328 135 890
$Q_U \cdot Q_R$		1 162.381 054	1 699.782 573
$Q_G \cdot FS$		92.020 740 983	107.147 703 317
$Q_G \cdot Q_R$		381.470 446	853.343 136
$Q_R \cdot FS$		2 437.123 146 679	4 100.336 150 603

注意：这里教职工平均工资包括了工资总额和福利费。

然后，对于模型(10)同样可以分为三种情形：不考虑教工平均工资和生师比，考虑教师平均工资但不考虑生师比，以及同时考虑教师平均工资和生师比，分别为模型(11)、模型(12)

和模型(13)这里我们先讨论不考虑教学和科研质量的情形①：

表 4.4　回归结果

	总成本等式(11)	T值及显著性	总成本等式(12)	T值及显著性	总成本等式(13)	T值及显著性
	B		B		B	
(Constant)	39.34	2.466**	−18.494	−0.4	−14.639	−0.318
科研事业支出(百万元)	1.971	6.155***	1.41	2.723***	1.418	2.751***
科研支出的平方	1.22E−03	1.101	−1.19E−03	−1.352	−1.06E−03	−1.199
本专科生人数(千人)	0.831	0.327	12.812	3.137***	13.389	3.283***
本专科人数的平方	0.484	4.794***	0.346	4.037***	0.33	3.845***
硕士博士总数(千人)	62.366	5.705***	−16.4	−0.863	−16.35	−0.865
研究生数的平方	5.587	2.329**	1.866	0.832	1.457	0.649
本专科与研究生人数的乘积	−2.006	−3.024***	−0.555	−0.872	−0.506	−0.798
本专科与科研支出的乘积	−4.57E−02	−2.466**	−4.54E−02	−2.789***	−4.78E−02	−2.936***
研究生与科研支出的乘积	−4.99E−02	−0.474	4.88E−02	0.565	6.18E−02	0.716
2001年虚拟变量	19.705	1.554	−9.271	−0.886	−7.483	−0.715
2002年虚拟变量	35.686	2.752***	13.851	1.293	20.356	1.8*
教职工平均工资(千元)			2.767	1.105	3.756	1.469
教职工平均工资的平方			−7.96E−03	−0.254	−1.76E−02	−0.556
本专科与教职工工资的乘积			−0.3	−2.677***	−0.294	−2.641***
研究生与教职工工资的乘积			2.034	3.608***	2.097	3.73***
科研支出与教职工工资的乘积			1.61E−02	1.059	1.20E−02	0.782
生师比					−2.003	−1.726*

① 这样同考虑质量因素分开做的目的是想同宋光辉的研究能有一个比较。

续表

	总成本等式(11)	T值及显著性	总成本等式(12)	T值及显著性	总成本等式(13)	T值及显著性
R^2	0.958		0.977		0.977	
Adj-R^2	0.955		0.975		0.975	
(F-ratio)	431.262***		536.931***		510.396***	
Durbin-Watson	1.615		1.994		2.022	
n	222		222		222	

注：在系数旁边值是T检验结果，Adj-R^2 是根据自由度调整后的值。表示显著程度为15%的水平，*表示显著性程度为10%的水平，**表示显著性程度为5%的水平，***表示显著性程度为1%的水平。

然后分别进行多重共线性、异方差性和自相关的检验。

我们使用几种不同的方法对多重共线性进行判定。

(1)通常称为方差扩大因子法，根据SPSS提供的多重共线性的诊断，方差扩大因子VIF的最大的两个值，模型(11)、模型(12)、模型(13)分别为：305.263(研究生与科研的乘积项)和144.646(研究生数的平方项)、365.531(科研产出与研究生数的乘积项)和261.347(科研产出与教职工工资的乘积项)、368.238(科研产出与研究生数的乘积)和267.861(科研产出与教职工工资的乘积项)，显然它们都远大于10，因此，方差扩大因子VIF的最大的两个值虽然比模型(7)、模型(8)、模型(9)小很多，但是，发现VIF高的自变量同以前一样，所以，三个模型都仍然存在严重的多重共线性。

(2)通常称为特征根判定法，根据SPSS提供的多重共线性的诊断，特征根条件数K的最大值分别为：73.530(显示科研的平方项与研究生数的平方项以及研究生与科研的乘积项方差比例较大)、138.79(显示教职工工资与研究生数的乘积项以及研究生数、研究生数的平方项、本专科生与研究生的乘积项、教职工工资与科研的乘积项方差比例较大)、142.917(教职工工资与研究生数的乘积项、研究生数、本专科生与研究生的乘积项方差比例较大)。可见特征根条件数 K 的最大值接近 100 或大于 100，所以，判定结果与上面一样，三个模型都存在严重的多重共线性。

(3)根据辅助回归法进行判断。

对于等式(11)，首先将 Q_R 对其余各自变量进行回归，得到判定系数 R^2 为 0.967，根据古扎拉蒂的 10.7.3 式得：

$$F=\frac{R^2/(k-2)}{(1-R^2)/(n-k+1)}=\frac{0.967/10}{0.033/63}=\frac{0.0967}{0.000\,52}=184.609$$

显然，Q_R 对其余各项的辅助回归所得到的 F 值 184.609 大于模型(11)在 1%、5%和 10%显著性水平上的 F 值。所以，模型(11)Q_R 与其余各项存在多重共线性。

同样地，对模型(12)而言，将 Q_R 对其余各自变量进行回归，得到判定系数 R^2 为 0.993，根据古扎拉蒂的 10.7.3 式得：

$$F=\frac{R^2/(k-2)}{(1-R^2)/(n-k+1)}=\frac{0.993/13}{0.007/60}=\frac{0.076\,38}{0.000\,12}=654.686$$

显然，Q_R 对其余各项的辅助回归所得到的 F 值 654.686 大于模型(12)在 1%、5%和 10%显著性水平上的 F 值。所以，模型(12)Q_R 与其余各项存在多重共线性。

对模型(13)而言，将 Q_R 对其余各自变量进行回归，得到判定系数 R^2 为 0.993，根据古扎拉蒂的 10.7.3 式得：

$$F=\frac{R^2/(k-2)}{(1-R^2)/(n-k+1)}=\frac{0.993/14}{0.007/59}=\frac{0.070\,93}{0.000\,12}=597.839$$

显然，Q_R 对其余各项的辅助回归所得到的 F 值 597.839 大于模型(13)在 1%、5%和 10%显著性水平上的 F 值。所以，模型(13)Q_R 与其余各项存在多重共线性。可见，使用不同的方法判定的结论是一致的。我们对回归模型(11)、模型(12)和模型(13)的异方差性进行检验，对三个模型进行 Breusch-Pagan-Godfrey 检验(古扎拉蒂，367 页)：

(1)先通过回归求出三个估计模型的残差平方和 RSS 分别是：

RSS_{11} = 1 228 386.322

RSS_{12} = 675 360.105

RSS_{13} = 665 644.576

(2)各自的 σ^2 的极大似然估计 $\tilde{\sigma}^2$ 分别是：($\tilde{\sigma}^2$ = RSS/n) 5 533.271 7、3 042.162 6 和 2 998.399 0。

(3)构造变量：$p_i = \hat{u}_i^2/\sigma^2$。

(4)使用构造变量 p_i 分别对各自的回归项进行回归：

得到根据构造变量的三个回归模型的解释平方和(ESS)分别是：293.728、208.495、218.3。

(5)定义 Θ = ESS/2，计算三个回归模型的 Θ 分别为：146.864，104.2465，109.15。

查卡方分布表，三个回归模型的 χ^2 自由度分别为 11、16 和 17，相应地，在 1%显著性水平上的 χ^2 分别为：24.725、31.999 和 34.4087，在 5%显著性水平上的 χ^2 分别为 19.675、26.296 和 27.5871。即使在 0.1%显著性水平上的 χ^2 分别为：31.264、39.252 和 40.79；所以在各个显著性水平上 Θ 都大于 χ^2 值。因此，我们拒绝同方差性假设，回归模型(11)、模型(12)、模型(13)都存在异方差性。

我们再来看看三个回归模型的自相关问题。

对于模型(11)、模型(12)、模型(13)而言，回归结果给出的D-Wd统计量分别为：1.615，1.994和2.022，查DW检验上下界表得在5%的显著性水平上，d_l = 1.369，1.215，1.184；d_u = 1.901，2.08，2.118；在1%的显著性水平上，d_l = 1.227，1.082，1.052；d_u = 1.748，1.931，1.97。模型(11)的DW在5%的显著性水平上，d_l < DW = 1.615 < d_u，无法判定；在1%的显著性水平上，d_l < DW = 1.342 < d_u，无法判定。模型(12)的DW在5%的显著性水平上，d_u < DW = 1.994 < d_u，无法判定；在1%的显著性水平上，d_l < DW = 1.994 < 4 − d_u，无自相关。模型(13)的DW在5%的显著性水平上，d_l < DW = 2.022 < d_u，无法判定；在1%的显著性水平上，d_l < DW = 2.022 < 4 − d_u，无自相关。

因此我们看到在扩大样本容量以后，有这样一些变化：表现多重共线性的方差扩大因子和特征根条件数都有所减小，但是仍然不满足临界条件，存在严重的多重共线性问题。原来的模型(8)、模型(9)不存在异方差性问题，但在扩大样本后，出现了异方差性，而且，估计结果显示研究生的系数出现了负数的情形。尽管从总体看，估计结果的满足t显著性的系数增加了。

同时，根据古扎拉蒂(2000，316页)，多重共线性并不影响OLS估计量的BLUE性质。而且我们的观测次数也是足够大的。所以，综合以上的分析，我们决定最后采用成本估计模型(9)，下面的有关范围经济的计算都是基于模型(9)①。

$$TC = -44.26 + 1.46Q_R + 14.21Q_U - 27.678Q_G - 0.00317Q_R^2 + 0.371Q_G^2 + 0.375Q_G^2 - 1.4Q_UQ_G - 0.0192Q_UQ_R + 0.238Q_GQ_R + 7.303FS - 0.0611FS^2 - 0.36Q_UFS + 2.605Q_GFS - 0.00336Q_RFS - 3.609CSIZE + V$$

为了说明具体的计算过程②，我们对均值水平上(100%)

① 估计模型(8)经过检验也不存在异方差性，不过模型(9)包含更全面的解释变量，而且模型(9)的 R^2 和调整后的 R^2 表明，模型(9)的解释能力要强于模型(8)。就参数估计的显著性而言，Koshal and Koshal(1999，2001)，Cohn et al.(1989)，de Groot et al.(1991)，Dundar and Lewis(1995) 等人的研究都不能保证所有待估参数的系数通过 1%、5%、10%以及 15%的 T 检验，所以，我们使用模型(9)也是合意的。Koshal and Koshal(1995)强调了此类研究的异方差性检验，我们检验也遵循了 Koshal and Koshal(1995，1999，2000，2001)的思路，最后使用的模型(9)是有效、无偏的。

② 在范围经济的计算过程中，有几点是需要特别说明的。首先，在均值处的 $TC\{Q_U, 0, 0\}$、$TC\{0, Q_G, 0\}$、$TC\{0, 0, Q_R\}$和 $TC\{Q_U, Q_G, Q_R\}$的求解就有不同的理解，因为括号里虽然说明了 Q_U，Q_G，Q_R 的取值，但是，没有说明函数中许多其他变量的取值。一种理解是，现在有一个“典型学校”的 Q_U，Q_G，Q_R 的取值，那么，其他所有变量应当是从这三个变量得来，除了 FS 和 CSIZE 外，其他变量都由这些基本变量的组合得来。第二种理解，也是现在有个“典型学校”，不过它的各项变量均值都在描述统计中给出来了，不论是平方项，还是乘积项，都已经直接给出来了，不需要再通过其他变量来推导。其次，在均值以外的其他产出水平上，计算除了面临上述问题外(例如，按照第一种思路，平方项和乘积项显然要将变化的百分比进行平方运算；而按照第二种理解，平方项和乘积项就不需要将变化的百分比进行平方运算，只要保持和其他产出相同的变化比率)，还有工资(FS)、生师比(CSIZE)等变量的如何处理的问题，Cohn 等人(1989)明确表示，他们的所有计算都采用工资不变的处理办法，我们的问题是，对于工资的平方项，工资与其他解释变量的乘积项以及诸如科研和研究生的虚拟变量该如何处理呢？似乎按照第一种思路，这是不成问题的，因为只要保持工资不变，看另一个变量的变化即可；而按照第二种理解，则不容易对乘积项的变化率进行赋值了。按照两种不同的理解方式，计算出的范围经济是不一样的，Laband and Lentz(2003) 的处理办法(见 7 页，注释 5)与 Cohn 等人(1989)分别代表了两种不同的理解，我们遵从 Laband and Lentz(2003)的处理办法，采用第一种方式进行计算。在论文答辩时，有老师提到为什么我们使用第一种处理办法，笔者也没有满意的答案，从处理结果上看，似乎第一种方法更合意。

的总体范围经济和特定产出的范围经济进行计算，根据模型(5)，总体的范围经济：

$$GE=\frac{TC\{Q_U,0,0\}+TC\{0,Q_G,0\}+TC\{0,0,Q_R\}-TC(Q_U,Q_G,Q_R)}{TC\{Q_U,Q_G,Q_R\}}$$

$TC\{Q_U, 0, 0\} = -44.26+14.21\times 10.789\ 6+0.371\times 10.789\ 6^2+7.303\times 24.944\ 9-0.0611\times 24.944\ 9^2-0.36\times 10.789\ 6\times 24.944\ 9-3.609\times 12.235\ 1=-44.26+153.320\ 2+43.190\ 1+182.172\ 6-38.019\ 4-96.892\ 4-44.156\ 5$

$=155.354\ 6$

$TC\{0, Q_G, 0\} = -44.26-27.678\times 2.119\ 2+0.375\times 2.119\ 2^2+7.303\times 24.944\ 9-0.061\ 1\times 24.944\ 92+2.605\times 2.119\ 2\times 24.944\ 9-3.609\times 12.235\ 1$

$=-44.26-58.655\ 2+1.684\ 1+182.172\ 6-38.019\ 4+137.708\ 7-44.156\ 5$

$=321.565\ 4-185.091\ 1$

$=136.4743$

$TC\{0, 0, Q_R\} = -44.26+1.46\times 58.453\ 9-0.003\ 17\times 58.453\ 9^2+7.303\times 24.944\ 9-0.061\ 1\times 24.944\ 92-0.003\ 36\times 58.453\ 9\times 24.944\ 9-3.609\times 12.235\ 1$

$=-44.26+85.342\ 7-10.831\ 4+182.172\ 6-38.0194-4.899\ 3-44.156\ 5$

$=267.515\ 3-142.166\ 6$

$=125.348\ 7$

均值处的 $TC\{Q_U, Q_G, Q_R\}--44.26+1.46\times 58.453\ 9+14.21\times 10.789\ 6-27.678\times 2.119\ 2-0.003\ 17\times 58.453\ 9^2$

$+0.371\times10.7896^2+0.375\times2.1192^2-1.4\times10.7896\times2.1192-0.0192\times10.7892\times58.4539+0.238\times2.1192\times58.4539+7.303\times24.9449-0.0611\times24.9449^2-0.36\times10.7896\times24.9449+2.605\times2.1192\times24.9449-0.00336\times58.4539\times24.9449-3.609\times12.2351=291.0659$

所以均值处的总体范围经济：

$$GE=\frac{155.3546+136.4743+125.3487-291.0659}{291.0659}$$

$$=\frac{126.112}{291.0659}=0.4333>0$$

因此，均值处存在总体范围经济。

类似地，可以求出其他产出水平上的总体范围经济状况。对于特定产出的范围经济，我们以均值水平上的本专科产出为例：

本专科生的特定产出范围经济：

$$PSE_U=\frac{TC\{Q_U,0,0\}+TC\{0,Q_G,Q_R\}-TC(Q_U,Q_G,Q_R)}{TC\{Q_U,Q_G,Q_R\}}$$

$TC\{Q_U, 0, 0\}=-44.26+14.21\times10.7896+0.371\times10.7896^2+7.303\times24.9449-0.0611\times24.9449^2-0.36\times10.7896\times24.9449-3.609\times12.2351$

$=-44.26+153.3202+43.1901+182.1726-38.0194-96.8924-44.1565=155.3546$

$TC\{0, Q_G, Q_R\}=-44.26+1.46\times58.4539-27.678\times2.1192-0.00317\times58.4539^2+0.375\times2.1192^2+0.238\times2.1192\times58.4539+7.303\times24.9449-0.0611\times24.94492+2.605\times2.1192\times24.9449-0.00336\times58.4539\times24.9449-$

3.609×12.235 1

$$=-44.26+85.3427-58.6552-10.8314+1.6841+29.4824+182.1726-38.0194+137.7087-4.8993-44.1565$$

$$=436.3905-200.8218$$

$$=235.5687$$

均值处的 $TC\{Q_U, Q_G, Q_R\}=319.0024$

$$PSE_U=\frac{155.3546+235.5687-291.0569}{291.0569}$$

$$=\frac{99.8576}{291.0569}=0.3431>0$$

所以，均值处的本专科生产出也存在范围经济。

表 4.5　范围经济计算结果

均值产出(%)	ESG	ES_U	ES_G	ES_R	SUM
10	1.439 8	0.724 7	0.719 3	0.716 7	3.600 1
50	0.683 1	0.396 1	0.334 4	0.304 9	1.718 5
100	0.433 3	0.343 1	0.200 2	0.131 8	1.108 4
125	0.377 4	0.350 2	0.167 7	0.080 3	0.975 6
150	0.341 2	0.366 2	0.145 1	0.039 3	0.891 8
180	0.313 2	0.391 7	0.126 0	−0.001 1	0.829 8
200	0.300 8	0.410 9	0.116 5	−0.024 3	0.803 9
250	0.283 1	0.462 4	0.099 8	−0.073 7	0.771 6
300	0.277 0	0.515 7	0.089 4	−0.114 6	0.767 5

续表

均值产出的%	ESG	ES_U	ES_G	ES_R	SUM
350	0.277 2	0.568 3	0.082 7	−0.149 7	0.778 5
500	0.294 6	0.715 1	0.073 4	−0.233 6	0.849 5
600	0.311 5	0.302 1	0.071 6	−0.277 9	0.907 3

其中，ESG 表示全部产出的总体范围经济，ES_U、ES_G 和 ES_R 分别代表本专科生产出、研究生产出和科研产出的特定范围经济。SUM 是对 ESG、ES_U、ES_G 和 ES_R 求和。

上表列出了总体范围经济和特定产出的范围经济的值。如前面所说，只要这些值大于 0，我们就认为存在范围经济，否则存在范围不经济。[①] 从表中可以看出：

(1)在 2000 年产出的平均水平上，无论是总体的范围经济还是特定产出的范围经济都同时存在，可见，当时的产出水平，本专科生的在校生规模在 10 790 人，研究生在校生规模在 2 119 人，科研支出在 5 845.391 9 万元的水平上，较好地利用了范围经济。

(2)对于总体范围经济和本专科产出的范围经济以及研究生产出的范围经济，无论哪个产出水平都始终表现出范围经济的现象。对于总体范围经济而言，在均值产出的 300%的水平上，范围经济最小，那么以 300%的均值为中心，无论产出逐

① 对于取值正好为 0 的情况，可以认为既不存在范围经济，也不存在范围不经济。从理论上说，这个时候组织的生产方式对效益没有影响，无论是几种产出放在一起来生产还是分散到几个独立的组织中生产，其效果是等价的。当然，这种情况很少出现，而且也只是理论上的分析。现实当中，不仅范围经济的考虑只是诸多需要考虑因素之一，并且，现实当中从一种生产状态转换到另一种生产状态不是没有成本的，然而，这种成本并没有在范围经济的分析中被考虑进来。

渐下降还是增加，都会带来范围经济增大的效果。所以在均值水平的基础上，同时扩大各项产出的规模，会一直存在范围经济，但是范围经济的程度是先下降再上升，先恢复到均值时的水平，进而超出。本专科的范围经济情况类似，只是在100%的均值水平上范围经济最小。对于研究生产出的范围经济来说，虽然在各个产出水平上始终表现出范围经济，但是范围经济的程度是随产出的增加逐渐递减的。

(3)对于科研产出，当产出规模扩大时，出现了范围不经济的现象。科研产出是在均值水平增加到180%之后开始出现范围不经济现象的，在均值水平的180%之前，科研产出也表现出范围经济，且范围经济的程度是随着产出增加而下降的。在产出规模增加到均值水平的180%之后，科研产出的范围不经济程度是逐渐增大的(绝对值越来越大)。

(4)由于在均值产出的基础上扩大规模时，同时出现了范围经济(总体的和本专科产出以及研究生产出的)和范围不经济(科研产出的)，那么，我们该如何综合考虑各种情况做出相应的判断呢?① 实际上，在文章的理论部分我们已经说过，整个

① 在总体范围经济或范围不经济和特定产出的范围经济或范围不经济之间究竟是一种什么样的关系呢？这是讨论此类问题时，经常令人困扰的一个问题。是不是可以认为在扩大规模时就有一个此消彼长(trade-off)的关系，或者说，在获得总体范围经济和本专科产出的范围经济的同时，也带来了研究生产出和科研产出的范围不经济。此时，扩大规模是否有利呢？如果真的存在这种所谓的“此消彼长”的关系的话，那么就需要同时把两种效果加以比较，看看最终效果如何，如果规模扩大带来的(总体的和本专科产出的)范围经济的好处大于(研究生和科研产出的)范围不经济的坏处，那么扩大规模就是有利的、经济的；如果规模扩大带来的

范围经济理论就是一种静态的比较分析。在这个分析框架下，存在三种不同的生产方式、生产形态：一种是完全的联合生产，这时候所有的产出都放在一个组织中生产，成本表示为 $TC\{Q_U, Q_G, Q_R\}$；在生产的另一个极端是完全的独立生产，这时候所有的产出都分别放在不同的组织中进行，成本表示为 $TC\{Q_U, 0, 0\}$，$TC\{0, Q_G, 0\}$ 和 $TC\{0, 0, Q_R\}$；第三种是在这两种生产方式之间的一种可以被称为局部联合生产的形态，与前两者不同，这里有多种不同的组合方式，由产出种类数决定。成本表示为 $TC\{Q_U, 0, 0\}$ 和 $TC\{0, Q_G, Q_R\}$，$TC\{0, Q_G, 0\}$ 和 $TC\{Q_U, 0, Q_R\}$，$TC\{0, 0, Q_R\}$ 和 $TC\{Q_U, Q_G, 0\}$①。那么，当我们说存在总体范围经济或不经济的时候就是在说第一种生产方式和第二种生产方式比较起来哪种更经济，谁的组织生产成本更低。就我们的研究发现而言，始终存在 $TC\{Q_U, Q_G, Q_R\} < TC\{Q_U, 0, 0\} + TC\{0, Q_G, 0\} + TC\{0, 0, Q_R\}$，完全的联合生产更经济、节省；当我们说存在特定产出的范围经济或不经济的时候，则是在说第一种生产方式和第三种生产方式相比较，哪种更经济，谁的组织生产成

(接上页注)(总体的和本专科产出的)范围经济的好处不足以抵偿(研究生和科研产出的)范围不经济的坏处，那么扩大规模就是不利的、不经济的。那么，从正文中的分析我们知道这种思路是错误的，但是为了说明这种常见的错误，我们把这种思路在脚注里展开说明。按照这个思路，为了综合这两种效果，我们把不同均值水平的范围经济情况进行了加总，见表中的 SUM 一列数据(需要指出的是，SUM 这列数据在此前的范围经济研究中是没有的，这是本文为了需要后加上去的)。

① Eaton and Lemche(1991)认为三种产出对应了 7 种生产技术，分别是专业化生产的三种，生产两种产出的形式有三种以及完全联合生产一种。我们的划分方式不同于 Eaton and Lemche(1991)，但讨论的现象是一样的。

本更低。就我们的研究发现而言，既存在各产出水平上 $TC\{Q_U, Q_G, Q_R\} < TC\{Q_U, 0, 0\} + TC\{0, Q_G, Q_R\}$，以及 $TC\{Q_U, Q_G, Q_R\} < TC\{0, Q_G, 0\} + TC\{Q_U, 0, Q_R\}$，此时，完全的联合生产更经济、节省；也存在 $TC\{Q_U, Q_G, Q_R\} > TC\{0, 0, Q_R\} + TC\{Q_U, Q_G, 0\}$（在产出均值180%的水平以上），此时，局部的联合生产更经济、节省[①]。

(5)基于第(4)点的分析，综合而言[②]，在产出均值180%的水平以下的时候，完全的联合生产既优于完全的独立生产方式(总体范围经济)，又优于局部的联合生产方式(特定产出的范围经济)。也就是说，当本专科生的在校生规模在19 422人，研究生在校生规模在3 814人，以及科研支出在10 521.705 42万元的水平以下，比上述规模都要小的时候，高等教育应当采用完全联合生产的方式，同时进行本专科生、研

① 熟悉经济学中分工理论的读者容易看出，我们这里的分析同杨小凯(2001)对完全分工、局部分工和自给自足比较静态分析的分工理论如出一辙。

② 基于前面注释的分析，我们如果沿着上述思路，总体情况会是怎样的。然后我们再把这种预测同正文的结果进行比较，看看其中的差别有多大。综合而言，四种范围经济状况的最终效果在各项产出水平上都是正的，因此，在可见的均值产出水平上，各种规模的联合生产(将本专科生、研究生和科研活动放在一起生产)都可以获得范围经济的好处；其中在均值水平的300%这种综合效果的程度最低，在这个基础上，无论是逐渐减小规模，还是扩大规模，都会获得更多的范围经济的成本节省。所以，对于很多接近平均产出规模的综合性高校来说(本专科生的在校生规模在10 790人，研究生在校生规模在2 119人，以及科研支出在5 845.391 9万元的水平上)，在向3倍于目前产出的水平扩大规模时(本专科生在校生规模为32 370人，研究生在校生规模在6 357人，以及科研支出在17 536.175 7万元的水平上)，会出现范围经济程度下降的现象，过了这个水平后，范围经济的程度又开始增加了。因此，我们可以把本专科生在校生规模为32 370人，研究生在校生规模在6 357人，以及科研支出在17 536.175 7万元的水平看作一个高校扩大规模的相对瓶颈。那么，我们拿这个结果同正文的预测对比一下可以发现，无论是最优生产方式还是临界的产出水平，这里的预测都出现了很严重的偏差。

究生和科研活动的组织生产会更节省成本；那么当产出水平超过180%的均值时，情形就不同了。我们看到在超过180%的均值产出水平时，完全的联合生产既优于完全的独立生产方式（总体范围经济），又优于两个局部的联合生产方式（本专科和研究生的特定产出的范围经济），但是，却劣于一个局部的联合生产方式（科研的特定产出的范围不经济），从成本来说，我们有：

$TC\{Q_U, 0, 0\}+TC\{0, Q_G, 0\}+TC\{0, 0, Q_R\}>TC\{Q_U, Q_G, Q_R\}>TC\{0, 0, Q_R\}+TC\{Q_U, Q_G, 0\}$

$TC\{Q_U, 0, 0\}+TC\{0, Q_G, Q_R\}>TC\{Q_U, Q_G, Q_R\}>TC\{0, 0, Q_R\}+TC\{Q_U, Q_G, 0\}$

$TC\{0, Q_G, 0\}+TC\{Q_U, 0, Q_R\}>TC\{Q_U, Q_G, Q_R\}>TC\{0, 0, Q_R\}+TC\{Q_U, Q_G, 0\}$

所以，在均值产出的180%的水平上（此时，本专科生的在校生规模在19 422人，研究生在校生规模在3 814人，以及科研支出在10 521.705 42万元的水平），科研独立生产，同时本专科和研究生联合生产的这种局部联合生产方式是最经济的。[①] 综上所述，当本专科生的在校生规模在19 422人，研究

---

① 我们的数据显示的结果还相对简单，可能有读者问，如果同时出现了两种或两种以上类型的范围不经济该怎么办呢？例如，同时出现了科研和研究生的特定产出的范围不经济，从成本来说，我们有：

$TC\{Q_U, 0, 0\}+TC\{0, Q_G, 0\}+TC\{0, 0, Q_R\}>TC\{Q_U, Q_G, Q_R\}>TC\{0, 0, Q_R\}+TC\{Q_U, Q_G, 0\}$ $TC\{Q_U, 0, 0\}+TC\{0, Q_G, Q_R\}>TC\{Q_U, Q_G, Q_R\}>TC\{0, 0, Q_R\}+TC\{Q_U, Q_G, 0\}$，同时，$TC\{Q_U, 0, 0\}+TC\{0, Q_G, 0\}+TC\{0, 0, Q_R\}>TC\{Q_U, Q_G, Q_R\}>TC\{0, Q_G, 0\}+TC\{Q_U, 0, Q_R\}$；$TC\{(P910)Q_U, 0, 0\}+TC\{0, Q_G, Q_R\}>TC\{Q_U, Q_G, Q_R\}>TC\{0, Q_G, 0\}+TC\{Q_U, 0, Q_R\}$那么，这个时候局部联合生产方式要比完全联合生产以及完全独立生产都经济。但是，有两种

生在校生规模在 3 814 人，以及科研支出在 10 521.705 42 万元的水平以下，比上述规模都要小的时候，高等教育应当采用完全联合生产的方式，同时进行本专科生、研究生和科研活动的组织生产会更节省成本。而且，随着产出水平由小到大逐渐接近这个临界值，完全联合生产的成本节省越来越小①；当本专科生的在校生规模在 19 422 人，研究生在校生规模在 3 814 人，以及科研支出在 10 521.705 42 万元的水平以上，或者比上述规模都要大的时候，将科研独立生产，同时本专科和研究

(接上页注)形式的局部联合生产方式，应当采用哪一种呢？这时候要看 $TC\{0, 0, Q_R\}+TC\{Q_U, Q_G, 0\}$ 和 $TC\{0, Q_G, 0\}+TC\{Q_U, 0, Q_R\}$ 哪个更小，我们发现 ES_G 和 ES_R 的绝对值可以反映它们偏离完全联合生产的程度，当 $|ES_G|>|ES_R|$ 时，说明前者偏离(小于)完全联合生产的成本程度更高，采用研究生产出独立生产，同时本专科和科研联合生产的这种局部联合生产方式就是最经济的；而当 $|ES_R|>|ES_G|$，说明科研的局部联合生产偏离完全联合生产程度更高(成本更小)，这时候仍然采用科研独立生产，同时本专科和研究生联合生产的这种局部联合生产方式是最经济的。当出现更多类型的范围不经济时，其推理过程也是类似的。当然，也可以采用直观的办法，就是将范围经济的判别公式稍加修改

$$\frac{TC\{0, Q_G, 0\}+TC\{Q_U, 0, Q_R\}-TC\{Q_U, Q_G, 0\}-TC\{0, 0, Q_R\}}{TC\{Q_U, Q_G, 0\}+TC\{0, 0, Q_R\}}$$

可以看出这是对两种局部联合生产状态的成本比较。如果是总体范围不经济和某一特定产出范围不经济(如 ES_U)，出现负值，那么判别公式可以变化为：

$TC\{Q_U, 0, 0\}+TC\{0, Q_G, 0\}+TC\{0, 0, Q_R\}-TC\{Q_U, 0, 0\}-TC\{0, Q_G, Q_R\}/TC\{Q_U, 0, 0\}+TC\{0, Q_G, Q_R\}$

或者

$$\frac{TC\{Q_U, 0, 0\}+TC\{0, Q_G, Q_R\}-TC\{Q_U, 0, 0\}-TC\{0, Q_G, 0\}-TC\{0, 0, Q_R\}}{TC\{Q_U, 0, 0\}+TC\{0, Q_G, 0\}+TC\{0, 0, Q_R\}},$$

二者只是更换了次序。

① 当然，这里的临界水平是大致的范围，从已有的计算来看，在均值 180%的产出水平上，科研的特定范围经济值已经接近于 0 了，大致可以认为最优生产方式的临界水平在 180%的均值水平上。准确的临界水平可以通过进一步细化均值产出的百分比求得，例如在 180%以下到 150%之间取均值产出的百分比。

生联合生产的这种局部联合生产方式是最经济的①。而且，以此为出发点，随着产出水平的增加，这种局部联合生产的节省越来越大。

见下表说明：

均值产出(%)	本专科生在校规模(人)	研究生在校规模(人)	科研支出水平(万元)	最优的生产方式
8<180	$Q_U<19\,422$	$Q_G<3\,814$	$Q_R<10\,521.705\,42$	$TC\{Q_U, Q_G, Q_R\}$
≥180	$Q_U\geq 19\,422$	$Q_G\geq 3\,814$	$Q_R\geq 10\,521.705\,42$	$TC\{0, 0, Q_R\}+TC\{Q_U, Q_G, 0\}$

通过上面对范围经济以及三种不同生产方式的分析，结合前面第2章关于范围经济的假定，我们这里给出一个范围经济的新定义："范围经济是用来考察不同生产组织方式对成本的影响的，为了能够单独分析生产组织方式对成本的作用，通常会假定投入要素的价格不变、投入要素的比例不变。为了便于分析，在不同的生产组织方式中，范围经济所考察的产出种类数和每种产出的产量也都保持不变。"②

4.5 边际成本、平均成本以及规模经济

接下来，我们还可以计算一下各项产出的边际成本水平：

$$TC=-44.26+1.46Q_R+14.21Q_U-27.678Q_G-0.003\,17Q_R^2+0.375Q_G^2-1.4Q_UQ_G-0.019\,2Q_UQ_R+0.238Q_GQ_R+7.303FS-0.061\,1FS^2-0.36Q_UF+2.605Q_GFS-0.003\,36Q_RFS-3.609CSIZE+V$$

① 可以看出，这个时候教学和科研活动已经发生了分离。

② 关于要素价格和要素比例的讨论参见"3.2.2 范围经济与规模经济、要素价格变动以及要素比例变动的关系"。

根据模型(9)可以计算出不同产出的边际成本，对于本专科产出：

$MC_U = \partial TC/\partial Q_U = 14.21 + 2 \times 0.371 \times Q_U - 1.4Q_G - 0.0192Q_R - 0.36 \times FS$

对于研究生产出：

$MC_G = \partial TC/\partial Q_G = -27.678 + 2 \times 0.375 \times Q_G - 1.4Q_U + 0.238Q_R + 2.605 \times FS$

对于科研产出：

$MC_R = \partial TC/\partial Q_R = 1.46 - 2 \times 0.00317 \times Q_R + 0.238Q_G - 0.0192Q_U - 0.00336 \times FS$

下表给出了每种产出在不同产出水平上的边际成本。

表 4.6　边际成本的估计值　　(单位：元)

均值产出(%)	MC_U	MC_G	MC_G/MC_U	MC_R
10	5 622	37 343	6.64	1.368 8
50	7 188	37 502	5.22	1.339 5
100	9 147	37 700	4.12	1.302 8
150	11 105	37 898	3.41	1.266 1
200	13 063	38 095	2.92	1.229 4
250	15 022	38 293	2.55	1.192 7
300	16 980	38 491	2.27	1.156 0
500	24 813	39 283	1.58	1.009 2

从上面的计算可以看出：

(1)教育部直属高校2000年本专科生的边际成本在9 000元左右(均值水平)，研究生的边际成本在37 000元左右，显然研究生的边际成本远高于本专科生，大致相差在4倍左右。本专科生和研究生的边际成本随着招生规模的扩大逐渐增加，科研支出的边际成本则相反，随着产出规模的增加逐渐下降。

跟国外同类研究相比，Koshal and Koshal(1999)分别对美国158所私立和171所公立综合性大学的研究表明，私立大学和公立大学的本专科生的边际成本分别在9 000美元和6 000美元左右，研究生的边际成本在15 000美元和7 000美元左右，研究生与本专科生的边际成本之比大致在0.9～2.64之间。

(2)研究生的边际成本远高于本专科生，多招一个研究生所付出的成本数倍于多招一个本专科生所付出的成本，研究生与本专科生的边际成本之比大致在1.58～6.64之间。

(3)随着产出规模的扩大，研究生与本专科生边际成本的比值逐渐减小，多招一个研究生所付出的成本比多招一个本专科生所付出的成本差别越不明显。

平均成本计算根据公式(2)得：①

---

① 关于本专科生、研究生和科研的边际成本与平均成本的单位换算，需要说明一下。由于我们对总成本和科研都使用百万元做单位，本专科生、研究生分别用千人做单位，所以，边际成本和平均成本的计算结果本专科生、研究生单位分别为百万元/千人，也即千元/人，我们直接将结果乘以1 000，得到以元/人的单位；计算结果科研的单位为百万元/百万元，也即元/元，意思是每增加1元钱的科研支出，总成本上升多少元(边际成本)；以及分摊到每元科研支出上的总成本是多少元(平均成本)。

表 4.7 平均成本的估计值 (单位：元)

均值产出(%)	AIC_U	AIC_G	AIC_G/AIC_U	AIC_R
10	5 221	37 264	7.14	1.387 4
50	5 187	37 104	7.15	1.432 1
100	5 144	36 905	7.17	1.488 1
150	5 100	36 705	7.20	1.544 1
200	5 057	36 506	7.22	1.600 0
250	5 014	36 307	7.24	1.656 0
300	4 971	36 107	7.26	1.711 9
500	4 799	35 310	7.36	1.935 7

从上面的计算可以看出：

(1)教育部直属高校 2000 年本专科生的平均成本在 5 000 元左右，研究生的生均成本在 37 000 元左右，显然研究生的生均成本远高于本专科生，大致相差在 7 倍。跟国外同类研究相比，Koshal and Koshal(1999)分别对美国 158 所私立和 171 所公立综合性大学的研究表明，私立大学和公立大学的本专科生的平均成本分别在 10 000 美元和 7 000 美元左右，研究生的生均成本在 12 000 美元和 9 000 美元左右，研究生与本专科生的生均成本之比大致在 1.2～2.0 之间。可见，研究生与本专科生的生均成本之比过高，应当向着降低这一比例的方向努力。

(2)本专科生和研究生的平均成本随着招生规模的扩大逐渐下降，科研支出的平均成本则相反，随着产出规模的增加逐渐上升。

(3)随着产出规模的扩大，研究生与本专科生平均成本的比值逐渐增大，研究生的生均成本与本专科生生均成本差别越明显。

根据上面的边际成本与平均成本计算结果以及公式(3)和公式(4)，可以得到规模经济的结果：

表 4.8　规模经济的计算结果

均值产出(%)	E_{RAY}	E_U	E_G	E_R
10	3.526 9	0.928 8	0.997 9	1.013 5
50	1.432 5	0.721 6	0.989 4	1.069 2
100	1.142 6	0.562 4	0.978 9	1.142 2
150	1.029 4	0.459 3	0.968 5	1.219 5
160	1.013 6	0.442 9	0.966 5	1.235 5
170	0.999 3	0.427 6	0.964 4	1.251 7
200	0.962 7	0.387 1	0.958 3	1.301 4
250	0.916 2	0.333 8	0.948 1	1.388 4
300	0.880 7	0.292 8	0.938 1	1.480 9
500	0.790 5	0.193 4	0.898 9	1.918 0

如上面所说，只要公式(3)、公式(4)的结果大于 1 就表明有规模经济现象，使用教育部直属高校 2000 年的数据，从上面的计算结果可以看出：

(1)在均值产出的大概 170%以下，出现了总体规模经济；在均值产出的所有水平上，都表现出科研产出的规模经济。

(2)在均值产出的大概 170%以上，出现了总体规模不经济；在均值产出的所有水平上，都表现出本专科和研究生产出的规模不经济。

对于上述结论，我们还可以使用单产出的成本模型进行估计计算，然后看看结果会有什么不同。对于使用单产出成本模型的估计计算结果可以参见附录 6“使用单产出成本模型的估计计算”。

4.6 将研究生产出区分为硕士生和博士生

上一节我们处理研究生产出时，为了简化问题把硕士研究生和博士研究生当作同一种产出来处理。但是，我们通过现实直观的观察知道，硕士生和博士生培养数量、占用资源都是有差异的，分担在每个硕士生和每个博士生身上的成本就不会一样。接下来这章我们将硕士生和博士生作为两种不同的产出来对待。

1. 区分为硕士生和博士生的四产出模型

根据上一章模型(1)

$$TC = a_0 + \sum_{i=1}^{4} a_i Q_i + \frac{1}{2}\sum_{i=1}^{4}\sum_{j=1}^{4} b_{ij} Q_{ij} + c_1 FS + c_2 \sum_{i=1}^{4} Q_i FS + dCSIZE + V$$

其中，TC 表示生产本专科生、硕士生、博士生和科研这四种产出的总成本，a_0 是常数项，a_i 和 b_{ij} 是产出变量的系数。Q_i 是第 i 种产出的量。在高等教育中，我们分别用 Q_U、Q_M、Q_D、Q_R 代表本专科生产出、硕士研究生产出、博士研究生和科研产出，具体的量度，见上一章的讨论。FS 是教职工平均工资，CSIZE 是生师比。V 是随机误差项。

表 4.9 变量的含义和统计结果

	最小值	最大值	均值	标准差
总成本	23.790 0	1 592.430 0	319.002 432	288.035 752
科研事业支出(百万元)	0.030 0	491.920 0	58.453 919	75.490 181
科研支出的平方	0.000 9	241 985.286 4	9 038.6176 55	30 212.073 777
本专科生人数(千人)	0.361 0	37.538 0	10.789 649	7.476 445
本专科人数的平方	0.130 3	1 409.101 4	171.558 378	245.111 129
硕士生人数(千人)	0.030	6.068	1.587 43	1.431 65
硕士生人数的平方	0.000 9	36.820 6	4.541 872	7.859 636
博士生人数(千人)	0.008	2.778	0.531 77	0.611 60
博士生人数的平方	0.000 1	7.717 3	0.651 774	1.446 358
生师比	3.800 0	24.800 0	12.235 135	3.264 061
教职工平均工资(千元)	14.217 0	58.616 0	24.944 905	8.374 981
教职工平均工资的平方	202.123 1	3435.835 5	691.440 778	524.449 961
本专科与科研支出的乘积	0.013 7	6 487.960 7	869.813 689	1 356.327 538
本专科与教职工工资的乘积	5.295 9	918.504 5	271.246 878	208.572 485
科研支出与教职工工资的乘积	0.503 5	24 793.751 8	1 748.639 845	3 322.774 445
$Q_M.Q_R$	0.001 2	2 741.962 1	179.699 427	415.036 486
$Q_M.Q_U$	0.010 8	176.015 7	24.509 849	36.399 042
$Q_M.Q_D$	0.000 6	16.856 9	1.664 300	3.287 882
$Q_M.FS$	0.440 1	280.940 7	44.689 221	53.662 602
$Q_D.Q_R$	0.0005	1 286.370 8	70.309 363	187.433 240
$Q_D.Q_U$	0.0073	68.630 0	8.423 415	13.880 922
$Q_D.FS$	0.268 5	131.801 2	15.391 456	23.158 343
Valid N(listwise)				

将各项通过逐步回归的办法得到回归方程：

$$TC = \underset{1.51}{28.711} + \underset{11.919^{***}}{12.313}\,Q_U + \underset{9.256^{***}}{1.472}\,Q_R + \underset{6.973^{***}}{50.842}Q_D^2$$

$$+ \underset{5.257^{***}}{1.469}\,Q_M FS - \underset{-2.792^{***}}{0.0279}\,Q_U Q_R + \underset{3.533^{***}}{0.05097}FS^2$$

$$- \underset{-2.333^{**}}{3.135}\,CSIZE + V$$

系数下面的数据为相应的T值和显著性。* 表示显著性程度为10%的水平，**表示显著性程度为5%的水平，***表示显著性程度为1%的水平。

$R^2 = 0.987$，Adj-$R^2 = 0.985$，F-ratio $= 708.158^{***}$，Durbin-Watson＝1.578

根据模型(4)可以计算出不同产出的边际成本，

对于本专科产出：

$$MC_U = \partial TC/\partial Q_U = 12.313 - 0.0279Q_R$$

对于硕士研究生产出：

$$MC_M = \partial TC/\partial Q_M = 1.469 * FS$$

对于博士研究生产出：

$$MC_D = \partial TC/\partial Q_D = 2 * 50.842 * Q_D$$

对于科研产出：

$$MC_R = \partial TC/\partial Q_R = 1.472 - 0.0279 * Q_U$$

下表给出了每种产出在不同产出水平上的边际成本。

表 4.10　边际成本的估计值　（单位：元）

均值产出(%)	MC_U	MC_M	MC_D	$\frac{MC_M}{MC_U}$	$\frac{MC_D}{MC_U}$	$\frac{MC_D}{MC_M}$	MC_R
10	12 150	3 664	5 407	0.30	0.45	1.48	1.44
50	11 498	18 322	27 036	1.59	2.35	1.48	1.32
100	10 682	36 644	54 072	3.43	5.06	1.48	1.17
150	9 867	54 966	81 109	5.57	8.22	1.48	1.02
200	9 051	73 288	108 145	8.10	11.95	1.48	0.87
250	8 236	91 610	135 181	11.12	16.41	1.48	0.72
300	7 420	109 932	162 218	14.81	21.86	1.48	0.57
500	4 159	183 220	270 363	44.06	65.01	1.48	−0.03

从上面的计算可以看出：

(1)在区分了硕士研究生和博士研究生作为不同产出类型后，教育部直属高校 2000 年本专科生的边际成本在 10 000 元左右(均值水平)，硕士研究生的边际成本在 36 000 元左右，博士研究生的边际成本在 54 000 元左右，显然两类研究生的边际成本都远高于本专科生，分别相差在 3.4 倍和 5 倍左右；而博士研究生和硕士研究生成本相差 1.48 倍。硕士和博士研究生的边际成本随着招生规模的扩大逐渐增加，本专科生和科研支出的边际成本则相反，随着产出规模的增加逐渐下降。

跟国外同类研究相比，Koshal and Koshal(1999)分别对美国 158 所私立和 171 所公立综合性大学的研究表明，私立大学和公立大学的本专科生的边际成本分别在 9 000 美元和 6 000 美元左右，研究生的边际成本分别在 15 000 美元和 7 000 美元左右，研究生与本专科生的边际成本之比大致在 0.9～2.64 之间。

(2)在当前产出规模的10%的水平(此时本专科生规模在1 000人左右，硕士生在150人左右，博士生在50人左右)，两类研究生的边际成本都低于本专科生；在当前产出规模的50%以上(即本专科生规模在5 000人以上，硕士生在750人以上，博士生在250人以上时)，研究生的边际成本远高于本专科生，多招一个研究生所付出的成本数倍于多招一个本专科生所付出的成本，硕士研究生与本专科生的边际成本之比大致在1.59～44.06之间；博士研究生与本专科生的边际成本之比大致在2.35～65.01之间。

(3)随着产出规模的扩大，博士研究生与硕士生边际成本的比值保持不变，多招一个博士研究生所付出的成本是多招一个硕士生所付出的成本的1.48倍。

(4)科研支出的边际成本随着产出规模的扩大逐渐下降，从1.44降到0.57，在500%的均值水平上(此时本专科生规模在5万人左右，科研支出达到292.25百万元)，科研支出的边际成本不再增加。

下面再来看看平均成本的情况：

平均成本计算根据公式(2)得：[1]

$$AIC_U = \frac{TC\{Q_U, Q_G, Q_R\} - TC\{0, Q_G, Q_R\}}{Q_U}$$

① 关于本专科生、研究生和科研的边际成本与平均成本的单位换算，需要说明一下。由于我们对总成本和科研都使用百万元做单位，本专科生、研究生分别用千人做单位，所以，边际成本和平均成本的计算结果本专科生、研究生单位分别为百万元/千人，也即千元/人，我们直接将结果乘以1 000，得到以元/人的单位；计算结果科研的单位为百万元/百万元，也即元/元，意思是每增加1元钱的科研支出，总成本上升多少元(边际成本)；以及分摊到每元科研支出上的总成本是多少元(平均成本)。

对于本专科产出：

$$AIC_U = \frac{12.313Q_U - 0.0279Q_UQ_R}{Q_U} = 12.313 - 0.0279Q_R$$

对于硕士研究生产出：

$$AIC_M = \frac{TC\{Q_U, Q_M, Q_D, Q_R\} - TC\{Q_U, 0, Q_D, Q_R\}}{Q_M}$$

$$= 1.469 * FS$$

对于博士研究生产出：

$$AIC_D = \frac{TC\{Q_U, Q_M, Q_D, Q_R\} - TC\{Q_U, Q_M, 0, Q_R\}}{Q_D}$$

$$= 50.842 * Q_D$$

对于科研产出：

$$AIC_R = \frac{TC\{Q_U, Q_M, Q_D, Q_R\} - TC\{Q_U, Q_M, Q_D, 0\}}{Q_R}$$

$$= 1.472 - 0.0279 * Q_U$$

表 4.11　平均成本的估计值　　（单位：元）

均值产出(%)	AIC_U	AIC_M	AIC_D	$\frac{AIC_M}{AIC_U}$	$\frac{AIC_D}{AIC_U}$	$\frac{AIC_D}{AIC_M}$	AIC_R
10	12 150	3 664	2 704	0.30	0.22	0.74	1.44
50	11 498	18 322	13 518	1.59	1.18	0.74	1.32
100	10 682	36 644	27 036	3.43	2.53	0.74	1.17
150	9 867	54 966	40 554	5.57	4.11	0.74	1.02
200	9 051	73 288	54 073	8.10	5.97	0.74	0.87
250	8 236	91 610	67 591	11.12	8.21	0.74	0.72
300	7 420	109 932	81 109	14.81	10.93	0.74	0.57
500	4 159	183 220	135 181	44.06	32.51	0.74	−0.03

从上面的计算可以看出：

(1)在区分了硕士研究生和博士研究生作为不同产出类型后，从数值上看平均成本各项同边际成本对应各项相等，除了博士研究生平均成本是相应水平边际成本的一半。

教育部直属高校2000年本专科生的平均成本在10 000元左右(均值水平)，硕士研究生的平均成本在36 000元左右，博士研究生的平均成本在27 000元左右，显然两类研究生的平均成本都远高于本专科生，分别相差在3.4倍和2.5倍；而博士和硕士研究生平均成本相差0.74倍。硕士研究生和博士研究生的平均成本随着招生规模的扩大逐渐增加，本专科生和科研支出的平均成本则相反，随着产出规模的增加逐渐下降。跟国外同类研究相比，Koshal and Koshal(1999)分别对美国158所私立和171所公立综合性大学的研究表明，私立大学和公立大学的本专科生的平均成本分别在10 000美元和7 000美元左右，研究生的生均成本分别在12 000美元和9 000美元左右，研究生与本专科生的生均成本之比大致在1.2～2.0之间。可见，研究生与本专科生的生均成本之比过高，应当向着降低这一比例的方向努力。

(2)本专科生和科研的平均成本随着产出规模的扩大逐渐下降，硕士研究生和博士研究生产出的平均成本则相反，随着产出规模的增加逐渐上升。

(3)随着产出规模的扩大，研究生与本专科生平均成本的比值逐渐增大，研究生的生均成本与本专科生生均成本差别越明显，硕士生和博士生同本专科生产出的平均成本比值分别从0.33和0.22上升到44.06和22.51。

(4)随着产出规模的扩大，博士研究生与硕士生平均成本的比值保持不变，平均培养一个博士研究生所付出的成本是一个硕士生所付出的成本的0.74倍。

(5)科研支出的平均成本随着产出规模的扩大逐渐下降，从1.44降到0.57，在500%的均值水平上(此时本专科生规模在5万人左右，科研支出达到292.25百万元)，科研支出的边际成本不再增加。

2. 将研究生进行区分前后的成本比较

在我们使用多产出成本模型对教育部直属院校的成本进行的计量分析中，将硕士研究生和博士研究生作为同一种产出，还是作为不同产出来处理，得到的结果是不一样的，我们下面将两种处理办法进行简单的比较。

对于边际成本，将表3.7的计算结果同表3.10的结果进行比较，可以看出：

(1)在区分硕士生和博士生前后，模型变化带来的结果是，本专科生的平均成本增加了，由5 000元左右(均值水平)上升到10 000元左右。随着产出规模的增加，本专科产出的边际成本由逐渐增加变为逐渐下降。硕士研究生的边际成本(36 000元)较为接近原来的研究生边际成本(37 000元)，但是，新模型可以告诉我们硕士生和博士生各自的边际成本，以及博士生和硕士生的差异(多培养一个博士生比多培养一个硕士生要多花费48%的成本)。

(2)在区分硕士生和博士生之前，研究生的边际成本始终远大于本专科生；而在区分硕士生和博士生之后，使用四种产出的模型时，在很低的产出水平上(10%的均值水平)出现了本专科生的边际成本大于硕士生和博士生。但是，此后随着产出规模的增加，两类研究生边际成本要远大于本专科生，而且倍数越来越大。

(3)在区分硕士生和博士生前后，科研支出的边际成本没有什么变化，都随着产出规模的增加逐渐下降。只是在区分硕士生和博士生之后，在很高的均值产出水平上，例如本专科生规模在5万人左右，科研支出达到292.25百万元，科研支出的边际成本不再增加。

对于平均成本，将表3.8的计算结果同表3.11的结果进行比较，可以看出：

(1)在区分硕士生和博士生前后，模型变化带来的结果是，本专科生的边际成本增加了，由9 000元左右(均值水平)上升到10 000元左右。硕士研究生的平均成本(36 000元)较为接近原来的研究生平均成本(36 000元)，随着产出规模的增加，研究生产出的平均成本由逐渐下降变为逐渐增加。但是，新模型可以告诉我们硕士生和博士生各自的平均成本，以及博士生和硕士生的差异(平均每个博士生的培养成本是每一个硕士生的74%)。

(2)同边际成本类似，在区分硕士生和博士生之前，研究生的平均成本始终远大于本专科生；而在区分硕士生和博士生之后，使用四种产出的模型时，在很低的产出水平上(10%的均值水平)出现了本专科生的平均成本大于硕士生和博士生。但是，此后随着产出规模的增加，两类研究生平均成本要远大于本专科生，而且倍数越来越大。

(3)在区分硕士生和博士生前后，科研支出的平均成本随着产出规模的增加由原来的逐渐增加变为逐渐下降。在区分硕士生和博士生之后，在很高的均值产出水平上，例如本专科生规模在 5 万人左右，科研支出达到 292.25 百万元，科研支出的平均成本不再增加。

4.7 主要研究结论和政策建议

本文利用国外有关高等教育成本的最新研究成果，将 Baumol，Panzar，和 Willig 等人的多产出成本模型应用到我国教育部直属高校的成本分析当中，主要使用 2000 年的数据，分析发现主要研究结论如下：

(1)在区分硕士研究生和博士研究生之前，教育部直属高校 2000 年本专科生的边际成本在 9 000 元左右(均值水平)，研究生的边际成本在 37 000 元左右，显然研究生的边际成本远高于本专科生，大致相差在 4 倍左右。本专科生和研究生的边际成本随着招生规模的扩大逐渐增加，科研支出的边际成本则相反，随着产出规模的增加逐渐下降。

跟国外同类研究相比，Koshal and Koshal(1999)分别对美国 158 所私立和 171 所公立综合性大学的研究表明，私立大学和公立大学的本专科生的边际成本分别在 9 000 美元和 6 000 美元左右，研究生的边际成本分别在 15 000 美元和 7 000 美元左右，研究生与本专科生的边际成本之比大致在 0.9～2.64。

(2)在区分硕士研究生和博士研究生之前，研究生的边际成本远高于本专科生，多招一个研究生所付出的成本数倍于多招一个本专科生所付出的成本，研究生与本专科生的边际成本之比大致在 1.58～6.64 之间。

(3)在区分硕士研究生和博士研究生之前，教育部直属高校 2000 年本专科生的平均成本在 5 000 元左右，研究生的生均成本在 37 000 元左右，显然研究生的生均成本远高于本专科生，大致相差在 7 倍左右。跟国外同类研究相比，Koshal and Koshal(1999)分别对美国 158 所私立和 171 所公立综合性大学的研究表明，私立大学和公立大学的本专科生的平均成本分别在 10 000 美元和 7 000 美元左右，研究生的生均成本分别在 12 000 美元和 9 000 美元左右，研究生与本专科生的生均成本之比大致在 1.2～2.0 之间。可见，研究生与本专科生的生均成本之比过高，应当向着降低这一比例的方向努力。

(4)在区分硕士研究生和博士研究生之前，本专科生和研究生的平均成本随着招生规模的扩大逐渐下降，科研支出的平均成本则相反，随着产出规模的增加逐渐上升。随着产出规模的扩大，研究生与本专科生平均成本的比值逐渐增大，研究生的生均成本与本专科生生均成本差别越明显。

(5)在区分了硕士研究生和博士研究生作为不同产出类型后，教育部直属高校 2000 年本专科生的边际成本在 10 000 元左右(均值水平)，硕士研究生的边际成本在 36 000 元左右，博士研究生的边际成本在 54 000 元左右，显然两类研究生的边际成本都远高于本专科生，分别相差在 3.4 倍和 5 倍；而博士生和硕士研究生成本相差 1.48 倍。硕士生和博士研究生的边际成本随着招生规模的扩大逐渐增加，本专科生和科研支出的边际成本则相反，随着产出规模的增加逐渐下降。

跟国外同类研究相比，Koshal and Koshal(1999)分别对美国 158 所私立和 171 所公立综合性大学的研究表明，私立大学和公立大学的本专科生的边际成本分别在 9 000 美元和 6 000

美元左右，研究生的边际成本分别在15 000美元和7 000美元左右，研究生与本专科生的边际成本之比大致在0.9～2.64之间。

(6)在区分了硕士研究生和博士研究生作为不同产出类型后，在当前产出规模的10%的水平(此时本专科生规模在1 000人左右，硕士生在150人左右，博士生在50人左右)，两类研究生的边际成本都低于本专科生；在当前产出规模的50%以上(即本专科生规模在5 000人以上，硕士生在750人以上，博士生在250人以上时)，研究生的边际成本远高于本专科生，多招一个研究生所付出的成本数倍于多招一个本专科生所付出的成本，硕士研究生与本专科生的边际成本之比大致在1.59～44.06之间；博士研究生与本专科生的边际成本之比大致在2.35～65.01之间。

(7)在区分了硕士研究生和博士研究生作为不同产出类型后，随着产出规模的扩大，博士研究生与硕士生边际成本的比值保持不变，多招一个博士研究生所付出的成本是多招一个硕士生所付出的成本的1.48倍。科研支出的边际成本随着产出规模的扩大逐渐下降，从1.44降到0.57，在500%的均值水平上(此时本专科生规模在5万人左右，科研支出达到292.25百万元)，科研支出的边际成本不再增加。

(8)在区分了硕士研究生和博士研究生作为不同产出类型后，教育部直属高校2000年本专科生的平均成本在10 000元左右(均值水平)，硕士研究生的平均成本在36 000元左右，博士研究生的平均成本在27 000元左右，显然两类研究生的平均成本都远高于本专科生，分别相差在3.4倍和2.5倍左右；而博士生和硕士研究生平均成本相差 0.74 倍。硕士生和博士研究生的平均成本随着招生规模的扩大逐渐增加，本专科生和科研支出的平均成本则相反，随着产出规模的增加逐渐下降。跟国外同类研究相比，Koshal and Koshal(1999)分别对美国 158 所私立和 171 所公立综合性大学的研究表明，私立大学和公立大学的本专科生的平均成本分别在 10 000 美元和 7 000 美元左右，研究生的生均成本分别在 12 000 美元和 9 000 美元左右，研究生与本专科生的生均成本之比大致在 1.2～2.0 之间。可见，研究生与本专科生的生均成本之比过高，应当向着降低这一比例的方向努力。

(9)在区分了硕士研究生和博士研究生作为不同产出类型后，本专科生和科研的平均成本随着产出规模的扩大逐渐下降，硕士研究生和博士研究生产出的平均成本则相反，随着产出规模的增加逐渐上升。随着产出规模的扩大，研究生与本专科生平均成本的比值逐渐增大，研究生的生均成本与本专科生生均成本差别越明显，硕士和博士同本专科生产出的平均成本比值分别从 0.33 和 0.22 上升到 44.06 和 22.51。

(10)在区分了硕士研究生和博士研究生作为不同产出类型后，随着产出规模的扩大，博士研究生与硕士生平均成本的比值保持不变，平均培养一个博士研究生所付出的成本是一个硕士生所付出的成本的 0.74 倍。科研支出的平均成本随着产出规模的扩大逐渐下降，从 1.44 降到 0.57，在 500%的均值水平上(此时本专科生规模在 5 万人左右，科研支出达到 292.25 百万元)，科研支出的边际成本不再增加。

根据以上研究结论，我们得出的政策建议如下：

(1)无论是边际成本还是平均成本，在不考虑是否区分硕士生和博士生这两种类型的研究生情况下，我们都发现研究生的成本普遍高于本专科生，在我国目前大学本专科教育实行收费进行成本补偿的情况下，研究生教育仍然实行免费的补贴政策已经显得不合时宜，这里的研究结论支持研究生教育进行成本补偿的策略。

(2)同时我们也看到，在考虑区分硕士生和博士生这两种类型的研究生作为不同产出的情况下，计量分析教学和科研边际成本与平均成本的结果是不一致的，说明研究结论会随模型变化而有变动，结论的不稳定性提示我们做推论时不可简单照搬这里的计算结果。

第五章　使用 CES 成本模型时的总体情况

5.1　不变替代弹性(CES)的成本模型

我们在上一章关于成本函数的选择提到，Baumol 等人(1982)提供了三类成本函数都是满足多产出成本函数要求的。我们上一章的分析是基于二次成本函数这种常见的形式进行的估计和运算，那么其他的函数形式估计结果如何呢？Johnes (1997)以及 Johnes 等人(2002)使用不变替代弹性的成本函数(CES)对英国高等教育系统的多产出成本函数进行了估计，并计算了英国高校的规模经济和范围经济。

不变替代弹性的成本函数的一般形式为：

$$C = F + [\sum_i a_i y_i^{b_i}]^\rho$$

其中 y 是产出，a，b，ρ 都是参数；

将高等教育的各项变量代入

即 $C = F + [a_1 Q_U^{b_1} + a_2 Q_G^{b_2} + a_3 Q_R^{b_3}]^p$

其中 C 是总成本，a_1、b_1、a_2、b_2、a_3、b_3 都是参数，F 是常数项。那么，估计方程为①：

① 对方程中的解释变量，王善迈老师提到“模型中为什么不加入‘教职工平均工资’和‘生师比’这两个变量”，因为前面二次模型就是这样处理的。笔者的回答有两点：第一，笔者知识所限，不知道这样的非线性方程里如何处理这些变量，例如，引入“教职工平均工资”后，要不要它与其他产出变量的乘积项；第二，因为 CES 方程使用的是非线形最小二乘法(NLS)估计的，用 SPSS 估计时，采用的是通过赋予每个变量以初值，迭代估计出结果，下面的估计结果也是好不容易迭代收敛出的，再加入新的变量，模型变得更为复杂，技术上恐怕很难收敛。

$$C = F + [a_1 Q_U^{b_1} + a_2 Q_G^{b_2} + a_3 Q_R^{b_3}]^{\rho} + V$$

V 是随机误差项。

我们首先使用 2000 年的数据，对主要变量的描述如下：

表 5.1

	变量的描述	均值	标准差
		N＝74	
TC	总成本(百万元)	319.002 4	288.035 752
Q_R	科研支出(百万元)	58.453 919	75.490 180 7
Q_U	全日制本专科人数(千人)	10.789 649	7.476 444 9
Q_G	全日制研究生人数(千人)	2.119 203	2.021 4967

5.2 NLS 回归估计结果

使用 SPSS 非线形最小二乘法估计(NLS)，经过多次迭代得到估计系数如下：

表 5.2

参数	系数	标准差	近似 T 比率
F	36.138 3	25.448 1	1.42
a_1	2.038 8	2.819 9	0.721 2
b_1	1.801 6	0.426 0	4.229 1
a_2	66.083 9	129.794 7	0.509 1
b_2	1.615 5	0.651 8	2.478 7
a_3	863.547 0	1 955.654 6	0.441 6
b_3	2.052 1	0.6121	3.352 4
ρ	0.599 9	0.172 1	3.486 3
R_2	0.967 22		

从上表可以看出，b_i 的各项值以及 ρ 都表现了很高的显著性，尽管 a_i 各项值表现的并不显著。而且，我们将估计系数代入方程后发现，模拟值同实际值非常接近，说明估计系数较好的拟和了样本数据。

5.3　范围经济计算结果及两种成本模型结果的对比分析

根据第四章公式(4.5)和公式(4.6)，我们对各个均值水平上的总体范围经济和特定产出的范围经济进行计算，得到如下结果。

表 5.3　范围经济计算结果

均值产出(%)	ESG	ES_U	ES_G	ES_R
10	1.462 2	0.750 0	0.730 8	0.741 2
50	0.889 7	0.467 4	0.465 5	0.460 2
100	0.729 5	0.381 4	0.398 0	0.381 8
150	0.665 5	0.344 6	0.373 1	0.351 1
200	0.630 3	0.323 3	0.360 2	0.334 5
300	0.591 3	0.298 2	0.346 7	0.316 7
500	0.554 1	0.272 5	0.334 6	0.300 7
600	0.542 9	0.264 4	0.331 1	0.296 1

其中，ESG 表示全部产出的总体范围经济，ES_U、ES_G 和 ES_R 分别代表本专科生产出、研究生产出和科研产出的特定范围经济。

我们先将上面的计算结果进行分析，然后再同二次成本方程的估计计算结果(见表 4.5)相比较会发现：

(1)采用不变替代弹性的成本方程(CES)的估计计算结果表明，在所有计算的产出水平上，都表现出了总体的范围经济和特定产出的范围经济。

(2)总体的范围经济程度和特定产出的范围经济程度，都随着产出规模的扩大而下降。

(3)综合以上分析，完全联合生产始终是相对于完全独立生产以及局部联合生产，更经济的组织生产方式。

(4)采用不同的成本函数估计计算的范围经济结果存在差异①。首先，各对应值的计算结果都不一样，表明两种成本方程计算的范围经济的程度不同；其次，使用二次成本方程的结果显示，存在科研产出的范围不经济，而使用不变替代弹性的成本方程在所有计算的产出水平上都显示出总体的范围经济和特定产出的范围经济。最后，从综合分析的结果看，使用二次成本方程的计算显示，180%的均值水平是一个临界水平，存在最优生产方式从完全联合生产向科研独立生产、本专科和研究生联合生产的局部联合生产方式的转变；而使用不变替代弹性的成本方程在所有计算的产出水平上都显示出，完全联合生产一直是最经济的选择。

(5)采用不同的成本函数估计计算的范围经济结果也有相同之处，例如，在各项产出水平上，都发现了总体范围经济、本专科产出和研究生产出的范围经济。在180%的均值产出水平以下，都支持完全联合生产是较优的选择。

(6)采用不同的成本函数估计计算的范围经济结果存在不一致性说明，范围经济计算结果对计量所采用的模型有很大的依赖性，范围经济会随着采用模型的不同而有差异。那么，哪

① 造成这种差异的原因除了计算误差以外，还有就是两个估计方程对样本的拟合程度差异。

个模型的结论更可靠，或者说，如果要从研究结果去引申它的实际经济含义或者政策建议的时候，我们该使用哪个模型的结论呢？[①] 这个问题笔者虽然经过了仔细考虑，但是，仍然没有一个完全满意的答案。首先，我想先交代一下国外同类研究的背景。就是不同的学者使用的模型都不同，比较而言，二次成本模型使用的学者更多一些(当然，主要也是美国学者)，CES 模型主要是英国的一个学者 Johnes 在用。如果按照研究者的偏好来看，二次成本模型更受欢迎。其次，笔者的初衷也是想看看，同时使用两种模型结果是否不一样，那么比较一下哪个效果更好，结果发现正如预期的那样，两者的结果确实不一样，但是，除了技术上二者采用的估计方法不同外(一个是用 OLS，一个用 NLS)，很难说哪个模型更有说服力。两个模型的拟合优度都在 0.9 以上，对样本估计值和真实值的比较观察也很难说哪个模型拟合得更好。最后，学者们也承认没有理论基础足以说明哪种模型更适合估计高等教育机构(见 Baumol et al.，1982，453 页；Duandar and Lewis，1995，121 页)。我们这里也遵从大部分研究者的偏好，在做政策建议或实际经济含义的分析时，主要以二次成本模型为参照[②]。

---

① 这个问题在本文预答辩的时候，几乎每个老师都提到了这个问题。作者感谢本书作为博士论文参与预答辩的每位老师提供的建议。

② 读者往下读会发现，我们在下面几章的实证分析，讨论教学和科研质量、学校类型和所在地区以及高校扩招与合并对范围经济影响时，都是以二次成本模型为基础的。这种选择的原因除了上面提到的这些之外，另外一个原因就是，对于非线形形式的 CES 模型，如何去加入虚拟变量，笔者没有足够的知识去处理。

5.4 三年数据的汇总分析

同样地，我们也可以求出 2001 年和 2002 年的范围经济情况，2001 年和 2002 年的数据，对主要变量的描述如下。

表 5.4

变量的描述		2001 年均值 N=74	标准差	2002 年均值 N=74	标准差
TC	总成本（百万元）	411.525 580	361.203 083	510.661 619	406.072 167
Q_R	科研支出（百万元）	68.949 274	86.687 032	85.070 286	99.178 036
Q_U	全日制本专科人数（千人）	12.579 311	8.336 428	13.467 595	8.729 692
Q_G	全日制研究生人数（千人）	2.744 041	2.525 160	3.434 365	3.036 879

使用 SPSS 非线形最小二乘法估计（NLS），经过多次迭代得到估计系数如下。

表 5.5

参数	年份	系数	标准差	近似 T 比率
F	2001	92.217 8	23.830 0	3.869
	2002	100.939 5	36.375 5	2.774
a_1	2001	1.036 8	2.105 1	0.492
	2002	8.561 9	22.287 8	0.384
b_1	2001	2.979 5	0.887 3	3.358
	2002	2.624 3	1.040 4	2.522
a_2	2001	4.277 0	12.143 3	0.352
	2002	2.791 0	10.303 4	0.270
b_2	2001	4.050 1	1.584 9	2.555
	2002	4.276 5	1.916 3	2.231

续表

参数	年份	系数	标准差	近似 T 比率
a_3	2001	36 791.221 3	145 109.984 6	0.253
	2002	54 935.892 1	278 700.453 8	0.197
b_3	2000	3.054 8	1.141 8	2.675
	2001	2.864 1	1.356 8	2.110
p	2001	0.397 1	0.140 7	2.822
	2002	0.394 0	0.173 8	2.266
R^2	2000	0.960 55		
	2001	0.937 83		

从上表可以看出，同 2000 年的数据一样，2001 年和 2002 年 bi 的各项值都表现了很高的显著性，尽管 ai 各项值表现得并不显著。而且，我们将估计系数代入方程后发现，模拟值同实际值非常接近，说明估计系数较好地拟合了样本数据。下面是利用上面迭代的结果计算的总体范围经济和特定产出的范围经济：

表 5.6 三年的总体范围经济和特定产出的范围经济

均值产出(%)		2000 年	2001 年	2002 年
总体范围经济	50	0.889 7	1.321 4	1.206 4
	100	0.729 5	1.126 0	1.063 1
	200	0.630 3	1.015 6	1.003 4
	250	0.607 6	0.994 5	0.993 5
	300	0.591 3	0.980 3	0.985 2
	500	0.554 1	0.945 3	0.945 1

续表

均值产出(%)		2000 年	2001 年	2002 年
本专科范围经济	50	0.467 4	0.609 2	0.512 6
	100	0.381 4	0.524 7	0.460 1
	200	0.323 3	0.503 6	0.481 2
	250	0.308 9	0.506 7	0.497 0
	300	0.298 2	0.511 0	0.510 3
	500	0.272 5	0.524 7	0.535 4
研究生范围经济	50	0.465 5	0.723 9	0.698 1
	100	0.398 0	0.631 4	0.619 2
	200	0.360 2	0.574 0	0.570 8
	250	0.352 2	0.562 8	0.561 6
	300	0.346 7	0.555 3	0.555 4
	500	0.334 6	0.538 7	0.536 6
科研范围经济	50	0.460 2	0.714	0.695 7
	100	0.381 8	0.607	0.608 4
	200	0.334 5	0.524	0.535 1
	250	0.324 0	0.502	0.512 7
	300	0.316 7	0.486	0.494 1
	500	0.300 7	0.443	0.436 9

从上面的计算结果可以看出：

(1)采用不变替代弹性的成本方程(CES)的估计计算结果表明，三年中在所有计算的产出水平上，都表现出了总体的范围经济和特定产出的范围经济。

(2)三年的总体的范围经济程度和特定产出的范围经济程

度，除了 2001 年和 2002 年的本专科产出的范围经济随着产出增加有所波动外，都随着产出规模的扩大而下降。

(3)综合以上分析，三年的计算结果都支持了完全联合生产始终是相对于完全独立生产以及局部联合生产，更经济的组织生产方式。

第六章 考虑质量因素时的总体情况

6.1 为什么要考虑教学和科研活动质量

当然，首要的原因是质量对高校的成本有重要的影响（丁小浩，1995）。其次，读者也许注意到了，我们前面对于范围经济的考察，都是在不考虑教学和科研活动质量的情况下进行的。那么，在考虑了质量因素以后，这些范围经济现象还存在吗？范围经济的情形还和从前一样吗？这一章我们就准备回答这个问题。再次，国外学者的研究中对于质量因素都是如何处理的呢？从国外的研究文献来看，有关教育质量和成本的关系研究很早就开始了，美国 1925 年的 William C. Bagley 报告估计了质量指标的相关系数为 0.92；Wallatt(1949)的研究表明，高等教育的质量随着投入资金的增大而增加；如何充分考虑教学和科研质量的因素都是一个很难让人满意的问题（Koshal and Koshal，1995），通常使用的指标有美国大学入学成绩（SAT），大学声誉指标排名，生师比等。① 丁小浩使用的指标

① 变量的量度问题始终是社会科学永恒的话题之一，不论是从数量还是从质量看，都是如此。拿科研质量来说，无论是论文发表数、引用率、专著数、专利和科研合约数都很难说完全反映出了科研的质量。因为很多革命性的研究可能最初只是一篇论文，而人们认识到它的价值要经过几十年甚至上百年的时间（如科斯 1937 年发表的《企业的性质》），所以，论文之间以及论文与其他科研成果之间的

有：反映人力投入质量的教授、副教授占教师总数的比例，教授、副教授占在校学生总数的比例，反映物力投入质量的固定资产净值、生均固定资产净值等。不过却是使用投入作为产出质量的量度，需要假定中间的管理水平在样本中都一样。在我们检索到的文献中，Dundar & Lewis(1995)以高校的声誉排名来量度不同学校的质量，只有 Koshal and Koshal(2000)对范围经济的研究中，使用了学生的 SAT 成绩作为质量的量度。

6.2　反映质量因素的变量及其选择

在我们获得的数据当中有多个变量可以表征质量因素：如国家级和省部级的教学获奖情况和科研获奖情况，被 SCI、EI 收录的论文发表情况，国家重点实验室和国家重点学科的个数，教师人均发表论文被 SCI、EI 收录的情况，教师人均科研经费等。观察这些数据我们发现，有些变量指标只能用来衡量某一类或某几类学校的质量情况，例如，被 SCI、EI 收录的论文发表情况，国家重点实验室和国家重点学科的个数，教师人均发表论文被 SCI、EI 收录的情况只适合量度理工类、研究型的大学，对于艺术类院校的教学科研质量就无法衡量。所以，我们选取了两个一般性的指标作为教育部直属高校的教学和科研质量的衡量指标：国家级和省部级的教学获奖情况和科研获奖

(接上页注)质量是不一样的，在计量的意义上，它的质量根本无法反映出来。现实的处理只能是在可操作性和近似程度上的一种折中。Koshal and Koshal(1995)在讨论质量与高等教育中的规模经济时，没有使用经典的二次成本函数，而是用了一个只包含全日制学生数(FTE)、全日制学生数的平方项、生师比和质量因素在内的二次函数，当然，我们这里讨论的是范围经济，因此不可能采用单产出的成本模型。

情况①。我们选取的指标的好处是，本身是对产出质量的考察，避免了以投入代替产出的缺陷。

对于总体样本，我们加入教学情况中国家级和省部级获奖的个数作为学校教学质量的指标②，科研情况中国家级和省部级获奖的个数作为科研质量的指标。回归函数如下：

$$TC = a_0 + \sum_{i=1}^{3} a_i Q_i + \frac{1}{2}\sum_{i=1}^{3}\sum_{j=1}^{3} b_{ij} Q_{ij} + c_1 D_T + c_2 D_R + V \tag{6.1}$$

其中，D_T、D_R 分别代表教学和科研的质量指标。

6.3 数据描述及估计计算结果

我们首先使用2000年的数据，将本专科生、研究生、科研以及教学质量和科研质量加入回归，其余各项采取逐步回归的办法。下面是质量指标的描述：

表6.1 关于教学和科研质量指标的描述

	变量的描述	均值 N=74	标准差
D_T	教学质量(获奖个数)	15.581 1	20.344 3
D_R	科研质量(获奖个数)	28.148 6	42.600 6
$D_T{}^2$	教学质量的平方	651.067 568	1 703.066 061

---

① 此外，我们的数据表里还有一些其他变量可以反映科研质量的总体情况，例如，教师人均发表论文篇数、教师人均科研经费、各校的论文发表总篇数等。将此三个变量同科研获奖数做两两相关分析，发现它们之间都是显著相关的，所以，我们在考虑科研质量的时候只取了科研获奖个数作为量度指标。

② 这里的教学获奖情况来自各校教务处(部)，主要反映的是本专科教学的质量情况。至于研究生的质量，我们没有找到一个合适的指标。作为教学产出，它的质量因素主要通过教师的学术能力来反映，这又同科研质量的量度相重合了。

续表

	变量的描述	均值 N=74	标准差
D_R^2	科研质量的平方	2 582.635 135	10 127.751 21
D_T^3	教学质量的立方	40 868.445 9	171 670.234 9
D_R^3	科研质量的立方	450 341.121 6	2 868 076.109

表 6.2　(6.1)回归的结果

	总成本函数(6.1)	T值及显著性
	B	
常数项	4.516	0.319
科研事业支出(百万元)	1.733	9.563***
本专科生人数(千人)	12.497	10.259***
硕士博士总数(千人)	−10.6	−0.917
教学质量(获奖个数)	−1.055	−2.008**
科研质量(获奖个数)	7.90E−02	0.696
研究生与教职工工资的乘积	1.072	2.995***
研究生数的平方	6.012	5.225***
本专科与科研支出的乘积	−4.61E−02	−3.924***
教学质量的平方	1.59E−02	2.624**
教职工平均工资的平方	4.20E−02	2.446**
R^2	0.987	
Adj-R^2	0.985	
(F-ratio)	487.828***	
Durbin-Watson	1.877	
n	74	

注：在系数旁边的值是T检验结果，Adj-R^2 是根据自由度调整后的值。　表示显著程度为15%的水平，*表示显著性程度为10%的水平，**表示显著性程度为5%的水平，***表示显著性程度为1%的水平。

然后，我们再用三年的综合数据将本专科生、研究生、科研以及教学质量和科研质量加入回归，其余各项采取逐步回归的办法。下面是质量指标的描述：

表 6.3　关于教学和科研质量指标的描述

	变量的描述	均值 N=222	标准值
D_T	教学质量(获奖个数)	18.891 9	23.096 2
D_R	科研质量(获奖个数)	35.225 2	83.818 0
D_T^2	教学质量的平方	887.936 9	2196.446 6
D_R^2	科研质量的平方	8 234.621 6	85 280.536 6
D_T^3	教学质量的立方	61 847.216 2	259 539.697 4
D_R^3	科研质量的立方	6 784 267.360 4	95 811 267.203 3

根据方差扩大因子 VIF，剔除存在歧义的变量。

表 6.4　模型(6.2)的回归结果

	总成本等式(6.2)	T 值及显著性
	B	
(Constant)	−17.138	−0.701
科研事业支出(百万元)	1.941	11.442***
本专科生人数(千人)	14.089	4.587***
硕士博士总数(千人)	−36.597	−4.164***
教学质量(获奖个数)	−0.164	−0.796
科研质量(获奖个数)	0.497	3.297***
研究生与教职工工资的乘积	2.524	9.5***
本专科与教职工工资的乘积	−0.318	−3.783***

续表

	总成本等式(6.2)	T值及显著性
本专科人数的平方	0.266	5.468***
本专科与科研支出的乘积	－4.80E－02	－4.932***
科研质量的平方	－4.10E－04	－2.959***
教职工平均工资(千元)	2.142	2.98***
2002年虚拟变量	19.922	2.339**
研究生数的平方	1.481	2.283***
R^2	0.977	
Adj-R^2	0.976	
(F-ratio)	694.595***	
Durbin-Watson	2.000	
n	222	

注：在系数旁边的值是T检验结果，Adj-R^2是根据自由度调整后的值。表示显著程度为15%的水平，*表示显著性程度为10%的水平，**表示显著性程度为5%的水平，***表示显著性程度为1%的水平。

然后分别对模型(6.1)和模型(6.2)进行异方差性和自相关的计量检验。

我们对回归模型(6.1)和模型(6.2)的异方差性进行检验，对三个模型进行Breusch-Pagan-Godfrey检验(古扎拉蒂，367页)：

(1)先通过回归求出三个估计模型的残差平方和RSS分别是：

$RSS_{5.1}＝77\ 217.659$

$RSS_{5.2}＝652\ 467.633$

(2)各自的σ^2的极大似然估计$\tilde{\sigma}^2$分别是：

($\tilde{\sigma}^2$=RSS/n)1 043.481 9 和 2 939.043 4。

(3)构造变量：$p_i=\hat{u}_i^2/\tilde{\sigma}^2$。

(4)使用构造变量 p_i 分别对各自的回归项进行回归：

得到根据构造变量的三个回归模型平方和(ESS)分别是：30.06 和 201.528。

(5)定义 Θ=ESS/2，计算三个回归模型的 Θ 分别是 15.03 和 100.764。

查卡方分布表，三个回归模型的 χ^2 自由度分别为 10 和 13。相应地，在 1% 显著水平上的 χ^2 分别为 23.2093 和 27.6883，在 5% 显著性水平上的 χ^2 分别为 18.307 和 22.3621。所以，在各个显著性水平上模型(5.2)Θ 都大于 χ^2 值，模型(5.1)不能拒绝同方差性假设。

我们再来看看回归模型的自相关问题。

对于模型(6.1)和模型(6.2)而言，回归结果给出的 D-Wd 统计量分别为：1.877 和 2.000，查 DW 检验上下界表得在 5%的显著性水平上，d_l=1.339，1.632；d_u=1.935，1.908；在 1% 的显著性水平上，d_l = 1.199，1.539；d_u = 1.783，1.813。模型(5.1)的 DW 在 5%的显著性水平上，d_l<DW=1.877<d_u，无法判定；在 1%的显著性水平上，d_l<DW=1.915<4−d_u，无自相关。模型(5.2)的 DW 在 5%的显著性水平上，d_l<DW=1.994<4−d_u，无自相关；在 1%的显著性水平上，d_l<DW=2<4−d_u，无自相关。

综合上面的分析，回顾模型(5.1)基本可以接受，模型(5.2)由于存在异方差性，而被拒绝。我们下面的计算都是以回归模型(5.1)进行的。它的回归结果为：

$$TC = 4.516 + 1.733Q_R + 12.497Q_U - 10.6Q_G - 1.055D_T + 0.079D_R + 1.072Q_G FS + 6.012Q_G^2 - 0.0461Q_U Q_R + 0.0159D_T^2 + 0.042FS^2 + V \quad (6.2)$$

根据第四章模型(5)和模型(6)，我们对各个均值水平上的总体范围经济和特定产出的范围经济进行计算①。

表 6.5 范围经济计算结果

均值产出(%)	ESG	ES_U	ES_G	ES_R
10	1.094 4	0.549 8	0.544 6	0.549 8
50	0.430 8	0.238 2	0.192 6	0.238 2
100	0.313 2	0.207	0.106 2	0.207
150	0.302 5	0.229 4	0.073 2	0.229 4
200	0.322 9	0.267 2	0.055 7	0.267 2
300	0.396 2	0.358 6	0.037 6	0.358 6
500	0.581 3	0.558 7	0.022 6	0.558 7

其中，ESG表示全部产出的总体范围经济，ES_U、ES_G和ES_R分别代表本专科生产出、研究生产出和科研产出的特定范围经济。

上表列出了总体范围经济和特定产出的范围经济的值。如前面所说，只要这些值大于0，我们就认为存在范围经济，否则存在范围不经济。利用2000年的数据估计结果和计算，我

① 在计算过程中，有几个变量的处理仍然是比较麻烦的。一个是教学和科研质量(获奖个数)如何随产出规模变化，我们分别对本专科与教学质量，以及科研产出与科研质量做了相关分析，发现显著相关。所以，我们在计算时保持教学和科研质量与产出同比例变化的假定。另一个是生师比的处理，因为计算中涉及只生产科研，而没有教学的情形，此时，生师比该如何取值？那么对于只有研究生产出的情况又如何？另外，对于像本专科生与科研或研究生与科研的局部联合生产的情形也是很难处理的。我们一概使用生师比均值进行计算。

们可以从表中看出：

(1)在我们加入了教学和科研产出的质量因素后，在产出的各个水平上，同时也意味着教学和科研质量的各个水平上，无论是总体的范围经济还是特定产出的范围经济都同时存在，可见，完全的联合生产是比完全独立生产以及局部联合生产都要经济的一种生产方式。

(2)在我们加入了教学和科研产出的质量因素后，对于总体范围经济而言，在均值产出的150%的水平上，范围经济最小，那么以150%的均值为中心，无论产出逐渐下降还是增加，都会带来范围经济增大的效果。所以在均值水平的基础上，同时扩大各项产出的规模，同时也意味着教学和科研质量的增加，会一直存在范围经济，但是范围经济的程度是先下降再上升，先恢复到均值时的水平，进而超出。所以，就总体范围经济而言，本专科生的在校生规模在16 185人，研究生在校生规模在3 179人，以及科研支出在8 768.087 85万元的水平，是完全联合生产节省程度最小的一个环节。

(3)在我们加入了教学和科研产出的质量因素后，本专科的范围经济与科研的范围经济完全一样，在均值产出的100%的水平上，范围经济最小，那么以100%的均值为中心，无论产出逐渐下降还是增加，都会带来范围经济增大的效果。所以在均值水平的基础上，同时扩大各项产出的规模，会一直存在范围经济，并且范围经济的程度越来越大。

(4)在我们加入了教学和科研产出的质量因素后，对于研究生产出而言，尽管一直存在范围经济现象，但是，随着产出规模扩大时，同时也意味着教学和科研质量的增加，范围经济的程度逐渐下降。也就是说，随着产出规模的增大，完全联合生产相对于研究生独立生产，科研和本专科生在一起生产的局部联合生产，所获得的成本节省越来越小。而且，从范围经济的数值来看，随着产出的规模的增加，越来越接近于0，因此，可以预见到，当产出规模增加到很大时(如均值产出的1000%、5000%)，完全联合生产变得同研究生独立生产、科研和本专科生在一起生产的局部联合生产没有什么成本上的差别了。

(5)综合上面的分析，在我们加入了教学和科研产出的质量因素后，不论在哪个产出水平上，即不论教学和科研质量水平如何，将本专科生、研究生和科研活动放在一起进行组织生产的完全联合生产方式都是最经济、最节省的。尽管，这种生产方式的成本节省程度相对于完全独立生产以及本专科独立生产、同时科研和研究生联合生产的局部联合生产方式，而且科研独立生产，同时本专科和研究生联合生产的局部联合生产方式，会随着产出规模的增加而有所变化；甚至相对于研究生独立生产、同时科研和本专科联合生产的局部联合生产方式节省程度越来越小，以至于在规模增加到很大时，两者变得没有大的成本差异了。

6.4　2001年和2002年的情况

同样地，我们可以用2001年和2002年的数据进行回归估计，如表6.6。

表 6.6

	总成本模型(6.3)	T 值及显著性
	B	
(Constant)	34.727	3.042***
科研事业支出(百万元)	−8.17E−02	−0.167
本专科生人数(千人)	10.036	7.962***
硕士博士总数(千人)	3.61E−02	0.002
科研与教职工工资的乘积	3.45E−02	3.28***
研究生与教职工工资的乘积	1.678	4.428***
科研的质量	0.228	3.904***
R^2	0.982	
Adj-R^2	0.981	
(F-ratio)	626.307***	
Durbin-Watson	1.78	
n	74	

注：在系数旁边的值是 T 检验结果，Adj-R^2 是根据自由度调整后的值。*表示显著性程度为 10%的水平，**表示显著性程度为 5%的水平，***表示显著性程度为 1%的水平。

表 6.7

	总成本模型(6.4)	T 值及显著性
	B	
(Constant)	76.972	2.843***
科研事业支出(百万元)	1.746	5.245***
本专科生人数(千人)	12.928	2.145**
硕士博士总数(千人)	−45.794	−2.486**

续表

	总成本模型(6.4)	T值及显著性
科研的质量	0.798	2.25**
本专科的平方	0.341	3.936***
研究生与教职工工资的乘积	3.142	6.02***
本专科与科研的乘积	−4.63E−02	−2.699***
本专科与教职工工资的乘积	−0.358	−2.372**
R^2	0.970	
Adj-R^2	0.966	
(F-ratio)	259.639***	
Durbin-Watson	1.883	
n	74	

注：在系数旁边的值是T检验结果，Adj-R^2 是根据自由度调整后的值。*表示显著性程度为10%的水平，**表示显著性程度为5%的水平，***表示显著性程度为1%的水平。

通过对模型的检验发现：模型(6.3)有异方差性(1%和5%的显著性水平上)，有正的自相关(5%的显著性水平)；模型(6.4)无异方差性(1%的显著性水平上)，无自相关(1%和5%的显著性水平)。

下面根据第三章等式(3.5)和等式(3.6)，我们对2002年的估计模型(6.4)各个均值水平上的总体范围经济和特定产出的范围经济进行计算，如表6.8。

表 6.8 范围经济计算结果

均值产出(%)	ESG	ES_U	ES_G	ES_R
10	1.324	0.664 3	0.659 7	0.664 3
50	0.603 2	0.325 5	0.277 7	0.325 5
100	0.429 6	0.269 8	0.159 7	0.269 8
150	0.395 6	0.284 2	0.111 4	0.284 2
200	0.404 8	0.319 7	0.085 1	0.319 7
300	0.469 6	0.412 3	0.057 3	0.412 3
500	0.649 9	0.616 1	0.033 8	0.616 1

其中 ESG 表示全部产出的总体范围经济，ES_U、ES_G 和 ES_R 分别代表本专科生产出、研究生产出和科研产出的特定范围经济。

上表列出了总体范围经济和特定产出的范围经济的值。如前面所说，只要这些值大于 0，我们就认为存在范围经济，否则存在范围不经济。利用 2002 年的数据估计结果和计算，我们可以从表中看出：

(1)在我们加入了科研产出的质量因素后，在产出的各个水平上，无论是总体的范围经济还是特定产出的范围经济都同时存在，可见，完全的联合生产是比完全独立生产以及局部联合生产都要经济的一种生产方式。

(2)在我们加入了科研产出的质量因素后，对于总体范围经济而言，在均值产出的 150%的水平上，范围经济最小，那么以 150%的均值为中心，无论产出逐渐下降还是增加，都会带来范围经济增大的效果。所以在均值水平的基础上，同时扩大各项产出的规模，会一直存在范围经济，但是范围经济的程度是先下降再上升，先恢复到均值时的水平，进而超出。

(3)在我们加入了科研产出的质量因素后，本专科的范围经济与科研的范围经济完全一样，在均值产出的100%的水平上，范围经济最小，那么以100%的均值为中心，无论产出逐渐下降还是增加，都会带来范围经济增大的效果。所以在均值水平的基础上，同时扩大各项产出的规模，会一直存在范围经济，并且范围经济的程度越来越大。

(4)在我们加入了科研产出的质量因素后，对于研究生产出而言，尽管一直存在范围经济现象，但是，随着产出规模扩大时，范围经济的程度逐渐下降。也就是说，随着产出规模的增大，完全联合生产相对于研究生独立生产、科研和本专科生在一起生产的局部联合生产，所获得的成本节省越来越小。

(5)综合上面的分析，在我们加入了教学和科研产出的质量因素后，不论在哪个产出水平上，将本专科生、研究生和科研活动放在一起进行组织生产的完全联合生产方式都是最经济、最节省的。尽管，这种生产方式的成本节省程度相对于完全独立生产以及本专科独立生产、同时科研和研究生联合生产的局部联合生产方式，以及科研独立生产，同时本专科和研究生联合生产的局部联合生产方式，会随着产出规模的增加而有所变化；甚至相对于研究生独立生产、同时科研和本专科联合生产的局部联合生产方式节省程度越来越小，以至于在规模增加到很大时，两者变得没有大的成本差异了。

下面我们看看加入质量因素前后，范围经济的变动情况。将第 4 章计算结果(见表 4.5)同本章计算结果(见表 6.3.5)进行比较可以发现：

(1)使用二次成本模型，在不考虑质量时，在均值产出的 180%以上，出现科研产出的范围不经济；在加入质量因素后，计算结果显示出总体范围经济和特定产出的范围经济，科研产出的范围不经济消失了。

(2)从范围经济的变动来看，加入质量因素前后，本专科产出的范围经济都表现出在均值产出水平程度最小，存在一个先下降后上升的波动；研究生产出的范围经济程度都表现出随产出扩大而逐渐下降的趋势。只有总体范围经济和科研产出的范围经济在加入质量因素前后，情形不同，在加入质量因素前，总体范围经济随产出规模扩大，表现出逐渐下降的趋势；加入质量因素后，表现出在均值产出水平 150%程度最小，存在一个先下降后上升的波动。科研产出的范围经济在加入质量因素前，随产出规模扩大，表现出逐渐下降，以致达到 180%产出水平之后，表现出范围不经济，而且范围不经济的程度逐渐扩大；加入质量因素后，表现出在均值产出水平 100%程度最小，存在一个先下降后上升的波动。

(3)总体而言，在加入质量因素之前，最优生产方式存在一个从完全联合生产向科研单独生产，本专科和研究生联合生产的局部联合生产方式的转变(在均值产出水平的 180%左右)；而在加入质量因素后，不论在哪个产出水平上，将本专科生、研究生和科研活动放在一起进行组织生产的完全联合生产方式都是最经济、最节省的。

第七章 分学校类型时的情况

在高等教育的成本结构中，除了教学、科研以及它们的质量因素以外，高等学校的学校类型也是对成本有重要影响的变量①，Cohn et al.(1989)，de Groot et al.(1991)，Koshal & Koshal(1999)以及Johnes(1997)分别以不同的方式处理了学校类型对高校总成本的影响，Cohn et al .(1989)将高校区分为公立、私立大学、Johnes(1997)将高校区分为典型类、文科类和理科类高校，尽管学校类型划分不同，但是，在技术处理上都是一致的，那就是对不同类型的高校分别估计各自不同的成本模型，进而再计算出各自的范围经济来。具体求解范围经济时都是将不同类型高校的均值代入分别计算，下面会看到，我们处理高校类型的第一种方法就是采用的这种办法。

下面我们就看看本文样本中不同学校类型的范围经济问题。

7.1 对样本情况的基本描述，2000年教育部直属高校样本数据如下表。

① 实际上，如果从更加微观的角度考虑，学科、系甚至专业都是对成本有重要影响的因素，丁小浩(2000)考察了学校类型、学校的主管部门类型、学校所在省份以及系和专业等对生均成本的影响。我们受数据的限制，主要考察学校类型和学校所在地区对总成本的影响，以及不同学校类型和不同地区高校的范围经济情况。

表 7.1

学校类型	学校数	所占比重(%)
综合性大学	14	18.90
理工院校	34	45.90
师范院校	6	8.10
外语院校	3	4.10
农林大学	6	8.10
经政法大学	6	8.10
艺术院校	4	5.60
医科大学	1	1.40

在我们整理的文献中，对学校类型的处理大致有两种方式，我们将在 7.2 及 7.3 中逐一介绍。

7.1　采用不同学校类型均值代入二次成本模型的处理

一种是根据前面第 4 章估计出的回归模型(9)，因为是基于所有不同学校类型的样本估计的，所以，可以作为各种不同学校类型普遍适用的模型，那么对不同学校类型的范围经济的计算就是以模型(9)为基础的。

$$TC = -44.26 + 1.46Q_R + 14.21Q_U - 27.678Q_G - 0.00317Q_R^2 + 0.371Q_U^2 + 0.375Q_G^2 - 1.4Q_UQ_G - 0.0192Q_UQ_R + 0.238Q_GQ_R + 7.303FS - 0.0611FS^2 - 0.36Q_UFS + 2.605Q_GFS - 0.00336Q_RFS - 3.609CSIZE + V \tag{9}$$

按照不同类型学校，其各变量的均值描述如下表所示。

表 7.2

均值	综合性大学	理工院校	师范院校	外语院校	农林大学	财经政法	艺术院校	医科大学
TC	561.315	347.917 4	225.456 7	118.543 3	178.686 7	141.935	49.087 5	90.13
Q_R	96.102 1	76.656 2	20.536 7	3.153 3	34.683 3	3.406 7	1.075	8.33
Q_R^2	14 843.453 3	13 054.455 7	725.333 3	11.491 8	2 106.820 9	14.417 6	3.643 3	69.388 9
Q_U	16.466 3	12.171 9	8.863 2	2.505	7.740 5	6.482 5	1.433	2.299
Q_U^2	366.715 6	186.593 2	81.235 7	7.340 6	61.978 4	51.871 9	4.827 4	5.285 4
CSIZE	11.721 4	12.194 1	11.45	13.633 3	10.466 7	17.933 3	8.925	11
Q_G	4.453 1	2.154 4	1.382 3	0.283 7	0.881	0.941 2	0.136 7	0.601
Q_G^2	24.809	7.573 8	2.297 1	9.525E−02	0.917 5	0.957 2	3.395E−02	0.361 2
FS	26.498 1	24.820 5	24.017 8	35.473 7	18.379 5	28.800 5	19.887 7	17.893
FS2	751.855 5	691.800 2	639.561	1 292.041 6	349.026 8	858.869 6	459.601 6	320.159 4
$Q_U \cdot Q_G$	85.646 4	31.692 1	12.183 7	0.832 3	7.131 2	6.517 8	0.401	1.381 7
$Q_U \cdot FS$	417.551 6	308.651 2	215.257	88.612 5	140.713 5	187.127 6	41.711 3	41.136
$Q_U \cdot Q_R$	1 829.014 3	1 049.868 8	180.446 4	6.943 1	296.965 6	23.902 1	4.151 9	19.150 7
$Q_G \cdot FS$	125.079 9	63.202 4	37.390 3	9.862 7	16.361 7	28.060 9	3.687 4	10.753 7

按学校类型计算的总体范围经济和特定产出的范围经济的结果如下表所示。

表 7.3

均值产出(%)		全部	综合性大学	理工院校	师范院校	外语院校	农林大学	财经政法	艺术院校	医科大学
总体范围经济	50	0.683 1	0.499	0.616 7	0.929 5	1.739	0.670 3	1.153 3	1.711	1.142
	100	0.433 3	0.315 8	0.384 8	0.630 7	1.533 6	0.420 1	0.826 9	1.491 3	0.805 2
	200	0.300 8	0.243 1	0.266 6	0.451 5	1.235 1	0.284	0.584 2	1.181 9	0.524 4
	250	0.283 1	0.240 5	0.251 5	0.425 4	1.124 9	0.264 1	0.537 4	1.069 8	0.456 4
	300	0.277	0.244 7	0.246 5	0.415 3	1.033 3	0.255 7	0.511 9	0.977 2	0.410 2
	500	0.294 6	0.282 2	0.263 9	0.434 8	0.788 8	0.265 1	0.499 6	0.729 4	0.327 2

续表

均值产出(%)		全部	综合性大学	理工院校	师范院校	外语院校	农林大学	财经政法	艺术院校	医科大学
本专科范围经济	50	0.396 1	0.357 3	0.371 5	0.493	0.871 2	0.363 5	0.590 2	0.856 3	0.580 2
	100	0.343 1	0.390 7	0.335 8	0.385 6	0.772 6	0.275 5	0.450 2	0.748 5	0.428
	200	0.410 9	0.573 3	0.424 5	0.376	0.636 1	0.276 5	0.376 8	0.599 8	0.324 6
	250	0.462 4	0.666 7	0.483 2	0.398 6	0.588 5	0.297 6	0.375 8	0.547 4	0.309 6
	300	0.515 7	0.755 1	0.542 5	0.426 3	0.550 7	0.322 4	0.383 9	0.504 8	0.305 4
	500	0.715 1	1.053 8	0.759 4	0.543 7	0.461 2	0.425 1	0.448 1	0.396 9	0.337 7
研究生范围经济	50	0.334 4	0.235 9	0.294 5	0.471 9	0.870 3	0.331 5	0.586 9	0.856	0.572
	100	0.200 2	0.128 6	0.161 1	0.333 1	0.769 5	0.201 5	0.441 2	0.747 4	0.405 3
	200	0.116 5	0.064 7	0.069 7	0.263 6	0.626 1	0.124 4	0.356 2	0.596 4	0.268 9
	250	0.099 8	0.051 4	0.047 7	0.259 5	0.574 5	0.110 4	0.349 6	0.542 6	0.236 9
	300	0.089 4	0.042 7	0.031 8	0.262 7	0.532 4	0.102 4	0.352 7	0.498 6	0.215 9
	500	0.073 4	0.026 2	−0.005 1	0.299 6	0.425 4	0.094 2	0.399 7	0.384 7	0.182 3
科研范围经济	50	0.304 9	0.169 6	0.269 2	0.443 7	0.868 2	0.320 1	0.564 3	0.854 8	0.563 8
	100	0.131 8	−0.014 7	0.103 7	0.263	0.762 2	0.175 3	0.379 9	0.743 3	0.382 6
	200	−0.024 3	−0.213 3	−0.046 8	0.113 8	0.603 1	0.070 6	0.214 8	0.583 6	0.213
	250	−0.073 7	−0.284 8	−0.095 4	0.074 2	0.542 2	0.044 2	0.171	0.524 6	0.164
	300	−0.114 6	−0.346 7	−0.136	0.044 7	0.490 2	0.024 6	0.139 2	0.475 2	0.125 9
	500	−0.233 6	−0.535 5	−0.256 2	−0.025 7	0.342 5	−0.022 8	0.068 8	0.338 1	0.026 1

从上表的计算结果，我们可以看出：

(1)在我们考虑了院校类型的因素后，不同院校类型之间以及不同院校类型同全部院校为样本的总体范围经济和特定产出的范围经济结果是不一样的，可见，院校类型是影响范围经济的重要因素之一。使用全部院校计算出的结果无法准确反映不同类型的学校范围经济状况。

(2)在我们考虑了院校类型的因素后，在均值产出的各个水平上，不同类型院校以及全部院校都始终表现出总体范围经济和本专科产出的范围经济。其中，外语类高校、财经类高校、艺术类高校和医科类高校的总体范围经济程度，随着产出规模的增加而逐渐下降；全部院校样本和其他类型高校的总体范围经济程度，都随着产出规模的增加经历了先下降、后上升的变化。综合类高校的本专科产出的范围经济，随着产出规模的增加而逐渐增大；外语类高校和艺术类高校的本专科产出的范围经济程度，随着产出规模的增加而逐渐减小；全部院校样本和其他类型高校的本专科产出的范围经济程度，都随着产出规模的增加经历了先下降、后上升的变化。

(3)在我们考虑了院校类型的因素后，在我们计算的均值产出的各个水平上，除了理工类高校在500%的均值产出的水平上表现出研究生产出的范围不经济外，在其他产出水平和类型的高校都普遍表现出研究生产出的范围经济现象。并且，师范类高校和财经政法类高校的研究生产出的范围经济程度，都随着产出规模的增加经历了先下降、后上升的变化；全部院校样本和其他类型高校的研究生产出的范围经济程度，随着产出规模的增加而逐渐减小。

(4)在我们考虑了院校类型的因素后，在我们计算的均值产出的各个水平上，除了全部学校样本、综合类高校、理工类高校、师范类高校和农林类高校在不同的均值产出的水平上表现出科研产出的范围不经济外，在其他类型的高校都普遍表现出科研产出的范围经济现象，而且各类高校的科研产出的范围经济程度，随着产出规模的增加而逐渐减小。

(5)综合上面的分析，全部学校样本的情况我们在第三章已经分析过了，临界产出是180%的均值产出。在我们考虑了院校类型的因素后，某些类型的高校采取科研独立生产、本专科和研究生联合生产的局部联合生产方式较为经济，具体情况见表7.4。

表 7.4

学校类型	均值产出(%)	本专科生在校规模(人)	研究生在校规模(人)	科研支出水平(万元)	最优的生产力
全部样本院校	<180	Q_U<19 422	Q_G<3 814	Q_R<10 521.705 42	TC{Q_U，Q_G，Q_R}
	≥180	Q≥19 422	Q≥3 814	Q≥10 521.705 42	TC{0，0，Q}+TC{Q_U，Q_G，0}
综合类	<100	Q_U<16 466	Q_G<4 453	Q_R<9610.21	TC{Q_U，Q_G，Q_R}
	≥100	Q≥16 466	Q≥4 453	Q≥9 610.21	TC{0，0，Q}+TC{Q_U，Q_G，0}
理工类	<200	Q_U<24 344	Q_G<4 309	Q_R<15 331.24	TC{Q_U，Q_G，Q_R}
	≥200	Q≥24 344	Q≥4 309	Q≥15 331.24	TC{0，0，Q}+TC{Q_U，Q_G，0}
师范类	<500	Q_U<44 316	Q_G<6 912	Q_R<10 268.35	TC{Q_U，Q_G，Q_R}
	≥500	Q≥44 316	Q≥6 912	Q≥10 268.35	TC{0，0，Q}+TC{Q_U，Q_G，0}
外语类	在所有水平上				TC{Q_U，Q_G，Q_R}
农林类	<500	Q_U<38 703	Q_G<44 05	Q_R<17 341.65	TC{Q_U，Q_G，Q_R}
	≥500	Q≥38 703	Q≥4 405	Q≥17 341.65	TC{0，0，Q}+TC{Q_U，Q_G，0}

续表

学校类型		均值产出(%)	本专科生在校规模(人)	研究生在校规模(人)	科研支出水平(万元)	最优的生产力
财经政法类		在所有水平上				TC{Q_U, Q_G, Q_R}
艺术类		在所有水平上				TC{Q_U, Q_G, Q_R}
医科类		在所有水平上				TC{Q_U, Q_G, Q_R}

* 这里所列出的临界产出水平都是粗略计算的结果，如果需要知道准确的临界水平，可以将不同倍数的均值产出水平代入，求得范围经济程度最接近 0 的那个水平。* * 对于产出规模在 500%的情形，同时出现了研究生产出的范围不经济和科研产出的范围不经济，最优生产方式取决于两者绝对值的大小(另见注释 50 的讨论)。

外语类、财经政法类、艺术类和医科类高校，在均值产出的各个水平上始终表现出总体范围经济和特定产出的范围经济，所以，对这几类高校而言，完全联合生产始终是较优的、经济的生产组织方式。农林类、师范类、理工类和综合类高校，都出现了科研产出的范围不经济，存在最优生产方式从完全联合生产向科研独立生产、本专科生和研究生产出的联合生产的局部联合生产方式的转变。当然，不同类高校发生转变的临界水平是不同的，依次发生在均值水平的 500%、500%、200%和 100%。

从上面的结果，我们也可以看出尽管局部联合生产方式有几种不同的组合方式①，但是，我们经验结果显示，除了大部

① 局部联合生产的种类取决于产出的种类数，在我们这里是有三种方式。

分采用完全联合生产的情形外，只有某些类型院校的特定产出水平下，科研独立生产、本专科生和研究生产出的局部联合生产这种方式才是比完全联合生产更优的生产方式。似乎其他形式的局部联合生产像研究生独立生产，而科研和本专科生的局部联合生产以及本专科生独立生产，而科研和研究生的局部联合生产，都不大容易出现。这也进一步说明，从教育生产(Education Production)的角度来看，教学和科研作为两种不同产出的异质性程度，明显要高于教学内部的本专科生产出和研究生产出之间的异质性。或者说，比较起来，本专科生产出和研究生产出之间的同质性更高。

7.2　通过虚拟变量的方式加入学校类型

上面这种处理学校类型的方式，实际上假定了不同学校类型的成本模型完全一样，还有一种考虑学校类型的办法是将学校类型以虚拟变量的形式引入成本函数，丁小浩(2000)在考察不同学校类型对生均成本的影响时，便将不同学校类型以虚拟变量以及与其他解释变量的乘机形式引入模型。

我们也将学校类型以虚拟变量以及与其他解释变量的乘机形式引入模型，看看结果如何。

$$TC = a_0 + \sum_{i=1}^{3} a_i Q_i + \frac{1}{2}\sum_{i=1}^{3}\sum_{j=1}^{3} b_{ij} Q_{ij} + \sum_{i=1}^{3}\sum_{k=1}^{7} c_k Q_i T_k + \sum_{i=1}^{3}\sum_{k=1}^{7} d_k Q_i^2 T_k + \sum_{k=1}^{7} e_k T_k + V \tag{7.2.1}$$

将本专科、研究生和科研作为进入变量，其他变量通过逐步回归的方式，分别使用 2000 年、2001 年和 2002 年数据和三年综合数据进行回归估计，发现 2001 年和 2002 年的学校类型对总成本的影响都不显著，下面是 2000 年和三年数据的回归结果：

表 7.5

	总成本等式(7.2.1)	T 值及显著性
	B	
(Constant)	15.656	1.967*
科研事业支出(百万元)	1.498	9.544***
本专科生人数(千人)	15.206	6.354***
硕士博士总数(千人)	−19.047	−1.884*
研究生与教职工工资的乘积	2.757	8.14***
理工类与研究生的乘积	−21.384	−3.927***
外语类与科研的乘积	18.224	2.906***
本专科与教职工工资乘积	−0.253	−2.816***
理工类与本专科生的乘积	0.139	2.64***
师范类与科研的乘积	1.182	2.119**
R^2	0.987	
Adj-R^2	0.985	
(F-ratio)	545.859***	
Durbin-Watson	1.956	
n	74	

注：在系数旁边的值是 t 检验结果，Adj-R^2 是根据自由度调整后的值。* 表示显著性程度为 10%的水平，* * 表示显著性程度为 5%的水平，* * * 表示显著性程度为 1%的水平。

$$TC = 15.656 + 1.498Q_R + 15.206Q_U - 19.047Q_G + 2.757Q_G FS - 21.384T_{LIGONG}Q_G + 18.224T_{WAIYU}Q_R - 0.253Q_U FS + 0.139T_{LIGONG}Q_U + 1.182T_{SHIFAN}Q_R$$

从估计模型可以看出，由于代表理工院校(T_{LIGONG})、外语院校(T_{WAIYU})和师范院校(T_{SHIFAN})等反映学校类型的虚拟变量的进入，可以看出，学校类型是影响高校总成本的重要因素，而且，学校类型不是以截距形式，而是以同其他解释变量交叉相乘的形式对总成本产生影响。

表 7.6

	总成本等式(7.2.2)	T 值及显著性
	B	
(Constant)	40.762	3.655***
科研事业支出(百万元)	1.715	7.768***
本专科生人数(千人)	12.007	5.069***
硕士博士总数(千人)	−28.738	−3.415***
研究生与教职工工资的乘积	2.543	10.626***
本专科生数的平方	0.287	6.883***
本专科生与科研的乘积	−6.57E−02	−7.039***
综合类与科研平方的乘积	2.93E−03	4.069***
师范类与研究生平方的乘积	6.923	2.975***
财经类与本专科的平方乘积	−0.513	−3.626***
2002 年虚拟变量	23.997	3.07***
理工类虚拟变量	−51.418	−3.941***
理工类与科研的乘积	0.608	2.823***
本专科生与教职工平均工资的乘积	−0.162	−2.483**
外语类与科研的乘积	11.262	2.294***
R^2	0.98	
Adj-R^2	0.979	
(F-ratio)	733.137***	
Durbin-Watson	2.101	
n	222	

注：在系数旁边的值是 t 检验结果，Adj-R^2 是根据自由度调整后的值。*表示显著性程度为 15%的水平，*表示显著性程度为 10%的水平，**表示显著性程度为 5%的水平，***表示显著性程度为 1%的水平。

$$TC = 40.762 + 1.715Q_R + 12.007Q_U - 28.738Q_G + 2.543Q_G FS + 0.287Q_U^2 - 0.0657Q_U Q_R + 0.00293T_{ZONGHE} Q_R^2 + 6.923T_{SHIFAN} Q_G^2 - 0.513T_{CAIJING} Q_U^2 + 23.997Y_{02} - 51.418T_{LIGONG} + 0.608T_{LIGONG} Q_R - 0.162Q_U FS + 11.262T_{WAIYU} Q_R \quad (7.2.2)$$

通过对模型 7.2.1 和 7.2.2 估计结果的异方差性和自相关的检验。

首先，我们对回归模型(7.2.1)和(7.2.2)的异方差性进行检验，对三个模型进行 Breusch－Pagan－Godfrey 检验(古扎拉蒂，367 页)：

(1)先通过回归求出三个估计模型的残差平方和分别 RSS 是：

$RSS_{5.3} = 77\,884.621$

$RSS_{5.4} = 572\,858.051$

(2)各自的 σ^2 的极大似然估计 $\tilde{\sigma}^2$ 分别是：($\tilde{\sigma}^2 = RSS/n$) 1 052.494 9和 2 580.441 7

(3)构造变量：$p_i = \hat{u}_i^2 / \tilde{\sigma}^2$

(4)使用构造变量 p_i 分别对各自的回归项进行回归：

得到根据构造变量的三个回归模型的解释平方和(ESS)分别是：95.918 和 198.804

(5)定义 $\Theta = ESS/2$，计算三个回归模型的 Θ 分别为：47.959 和 99.402

查卡方分布表，三个回归模型的 χ^2 自由度分别为 9 和 14，相应地在 1％显著性水平上的 χ^2 分别为：21.666 和 29.141 3，在 5％显著性水平上的 χ^2 分别为 16.919 和 23.684 8。所以，在各个显著性水平上模型(7.2.1)和(7.2.2)都大于χ^2值，因此，模型(7.2.1)和(7.2.2)拒绝同方差性假设，存在异方差性。

我们再来看看三个回归模型的自相关问题。

对于模型(7.2.1)而言，回归结果给出的D-Wd统计量分别为：1.956和2.101，查DW检验上下界表得出在5%的显著性水平上，$d_l=1.369$，1.621；$d_u=1.901$，1.919；在1%的显著性水平上，$d_l=1.227$，1.528；$d_u=1.748$，1.824。模型(7.2.2)的DW在5%的显著性水平上，$d_l<DW=1.956<4-d_u$，无自相关；在1%的显著性水平上，$d_l<DW=1.956<4-d_u$，无自相关。

那么，从上面的计算分析可以看出，这种处理学校类型的方法比较适用于解释变量比较少的情形，当解释变量很多(我们的有6项)，那么计算学校类型的虚拟变量与解释变量的乘积项导致工作量很大(我们计算了36项)；此外，这种方法由于学校类型放在同一个模型里，在逐步回归的时候导致一些学校类型的虚拟变量被剔除，说明这些学校类型对总成本的影响不显著。这样，我们下面的计算可以不考虑这些被剔除的学校类型了。

7.3　单独以不同类型学校为样本

以上两种方式，都是把在同一成本模型里处理学校类型，都存在这样或那样的缺陷。我们这里根据三年的数据分别对不同学校类型的样本进行模型估计，得到不同的估计模型，这样就克服了上述两种方式的缺陷。对综合性大学而言，回归结果如下：

表 7.7

	总成本等式(7.3.1)	T 值及显著性
	B	
(Constant)	111.103	1.653
科研事业支出(百万元)	−1.922	−2.914***
本专科生人数(千人)	−3.163	−0.453
硕士博士总数(千人)	66.648	3.238***
科研与教职工工资的乘积	9.28E−02	5.804***
本专科生数的平方	0.784	4.555***
本专科生与研究生的乘积	−3.19	−3.844***
研究生数的平方	4.559	2.302**
R^2	0.967	
Adj-R^2	0.961	
(F-ratio)	143.583***	
Durbin-Watson	2.424	
n	42	

注：在系数旁边的值是 t 检验结果，Adj-R^2 是根据自由度调整后的值。*表示显著性程度为10%的水平，**表示显著性程度为5%的水平，***表示显著性程度为1%的水平。

通过对方程的检验发现：该方程无异方差性(1%的显著性水平上)，自相关无法判断。

我们用该估计结果计算综合性大学范围经济：

表 7.8　范围经济计算结果

均值产出(%)	ESG	ES_U	ES_G	ES_R
10	1.587 7	0.802 1	0.802 1	0.785 6
50	1.015	0.613 2	0.613 2	0.401 8
100	0.957 2	0.724 1	0.724 1	0.233 2
150	1.052 8	0.896 5	0.896 5	0.156 3
200	1.181 5	1.068 1	1.068 1	0.113 4
300	1.435 2	1.366 7	1.366 7	0.068 5
500	1.828 6	1.795 2	1.795 2	0.033 5

其中，ESG 表示全部产出的总体范围经济，ES_U、ES_G 和 ES_R 分别代表本专科生产出、研究生产出和科研产出的特定范围经济。

我们先将上面的计算结果进行分析，然后再同前面采用第一种处理方式的估计，计算结果表 7.3 和表 7.8 相比较会发现：

(1)采用以三年的综合性大学为样本估计结果显示，在所有计算的产出水平上，都显示出总体范围经济和特定产出的范围经济。

(2)总体的范围经济程度和本专科生以及研究生的特定产出的范围经济程度，都随着产出规模的扩大先下降，后上升；科研产出的范围经济程度，随着产出规模的扩大一直下降。本专科生和研究生的特定产出的范围经济程度计算结果完全相同。

(3)综合以上分析，完全联合生产始终是相对于完全独立生产以及局部联合生产，更经济的组织生产方式。

(4)采用不同的处理学校类型的方式估计计算的范围经济

结果存在差异。首先，各对应值的计算结果都不一样，表明两种不同处理学校类型方式的范围经济的程度不同。其次，使用综合类高校均值代入二次方程的结果显示，存在科研产出的范围不经济，而使用三年的综合性大学为样本估计结果，在所有计算的产出水平上都显示出总体的范围经济和特定产出的范围经济。最后，从综合分析的结果看，使用综合类高校均值代入二次方程的计算显示，100%的均值水平是一个临界水平，存在最优生产方式从完全联合生产向科研独立生产、本专科生和研究生联合生产的局部联合生产方式的转变；而使用三年的综合性大学为样本估计结果在所有计算的产出水平上都显示出，完全联合生产一直是最经济的选择。

(5)采用不同的成本模型估计计算的范围经济结果也有相同之处，例如，在各项产出水平上，都发现了总体范围经济、本专科产出和研究生产出的范围经济。在100%的均值产出水平以下，都支持完全联合生产是较优的选择。

对于理工大学，估计结果如下表。

表 7.9

	总成本等式(7.3.3)	T值及显著性
	B	
(Constant)	9.757	0.768
科研事业支出(百万元)	−0.41	−1.338
本专科生人数(千人)	11.06	11.629***
硕士博士总数(千人)	45.15	7.485***
科研与教职工工资的乘积	6.44E−02	10.135***
科研的平方	−9.96E−04	−2.408**

续表

	总成本等式(7.3.3)	T值及显著性
R^2	0.98	
Adj-R^2	0.979	
(F-ratio)	925.217***	
Durbin-Watson	1.618	
n	102	

注：在系数旁边的值是t检验结果，Adj-R^2是根据自由度调整后的值。*表示显著程度为15%的水平，*表示显著性程度为10%的水平，**表示显著性程度为5%的水平，***表示显著性程度为1%的水平。

通过对方程的检验发现：该方程无异方差性(1%的显著性水平上)。我们用该估计结果计算理工类大学的范围经济，如下表所示。

表7.10　范围经济计算结果

均值产出(%)	ESG	ES_U	ES_G	ES_R
10	0.464 6	0.232 3	0.232 3	0.232 3
50	0.114 9	0.057 5	0.057 5	0.057 5
100	0.059 7	0.029 8	0.029 8	0.029 8
150	0.040 6	0.020 3	0.020 3	0.020 3
200	0.030 9	0.015 4	0.015 4	0.015 4
300	0.021 1	0.010 5	0.010 5	0.010 5
500	0.013 2	0.006 6	0.006 6	0.006 6

其中，ESG表示全部产出的总体范围经济，ES_U、ES_G和ES_R分别代表本专科生产出、研究生产出和科研产出的特定范围经济。

我们先将上面的计算结果进行分析，然后再同前面采用第一种处理方式的估计计算结果表 7.1.2 和 7.3.4 相比较会发现：

(1)采用以三年的理工类大学为样本估计结果显示，在所有计算的产出水平上，都显示出总体范围经济和特定产出的范围经济。

(2)总体的范围经济程度和特定产出的范围经济程度，都随着产出规模的扩大逐渐下降，本专科生和研究生以及科研的特定产出的范围经济程度计算结果完全相同。

(3)综合以上分析，完全联合生产始终是相对于完全独立生产以及局部联合生产，更经济的组织生产方式。

(4)采用不同的处理学校类型的方式估计计算的范围经济结果存在差异。首先，各对应值的计算结果都不一样，表明两种不同的处理学校类型方式的范围经济的程度不同；其次，使用理工类高校均值代入二次方程的结果显示，存在科研产出的范围不经济，而使用三年的理工类大学为样本估计结果，在所有计算的产出水平上都显示出总体的范围经济和特定产出的范围经济。最后，从综合分析的结果看，使用理工类高校均值代入二次方程的计算显示，200％的均值水平是一个临界水平，存在最优生产方式从完全联合生产向科研独立生产、本专科生和研究生联合生产的局部联合生产方式的转变；而使用三年的理工性大学为样本估计结果在所有计算的产出水平上都显示出，完全联合生产一直是最经济的选择。

(5)采用不同的处理学校类型方式计算的范围经济结果也有相同之处，例如，在各项产出水平上，都发现了总体范围经济、本专科生产出和研究生产出的范围经济。在200%的均值产出水平以下，都支持完全联合生产是较优的选择。

其余几类院校由于样本量的问题，回归结果都不显著。

第八章　高校合并与高校扩招中的范围经济

8.1　20世纪90年代以来的高校合并与扩招

自20世纪90年代以来，我国高等教育的发展规模有了巨大变化，走了一条不同于80年代的发展路径。与80年代主要通过新建学校数量来实现高等教育发展的“外延式”发展不同，90年代以来高等学校数量没有大的增加，有些年份还有所减少(见1.1研究背景的说明))。但是，高等教育的总体规模却大大扩展了，这主要是通过“内涵式”的发展途径实现的。具体来说，有两种方式对90年代以来的高等教育发展产生重要影响，一个是1992年开始的高校合并浪潮，一个是1999年开始的高校扩招。

自1992年3月以来，我国高等学校发生了大规模的合并现象，截至2003年3月，全国共有314所高校在原来的2～9所院校、研究所的基础上合并成为新高校。(见 http：//www.moe.edu.cn/highedu/gxtz/，2004年2月28日登录)①

我们找到这几年当中发生合并的教育部直属高校合并名单和日期如下表。

① 需要指出的是，这里的统计是以最后合并完成的学校作为计数单位，如果把合并前的高校也包括进去，那么牵涉的高校数量会更大。此外，在1992年3月至2003年3月，有些高校连续经历了几次合并，例如，同济大学、湖南大学和四川大学等。所以，314所高校只是大概的数量，并不准确。

表 8.1

301	湖南大学	普通高校	教育部	湖南大学 湖南计算机高等专科学校	2002-05-23
276	中山大学	普通高校	教育部	中山大学 中山医科大学	2001-10-22
246	西南师范大学	普通高校	教育部	西南师范大学 重庆市轻工业职工大学	2001-02-02
247	华中师范大学	普通高校	教育部	华中师范大学 湖北省供销合作学校	2001-03-19
243	江南大学	普通高校	教育部	无锡轻工大学 江南学院 无锡教育学院	2001-01-04
235	四川大学	普通高校	教育部	四川大学 华西医科大学	2000-09-28
232	北京中医药大学	普通高校	教育部	北京中医药大学 北京针灸骨伤学院	2000-07-26
229	山东大学	普通高校	教育部	山东大学 山东医科大学 山东工业大学	2000-07-14
230	武汉大学	普通高校	教育部	武汉大学 武汉水利电力大学 武汉测绘科技大学 湖北医科大学	2000-07-16

续表

225	对外经济贸易大学	普通高校	教育部	对外经济贸易大学 中国金融学院	2000-06-12
221	吉林大学	普通高校	教育部	吉林大学 吉林工业大学 白求恩医科大学 长春科技大学 长春邮电学院	2000-06-05
216	武汉理工大学	普通高校	教育部	武汉工业大学 武汉汽车工业大学 武汉交通科技大学	2000-05-23
217	华中科技大学	普通高校	教育部	华中理工大学 同济医科大学 武汉城市建设学院	2000-05-23
211	复旦大学	普通高校	教育部	复旦大学 上海医科大学	2000-04-21
200	同济大学	普通高校	教育部	同济大学 上海铁道大学	2000-04-11
201	湖南大学	普通高校	教育部	湖南大学 湖南财经学院	2000-04-11
202	重庆大学	普通高校	教育部	重庆大学 重庆建筑大学 重庆建筑高等专科学校	2000-04-11
203	中南大学	普通高校	教育部	中南工业大学 湖南医科大学	2000-04-11

续表

204	北方交通大学	普通高校	教育部	北方交通大学 北京电力高等专科学校	2000-04-11
205	中南财经政法大学	普通高校	教育部	中南财经大学 中南政法大学	2000-04-11
206	西安交通大学	普通高校	教育部	西安交通大学 西安医科大学 陕西财经学院	2000-04-11
207	东南大学	普通高校	教育部	东南大学 南京铁道医学院 南京交通高等专科学校 重庆建筑高等专科学校	2000-04-11
208	长安大学	普通高校	教育部	西北建筑工程学院 西安工程学院 西安公路 交通大学	2000-04-11
197	北京大学	普通高校	教育部	北京大学 北京医科大学	2000-03-31
161	中央财经大学	普通高校	教育部	中央财政 管理干部学院 中央财经大学	2000-02-28
162	中国政法大学	普通高校	教育部	中央政法 管理干部学院 中国政法大学	2000-02-28
163	华中理工大学	普通高校	教育部	武汉科技职工大学 华中理工大学	2000-02-28

续表

159	河海大学	普通高校	教育部	常州水电机械制造职工大学 河海大学	2000-02-28
153	西北农林科技大学	普通高校	教育部	西北农业大学 西北林学院 中国科学院水利部水土保持研究所 水利部西北水利科学研究所 陕西省农业科学院 陕西省西北植物研究所 陕西省林业科学研究院	1999-09-09
154	清华大学	普通高校	教育部	清华大学 中央工艺美术学院	1999-09-22
146	东华大学	普通高校	教育部	中国纺织大学 上海纺织高等专科学校	1999-08-13
147	上海交通大学	普通高校	教育部	上海交通大学 上海农学院	1999-08-16
116	电子科技大学	普通高校	教育部	电子科技大学 成都冶金管理干部学院	1998-08-12
117	华东师范大学	普通高校	教育部	华东师范大学 上海教育学院 上海第二教育学院	1998-08-26

续表

118	浙江大学	普通高校	教育部	浙江大学 杭州大学 浙江农业大学 浙江医科大学	1998-08-26
113	北京科技大学	普通高校	教育部	北京科技大学 北京冶金管理干部学院	1998-07-20
78	华东理工大学	普通高校	国家教委	华东理工大学 上海石化高等专科学校(撤销)	1996-10-07
76	同济大学	普通高校	国家教委 上海市	上海城建学院 上海建材学院 同济大学	1996-07-18
40	南开大学	普通高校	国家教委	天津对外贸易学院 南开大学	1994-11-15
26	四川联合大学	普通高校	国家教委	四川大学 成都科技大学	1993-11-24

此外，1999 年初，党中央国务院按照“科教兴国”的战略部署，做出了高等教育大扩容的重大决策。(陈至立，2000)下面是我国高等学校 1998—2002 年高等学校在校生规模变动情况。

表 8.2　1998—2002 年高等学校在校生规模变动情况　　(单位：万人)

	1998 年	1999 年	2000 年	2001 年	2002 年
研究生在校生人数	19.888 5	23.351 3	30.123 9	39.33	50.098
本专科生在校生人数	340.876 4	408.587 4	556.09	719.07	903.3631

资料来源：1998—2002 年数据摘自相应年份《中国教育事业统计年鉴》。

以上是全国高等教育的总体情况，就我们的样本而言，由于只有教育部直属高校从2000年到2002年的数据，在校生和科研支出的总规模变动如表8.3。

表 8.3

	2000年	2001年	2002年
研究生在校生人数(万人)	15.682 1	20.305 9	25.414 3
本专科生在校生人数(万人)	79.843 4	93.086 9	99.660 2
科研支出(百万元)	4 325.59	5 102.246 3	6 295.201 2

可以看出，三年之中每年的教学规模和科研支出的规模都在扩大，不过，这种规模的扩大，并不一定完全由高校扩招带来，另一个对高校规模产生重大影响的因素就是合并。所以，上表的规模变动同时包含了高校合并和扩招的信息，为此，我们需要从中剥离出合并和扩招分别对高校的规模产生的影响。

下面是选取的2001年和2002年发生合并的5所高校情况：我们找出2001年合并的四所高校和2002年合并的一所高校，看看它们规模变动的程度，如表8.4。

表 8.4

	年份	中山大学	华中师大	西南师大	江南大学	湖南大学
本专科生数	2001/2000	1.447 6	1.211 2	1.299 4	1.848 8	1.154 9
	2002/2001	1.065 7	0.962 7	1.119 2	1.086 8	1.177 2
研究生数	2001/2000	1.912 5	1.275 0	1.261 6	1.415 3	1.351 4
	2002/2001	1.192 3	1.295 7	1.292 6	1.411 5	1.416 5
科研支出	2001/2000	2.027 2	1.685 0	1.752 4	1.357 7	1.712 1
	2002/2001	1.101 0	1.289 3	1.154 5	1.133 7	1.391 6

看上表的结果，可以发现：2001 年合并的四所高校，中山大学、西南师范大学、华中师范大学、江南大学，2001 年的本专科人数、研究生数和科研支出比 2000 年的规模增加的程度，要普遍高于 2002 年本专科人数、研究生数和科研支出比 2001 年的规模增加的程度；如果我们认为，这四所高校 2001 年的规模增加同时包含了合并和扩招的效果，2002 年的规模增加只有扩招的效果的话，那么显然，合并对 2001 年这些高校的规模变动的独立影响也是明显的。我们再看 2002 年合并的湖南大学，2002 年本专科人数、研究生数和科研支出比 2001 年的规模增加的程度，也普遍高于其余四所大学 2001 年的本专科人数、研究生数和科研支出比 2000 年的规模增加的程度，所以，合并对湖南大学规模变动的独立影响也是明显的。

接下来，我们分别采用三种不同的方法来具体考察合并对高校范围经济产生的影响①。

8.2　将合并高校同非合并高校进行比较

由于我们的数据是教育部直属高校的 2000 年、2001 年和 2002 年三年的基本情况，为了能够看到合并前后的变化情况，我们采用了两种不同的处理合并的方式。

第一种方式，我们首先选择 2001 年发生合并的 4 所高校和 2002 年发生合并的 1 所高校进行分析。这 5 所高校分别是：

---

① 这里对高校合并的实证分析，主要集中在合并所带来的经济成本的节省，包括范围经济、规模经济等，由于只是计量数据的处理，所以，无法反映出合并的整个过程和内在机制。如果能有细致的案例分析，可能更有助于说明问题。笔者感谢预答辩评审老师提出的这一建议。

中山大学、西南师范大学、华中师范大学、江南大学和湖南大学。在我们得到的数据中，这5所高校的变动情况如下：

表8.5

学校	中山大学			华中师范大学		
年份	2000	2001	2002	2000	2001	2002
TC	435.94	820.967 6	981.041 3	193.06	269.424 9	316.358 7
Q_R(百万元)	73.58	149.161 5	164.227 5	13.25	22.326 4	28.784 9
Q_U(千人)	11.055	16.003	17.055	11.045	13.378	12.879
CSIZE(生师比)	10.9	14.68	18.04	12.2	16.2	16.53
Q_G(千人)	2.869	5.487	6.542	1.000	1.275	1.652
FS(千元)	32.078	41.643 1	52.696 1	23.374	32.488 8	25.992 2

学校	西南师范大学			江南大学		
年份	2000	2001	2002	2000	2001	2002
TC	154.14	213.23	260.551 4	123.5	229.350 5	283.108 5
Q_R(百万元)	4.61	8.0787	9.327	12.2	16.564 4	18.779 6
Q_U(千人)	8.491	11.033	12.348	9.035	16.704	18.154
CSIZE(生师比)	9.5	11.02	15.51	12.8	15.56	15.31
Q_G(千人)	0.688	0.868	1.122	0.419	0.593 0	0.837
FS(千元)	17.15	24.663 1	31.139 4	15.767 0	26.948 7	27.823 2

学校	湖南大学		
年份	2000	2001	2002
TC	338.66	368.280 2	496.841 5
Q_R(百万元)	33.98	58.177 5	80.959 5
Q_U(千人)	16.017	18.498	21.775
CSIZE(生师比)	11.9	18.12	15.34
Q_G(千人)	1.423	1.923	2.724
FS(千元)	28.769	28.387 7	32.310 2

从上面的基本描述可以看出，发生合并的这 5 所高校(2001 年 4 所，2002 年 1 所)在合并前后的各项指标变化很大，显然，说明合并与一般的常规发展(如扩招)不同，它可以在短期内实现很大的跳跃。而且，对于 2001 年合并的高校来说，合并后的 2002 年学校的规模、科研支出以及教职工平均工资、生师比等仍有较大变化，对于这个现象，究竟是纯粹扩招的影响呢？还是有可能是由于合并和扩招交互作用的结果？对于后者的解释可以是，由于合并使得合并后的高校更有条件和师资进行大规模的扩招。

下面我们分别用 2000 年、2001 年和 2002 年的二次成本估计模型对这 5 所高校的范围经济情况进行计算得到表 8.6。

表 8.6　范围经济计算结果

	年份	中山大学	华中师大	西南师大	江南大学	湖南大学
总体范围经济	2000	0.465 1	0.581 9	0.490 5	0.189 4	0.567 9
	2001	0.084 4	0.359 9	0.531 3	0.367 8	0.301 1
	2002	0.415 2	0.495 0	0.610 6	0.437 5	0.542 2
本专科范围经济	2000	0.370 9	0.346 0	0.281 5	0.127 1	0.371 1
	2001	0.257 1	0.225 1	0.281 7	0.219 2	0.273 2
	2002	0.337 1	0.312 2	0.339 9	0.264 2	0.419 3
研究生范围经济	2000	0.205 6	0.315 3	0.270 2	0.102 1	0.300 0
	2001	-0.182 6	0.129 1	0.245 4	0.145 4	0.019 5
	2002	0.153 4	0.234 1	0.311 0	0.204 7	0.205 3
科研范围经济	2000	0.133 4	0.250 3	0.214 7	0.078 2	0.230 6
	2001	0.018 0	0.205 2	0.277 6	0.213 6	0.209 7
	2002	0.234 3	0.256 6	0.298 4	0.231 5	0.325 2

单独看上表的结果，可以发现：

(1)2001 年发生合并的高校里，中山大学和华中师大的总体范围经济和特定产出的范围经济都在 2001 年达到最低点，其中，中山大学还出现了研究生产出的范围不经济。相比较而言，中山大学在合并这一年的范围经济变动程度是最大的。

(2)在 2002 年发生合并的高校里，江南大学和西南师大三年的总体范围经济和特定产出的范围经济都在逐年变大，除了西南师大的研究生产出的范围经济在 2001 年有所下降。

(3)对于 2002 年发生合并的湖南大学，在 2000 年 4 月份就发生过一次合并，在合并后的 2001 年总体范围经济和特定产出的范围经济有所下降，在 2002 年合并之后，总体范围经济和特定产出的范围经济又恢复到 2000 年的水平，某些值还有所超出。但是，考虑到我国高校自年以来的扩招政策，并综合以上分析，笔者以为，需要对三类高校分别进行处理：第一类是上面我们分析的 5 所高校，它们的合并发生在取样期间，样本包含了合并前后这类学校的范围经济变化的信息；第二类是在我们的样本数据之前(包含 2000 年)已经发生合并的高校，这类高校在我们的取样期间处于结构调整时期，整个学校的运行和规模等仍有可能在 2000 年、2001 年和 2002 年三年当中有比较大的变化；第三类高校那些从未发生合并的高校，也就是没有出现在“1992 年以来高校合并情况”名单中的那些高校。

结合我国高校合并和扩招这两个对学校规模有关键影响的

事件[1]，我们可以认为，对于第一类高校而言，样本里同时包含了由于合并带来的范围经济变化以及扩招带来的范围经济变化的信息。为了能够从中分离出两种因素各自对于范围经济的独立影响，我们以第三组作为参照组，可以假定第三组的范围经济变动情况，完全是由扩招所带来的。那么，从第三组的范围经济变动如何看待扩招的影响呢？因为我们的本专科生和研究生使用的都是全年平均在校生人数，所以，自 1998 年之后开始的扩招对 2002 年之前每年的高校教学规模、在校生人数都是有影响的，我们比较一下 2000 年、2001 年和 2002 年的本专科生和研究生的样本均值，可以看出，教学规模每年都在增大。如果不是扩招的话，高校的全年平均在校生人数应当基本保持不变。

表 8.7

	年份	2000	2001	2002
Q_U	全日制本专科生人数(千人)	10.789 649	12.579 311	13.467 595
Q_G	全日制研究生人数(千人)	2.119 203	2.744 041	3.434 365

为了使结果更具有可比性，我们分别从综合类大学、师范类大学和理工类高校里选取代表学校以便同中山大学、西南师范大学、华中师范大学、江南大学和湖南大学进行比较。对于第三类高校，综合类大学选取南京大学和兰州大学，师范类高

[1] 当然，这仍然是为了分析的方便所做的假定。实际上，扩招和合并这两个对高校规模变动特征的刻画只能揭示样本总体的大致情况，对于个别高校的规模变动，有很多是无法完全用合并和扩招所能解释的。例如，我们看到样本中有些高校在下一年的教学规模不仅没有增加，而且有所下降，这需要结合具体高校的不同实际才能给出合理的说明。

校选取北京师范大学和东北师范大学，理工类高校选取大连理工大学；另外，对于第二类高校(括号里是合并时间)，我们也分别选取了吉林大学(2000-06-05)和武汉大学(2000-07-16)、华东师范大学(1998-08-26)、华中科技大学(2000-02-28和2000-05-23)、西安交通大学(2000-04-11)和同济大学(1996-07-18和2000-04-11)。下面是这些高校的基本情况：

表 8.8　第二类院校基本情况

学校	吉林大学			武汉大学		
年份	2000	2001	2002	2000	2001	2002
TC	817.18	1 119.759 6	1 361.910 3	850.16	1 019.630 9	1 379.994 3
Q_R(百万元)	89.21	76.395 2	90.679 5	146.73	90.842 1	129.793 7
Q_U(千人)	37.538	42.71	46.328	29.78	32.7	34.069
CSIZE(师生比)	11.5	12.57	13.87	15.4	15.05	14.61
Q_G(千人)	6.495	7.682	9.416	6.903	8.186	10.403
FS(千元)	18.425	27.264 7	27.954 6	30.843	37.200 4	38.185 6
学校	华东师范大学			华中科技大学		
年份	2000	2001	2002	2000	2001	2002
TC	382.50	488.687 4	567.990 6	858.50	1 049.245 7	1 172.885 4
Q_R(百万元)	43.36	45.889 7	62.196 1	216.61	256.406 7	274.237 7
Q_U(千人)	10.793	12.417	11.786	23.097	26.723	28.921
CSIZE(师生比)	11.1	12.43	14.36	11.60	13.13	15.05
Q_G(千人)	2.126	2.672	3.375	5.799	7.647	9.414
FS(千元)	36.809	51.42	32.931 1	29.96	34.443 3	40.650 7
学校	同济大学			西安交通大学		
年份	2000	2000	2001	2000	2001	2002
TC	573.63	543.54	712.115 7	543.54	712.115 7	930.193 7

续表

学校	同济大学			西安交通大学		
Q_R（百万元）	93.78	89.51	91.902 8	89.51	91.902 8	148.292 5
Q_U（千人）	22.563	19.431	20.431	19.431	20.431	20.715
CSIZE(师生比)	10.4	11	10.77	11	10.77	12.76
Q_G（千人）	3.748	4.96	6.189	4.96	6.189	7.879
FS(千元)	28.159	22.577	26.600 9	22.577	26.600 9	39.790 2

计算这几个高校的范围经济如表8.9。

表8.9　范围经济计算结果

	年份	吉林大学	武汉大学	华东师大	华中科技大学	同济大学	西安交大
总体范围经济	2000	0.397 4	0.304 7	0.664 9	0.170 9	0.405 7	0.319 6
	2001	0.115 4	0.080 3	0.388 8	0.042 7	0.189 4	0.117 3
	2002	0.479 4	0.486 1	0.482 2	0.621 1	0.548 4	0.437 2
本专科范围经济	2000	0.532 2	0.504 3	0.426 6	0.440 4	0.420 5	0.429 7
	2001	0.196 7	0.198 9	0.256 8	0.445 0	0.307 7	0.252 3
	2002	0.451 1	0.451 5	0.330 4	0.607 2	0.502 6	0.381 8
研究生范围经济	2000	0.284 1	0.131 0	0.334 2	−0.041 0	0.197 6	0.155 7
	2001	−0.106 6	−0.140 5	0.126 2	−0.419 6	−0.132 1	−0.152 7
	2002	0.254 4	0.226 2	0.217 4	0.171 5	0.168 0	0.170 9
科研范围经济	2000	−0.055 9	−0.103 2	0.265 1	−0.152 4	0.058 1	−0.044 3
	2001	0.098 8	0.055 2	0.203 8	0.011 5	0.128 8	0.053 1
	2002	0.208 2	0.232 2	0.251 7	0.393 1	0.339 8	0.235 0

从上面的计算结果可以看出：

(1)对于第二类院校来说，综合类大学吉林大学和武汉大学都在2000年合并的时候出现了科研产出的范围不经济，在2001年都出现了研究生产出的范围不经济，然后在2002年又出现了总体的范围经济和特定产出的范围经济。

(2)在第二类院校中，理工类大学三个高校，在2000年合并的时候，华中科技大学出现了科研产出的范围不经济和研究生产出的范围不经济，西安交大出现了科研产出的范围不经济；三个高校都在2001年出现了研究生产出的范围不经济，在2002年都表现出总体范围经济和特定产出的范围经济。

(3)作为第二类院校中唯一的师范高校，华东师大三年都表现出总体范围经济和特定产出的范围经济。

表8.10　第三类院校的基本情况

学校	南京大学			兰州大学		
年份	2000	2001	2002	2000	2001	2002
TC	441.28	686.250 5	751.775 3	169.18	227.654 7	336.023 4
Q_R(百万元)	76.21	107.552 2	119.769 3	22	28.004 5	23.313 9
Q_U(千人)	10.168	10.794	11.42	8.755	9.81	11.092
CSIZE(师生比)	12.9	14.77	16.96	10.2	10.85	13.51
Q_G(千人)	4.062	5.112	6.545	1.603	2.081	2.591
FS(千元)	32.734	37.081 2	40.093 1	17.964	22.822	24.175
学校	北京师范大学			东北师范大学		
年份	2000	2001	2002	2000	2001	2002
TC	330.78	301.111 9	558.231 5	186.30	256.673 8	321.512
Q_R(百万元)	46.13	59.242 4	92.268 6	11.19	10.310 5	12.304 3
Q_U(千人)	6.339	7.325	7.363	8.76	10.63	12.529
CSIZE(师生比)	9.8	12.62	15.4	13.5	15.69	17.82
Q_G(千人)	2.203	2.865	3.906	1.553	2.00	2.586
FS(千元)	32.435	38.334 4	27.839 7	17.608	21.809 7	27.456 9

续表

学校	大连理工大学			北京化工大学		
年份	2000	2001	2002	2000	2001	2002
TC	322.86	412.977 7	482.025 3	179.78	225.337 3	315.521
Q_R(百万元)	81	100.655 5	112.979 3	48.74	53.519 4	65.917 4
Q_U(千人)	11.232	12.405	13.524	6.872	8.408	9.894
CSIZE(师生比)	9.8	11.88	14.85	13	15.63	18.34
Q_G(千人)	2.738	3.537	4.641	0.701	1.006	1.384
FS(千元)	22.867	28.083 2	26.253 1	32.579	40.521 7	32.867 3

计算这几个高校的范围经济如表 8.11。

表 8.11　范围经济计算结果

	年份	南京大学	兰州大学	北师大	东北师大	大连理工大学	北京化工大学
总体范围经济	2000	0.349 1	0.439 1	0.611 8	0.353 7	0.345 7	0.804 0
	2001	0.063 3	0.444 2	0.264 1	0.407 2	0.203 3	0.493 7
	2002	0.330 6	0.493 2	0.390 9	0.474 9	0.450 7	0.588 4
本专科范围经济	2000	0.329 8	0.311 5	0.386 7	0.265 3	0.338 0	0.452 7
	2001	0.196 6	0.282 6	0.220 1	0.226 2	0.286 7	0.326 1
	2002	0.256 9	0.310 3	0.275 7	0.291 6	0.367 6	0.377 2
研究生范围经济	2000	0.142 0	0.241 4	0.289 1	0.222 8	0.133 2	0.383 4
	2001	−0.141 3	0.154 2	0.039 1	0.172 5	−0.092 4	0.164 7
	2002	0.136 7	0.252 8	0.162 0	0.259 0	0.168 6	0.243 2
科研范围经济	2000	0.050 9	0.149 0	0.243 5	0.101 7	0.058 6	0.381 9
	2001	−0.012 8	0.232 6	0.116 7	0.212 3	0.098 3	0.278 5
	2002	0.168 9	0.234 9	0.206 6	0.213 1	0.255 0	0.337 1

从上面的计算结果可以看出：

(1)对于第三类高校，综合类高校里，南京大学在2001年出现了研究生产出的范围不经济和科研产出的范围不经济(而且研究生产出的范围不经济程度更大)、兰州大学的总体范围经济和科研产出的范围经济逐渐增大，本专科生和研究生产出的范围经济有一个先减小后增加的波动。

(2)在师范类我们取的两个学校里，北京师范大学的总体范围经济和特定产出的范围经济也是有一个先减小后增加的波动；东北师大的总体范围经济和科研产出的范围经济逐渐增大，本专科和研究生产出的范围经济有一个先减小后增加的波动。

(3)在理工类我们取的两个学校里，北京化工大学的总体范围经济和特定产出的范围经济也是有一个先减小后增加的波动；大连理工大学的总体范围经济和本专科和研究生产出的范围经济有一个先减小后增加的波动，科研产出的范围经济逐渐增大，而且在2001年出现了研究生产出的范围不经济。

接下来，我们将前面的计算结果进行综合分析，对比第一类高校同第二类和第三类高校的分析结果，可以发现：

(1)2001年发生合并的综合类大学，中山大学同未发生合并的南京大学总体范围经济和特定产出的范围经济变动情况大致一样，都在2001年达到最低点，并在2001年都出现了研究生产出的范围不经济；但是比起未发生合并的兰州大学，总体范围经济和特定产出的范围经济变动情况有所不同。但是，我们观察这三所学校的教学、科研规模可以发现，中山大学与南京大学更为可比，与兰州大学差别较大。中山大学再同第二类高校中的吉林大学和武汉大学的对比，除了科研产出的范围经济外，总体范围经济和特定产出的范围经济变动情况大致一样。可见，合并对综合类大学的范围经济的影响并不明显，对范围经济变动起显著作用的还是扩招。

(2)2001年发生合并的师范类大学，华中师大同未发生合并的北京师范大学以及曾经发生过合并的华东师大的总体范围经济和特定产出的范围经济变动情况大致一样，都在2001年达到最低点，有一个先减小后增加的波动；西南师大和东北师大的总体范围经济以及特定产出的范围经济始终存在，变动特点不明显。所以，合并对师范类大学的范围经济的影响也不明显，对范围经济变动起显著作用的还是扩招。

(3)2001年发生合并的理工类大学，江南大学的总体范围经济和特定产出的范围经济在合并前后都是逐渐增加，而未发生过合并的大连理工大学、北京化工大学以及2000年发生过合并的华中科技大学、同济大学和西安交大在2000年到2001年的范围经济变动情况主要是有微小的减小，因此，我们似乎可以说，江南大学的总体范围经济和特定产出的范围经济在2001年比2000年增加是由于合并的缘故①，而不是扩招的影响。

(4)2002年发生合并的理工类大学，湖南大学在2000年4月份就发生过一次合并，在合并后的2001年总体范围经济和特定产出的范围经济有所下降，在2002年合并之后，总体范

① 因为我们这里的比较是选取一些具体院校进行的，而不是统计的结果，所以，比较的结果只能是粗略和大概的情况。更何况，与江南大学对比的几个理工院校在教学和科研产出的构成上都与之有很大不同。

围经济和特定产出的范围经济又恢复到2000年的水平，某些值还有所超出。而未发生过合并的大连理工大学、北京化工大学以及2000年发生过合并的华中科技大学、同济大学和西安交大在2001年到2002年的范围经济变动情况主要是有微小的增大，所以，从2001年到2002年湖南大学合并前后的变动情况来看，合并对湖南大学的范围经济的影响也不明显，对范围经济变动起显著作用的还是扩招。

综合上面的分析，似乎合并对这5所高校的范围经济状况影响都不明显，对范围经济变动起显著作用的还是扩招。尽管对江南大学而言，合并似乎对其范围经济产生了影响。

8.3 将高校合并作为虚拟变量来处理

还有一种可以分离扩招和合并效果的办法，就是将发生合并的高校作为虚拟变量M进入估计模型。我们观察一下合并高校的名单和日期会发现，在2000年、2001年和2002三年里，大量的合并发生在2000年，2001年和2002年合并的高校总共5所。由于我们关注的焦点是这5所高校，在单独对2001年和2002年样本的逐步回归时发现，合并的虚拟变量都不显著，所以，我们采取将三年的样本放在一起，同时加入时间虚拟变量和合并虚拟变量，估计的模型如下：

$$TC = a_0 + \sum_{i=1}^{3} a_i Q_i + \frac{1}{2}\sum_{i=1}^{3}\sum_{j=1}^{3} b_{ij} Q_{ij} + c_1 Y_{01} + c_2 Y_{02} + dM + V \tag{8.3.1}$$

其中Y_{01}、Y_{02}和M分别是时间虚拟变量和合并虚拟变量，采用逐步回归的办法，估计结果如下：

表 8.12

	总成本模型(8.3.1)	T 值及显著性
	B	
(Constant)	46.057	4.03***
科研事业支出(百万元)	1.713	9.792***
本专科生人数(千人)	3.865	2.265**
硕士博士总数(千人)	－4.046	－0.635
合并虚拟变量	20.041	1.544Θ
研究生与教职工工资的乘积	1.924	12.846***
本专科生数的平方	0.316	7.194***
本专科生与科研支出的乘积	－6.00E－02	－7.126***
研究生数与科研支出的乘积	6.18E－02	3.521***
2002 年虚拟变量	23.49	2.662***
R^2	0.975	
Adj-R^2	0.974	
(F-ratio)	909.191***	
Durbin-Watson	1.906	
n	222	

注：在系数旁边的值是 t 检验结果，Adj-R^2 是根据自由度调整后的值。Θ 表示显著性程度为 15％的水平，＊表示显著性程度为 10％的水平，＊＊表示显著性程度为 5％的水平，＊＊＊表示显著性程度为 1％的水平。

通过对方程的检验发现：该方程有异方差性(1％和 5％的显著性水平上)无自相关。由于有异方差性，所以，我们下面的计算可能不是准确结果。我们用该估计结果计算发生合并的 5 所大学在合并前后的范围经济：

表 8.13　范围经济计算结果

	年份	中山大学	华中师大	西南师大	江南大学	湖南大学
总体范围经济	2000	0.333 7	0.547 0	0.740 4	0.743 4	0.521 1
	2001	0.284 9	0.547 5	0.707 5	0.570 9	0.410 4
	2002	0.230 6	0.570 4	0.611 1	0.532 2	0.380 0
本专科范围经济	2000	0.247 6	0.299 7	0.380 2	0.397 8	0.317 9
	2001	0.265 2	0.310 1	0.368 6	0.318 6	0.303 1
	2002	0.227 6	0.330 6	0.321 5	0.302 1	0.313 1
研究生范围经济	2000	0.086 2	0.247 3	0.360 2	0.345 5	0.203 2
	2001	0.019 7	0.237 4	0.338 8	0.252 3	0.107 3
	2002	0.003 0	0.239 9	0.289 7	0.230 2	0.066 9
科研范围经济	2000	0.213 5	0.295 3	0.378 7	0.395 5	0.308 3
	2001	0.201 1	0.303 6	0.366 4	0.316 3	0.284 2
	2002	0.164 0	0.320 0	0.318 7	0.298 8	0.285 0

从上表的结果可以看出，

(1)2001 年发生合并的四所高校，中山大学、西南师范大学、华中师范大学、江南大学以及 2002 年合并的一所高校湖南大学，在三年中总体范围经济和特定产出的范围经济水平变化不大；始终表现出总体范围经济和特定产出的范围经济，完全联合生产一直是最经济的生产方式。

(2)我们看 2001 年发生合并的高校，中山大学的总体范围经济、研究生产出和科研产出的范围经济三年的变动是逐渐减小，本专科产出的范围经济在合并的 2001 年有所增大，然后 2002 年又减小；江南大学的情况同上面第一种分析结果有所不同，西南师大和江南大学的总体范围经济和特定产出的范围经济三年的变动是逐渐减小；对于华中师大和 2002 年合并的湖南大学，总体范围经济和特定产出的范围经济不论是逐渐增大、减小或者发生波动，其变动程度都是比较小的，相对来说，比较稳定。

(3)综合上面的分析，似乎合并这种举措并没有对高校的范围经济状况产生很大的影响。造成这些高校范围经济波动的可能主要是扩招的影响。

8.4　采用 Lloyd 等人(1993)对合并的处理方式

Lloyd 等人(1993)对澳大利亚高校合并中的范围经济进行了研究，他们判定合并是否有利的根据是不等式：

$$C(y^1+y^2)<C(y^1)+C(y^2)$$

其中 $C(y^1)$ 和 $C(y^2)$ 分别是两所高校的总成本，$C(y^1+y^2)$ 表示这两所高校发生合并后的总成本，假定两所高校的生产技术相同，产出保持不变，如果这个不等式成立，就可以认为两所高校的合并是经济的①。

Lloyd 等人(1993)进一步给出了一个一般化的判别公式：

$$S_m=\frac{C(y)-\sum_j C(y^j)}{\sum_j C(y^j)},y=\sum_j y^j \qquad (8.4.1)$$

其中，y^j 是合并前第 j 所高校的产出向量，j=1，2，3，…，n，y 是合并后的总产出向量，如果 $S_m<0$，则存在合并

① 这里是以两所高校为例，同样可以将这个不等式推广到多个高校合并的情形。需要说明的是，这种分析由于是一种静态比较分析，所以，没有考虑合并的成本。或者，假定了合并成本同总成本相比很小，从而在长期看来，可以将合并成本忽略不计。

经济(Economics of Amalgamation)，即合并后的成本应当比合并前分别进行“生产”更经济，合并就是有利的；如果 $S_m >0$，则存在合并不经济。

我们这里受数据的限制，无法讨论2001年合并的四所高校中山大学、西南师范大学、华中师范大学和江南大学以及2002年合并的一所高校湖南大学，因为，我们这里只有教育部直属高校数据，所以，只有这几所高校合并后的数据，而合并前的非教育部直属学校的数据都没有，从而无法计算。最后我们选择了天津大学和南开大学，以及武汉大学和华中科技大学为例，看看这种合并在考虑范围经济时是否合理①。我们使用2000年的数据，并且分别用第四章的二次成本模型和第五章的CES成本模型进行计算②：

对于天津大学和南开大学：

二次成本模型：

$$S_m = \frac{C(y) - \sum_j C(y^j)}{\sum_j C(y^j)} = \frac{778.756\,2 - (319.345\,5 + 455.720\,3)}{319.345\,5 + 455.720\,3}$$

$$= \frac{3.690\,4}{775.065\,8} = 0.004\,8$$

---

① 选择这四所高校作为分析对象，是因为这四所高校一度传出有合并的可能。见 http://edu.netbig.com/rank/data/t3/238/20010109/95525.htm 以及 http://www.google.com/search? q=%C4%CF%BF%AA%CC%EC%B4%F3%BA%CF%B2%A2&ie=GB2312&hl=zh-CN&lr=，2004年3月8日登录。

② 我们在计算合并后的总成本时，本专科、研究生和科研产出使用了两校各自产出之和，在使用二次成本模型的时候，对生师比和教职工平均工资分别用了两校的加权平均数。

CES模型：

$$S_m = \frac{C(y) - \sum_j C(y^j)}{\sum_j C(y^j)} = \frac{943.213 - (381.5477 + 515.4632)}{381.5477 + 515.4632}$$

$$= \frac{46.2021}{897.0109} = 0.0515$$

可见，对于天津大学和南开大学，即使在不考虑合并过程所发生的成本的情况下，不论使用哪种成本模型估计计算，两校合并也是不经济的。

对于武汉大学和华中科技大学：

二次成本模型：

$$S_m = \frac{C(y) - \sum_j C(y^j)}{\sum_j C(y^j)} = \frac{1861.525 - (870.3924 + 820.6274)}{870.3924 + 820.6274}$$

$$= \frac{170.5052}{1691.0198} = 0.1008$$

CES模型：

$$S_m = \frac{C(y) - \sum_j C(y^j)}{\sum_j C(y^j)} = \frac{1899.352 - (894.7172 + 878.1711)}{894.7172 + 878.1711}$$

$$= \frac{126.4637}{1772.8883} = 0.0713$$

可见，对于武汉大学和华中科技大学，即使在不考虑合并过程所发生的成本的情况下，不论使用哪种成本模型估计计算，两校合并也是不经济的。

上面给出了四所高校合并不经济的计算，与之相连的另一个问题就是，在这个合并不经济当中，规模(不)经济和范围(不)经济各自对合并不经济有多大的影响。根据第三章，

Lloyd et, al.(1993)将合并经济分解为规模经济和范围经济，我们以两所高校为例，分别由以下定义给出：

$$S_a = \frac{C(y^1 + y^2) - 2C[(y^1 + y^2)/2]}{2C[(y^1 + y^2)/2]}$$

$$S_c = \frac{2C[(y^1 + y^2)/2] - [C(y^1) + C(y^2)]}{C(y^1) + C(y^2)}$$

其中 $C(y^1)$ 和 $C(y^2)$ 分别是两所高校的总成本，$C(y^1+y^2)$ 表示这两所高校发生合并后的总成本，$C[(y^1+y^2)/2]$ 表示相当于合并后只有一半产出规模时的总成本。对于天津大学和南开大学：

使用二次成本模型：

$$S_a = \frac{C(y^1 + y^2) - 2C[(y^1 + y^2)/2]}{2C[(y^1 + y^2)/2]}$$

$$= \frac{778.756\,2 - 2 \times 389.431}{2 \times 389.431}$$

$$= \frac{-0.105\,8}{778.862} = -0.000\,14$$

$$S_c = \frac{2C[(y^1 + y^2)/2] - [C(y^1) + C(y^2)]}{C(y^1) + C(y^2)}$$

$$= \frac{2 \times 389.431 - (319.345\,5 + 455.720\,3)}{319.345\,5 + 455.720\,3}$$

$$= \frac{3.796\,2}{775.065\,8} = 0.004\,9$$

可见，在不考虑合并成本的情况下，如果南开大学与天津大学发生合并，将可以获得规模经济(程度为0.000 14)和范围不经济(程度为0.004 9)，显然，规模经济的好处远小于范围不经济的坏处，总的合并效果表现出合并不经济(程度为0.004 8))而且，满足：

$S_a + S_c + S_a S_c = -0.000\,14 + 0.004\,9 + (-0.000\,14 \times$

0.004 9) = 0.004 8 = S_m

对于 CES 模型：

$$S_a = \frac{C(y^1 + y^2) - 2C[(y^1 + y^2)/2]}{2C[(y^1 + y^2)/2]}$$

$$= \frac{943.213 - 2 \times 446.146\,4}{2 \times 446.146\,4}$$

$$= \frac{50.920\,2}{892.292\,8} = 0.057\,07$$

$$S_c = \frac{2C[(y^1 + y^2)/2] - [C(y^1) + C(y^2)]}{C(y^1) + C(y^2)}$$

$$= \frac{2 \times 446.146\,4 - (381.547\,7 + 515.463\,2)}{381.547\,7 + 515.463\,2}$$

$$= \frac{-4.718\,1}{897.010\,9} = 0.005\,26$$

使用 CES 模型计算结果不同于二次成本模型，在不考虑合并成本的情况下，如果南开大学与天津大学发生合并，将可以获得规模不经济（程度为 0.057 07）和范围经济（程度为 0.005 26），显然，范围经济的好处远小于规模不经济的坏处，总的合并效果表现出合并不经济（程度为 0.051 5）。而且满足：

$S_a + S_c + S_a S_c = 0.057\,07 - 0.005\,26 + 0.057\,07 \times (-0.005\,26) = 0.051\,5 = S_m$

同样道理，对于武汉大学和华中科技大学可以计算出它们合并的规模经济和范围经济，使用二次成本模型时：

$S_a = 0.095\,13$，$S_c = 0.005\,20$，$S_m = 0.100\,8$

同时出现规模不经济和范围不经济，总的合并效果表现出合并不经济。使用 CES 模型：

$S_a = 0.079\,91$，$S_c = -0.007\,95$，$S_m = 0.071\,3$

使用 CES 模型计算结果不同于二次成本模型，在不考虑合并成本的情况下，如果武汉大学和华中科技大学发生合并，出现了规模不经济和范围经济，但是，范围经济的好处远小于规模不经济的坏处，总的合并效果表现出合并不经济。

下面是使用 2001 年和 2002 年的计算结果，并且同 2000 年结果汇总如下表。

表 8.14

	年份	南开大学和天津大学(二次成本模型)	南开大学和天津大学(CES模型)	武汉大学和华中科技大学(二次成本模型)	武汉大学和华中科技大学(CES 模型)
合并经济	2000	0.004 8	0.051 5	0.100 8	0.071 3
	2001	−0.006 61	0.048 65	0.056 16	0.104 33
	2002	−0.021 16	0.001 97	−0.007 72	0.091 98
范围经济	2000	0.004 9	−0.005 26	0.005 2	−0.007 95
	2001	0.000 86	−0.009 58	−0.001 85	−0.039 69
	2002	0.013 55	−0.001 07	−0.005 27	−0.019 96
规模经济	2000	−0.000 14	0.057 07	0.095 13	0.079 91
	2001	−0.007 46	0.058 79	0.058 12	0.149 97
	2002	−0.034 24	0.003 05	−0.002 46	0.114 22

从上面的计算结果看，除了 2000 年以及 2001 年武汉大学和华中科技大学合并，使用不同的成本模型结论都一致外，其他年份和合并情形下，使用不同的成本模型，得出了相反的结论，例如，2001 年的计算结果显示，如果南开大学和天津大学合并，使用二次成本模型，会有规模经济和范围不经济，总的合并效果是合并经济；使用 CES 成本模型，会有规模不经济和范围经济，总的合并效果是合并不经济；2002 年的计算结果显示，如果南开大学和天津大学合并，使用二次成本模型，会有规模经济和范围不经济，总的合并效果是合并经济；

使用CES成本模型，会有规模不经济和范围经济，总的合并效果是合并不经济；如果武汉大学和华中科技大学合并，使用二次成本模型，会同时出现规模经济和范围经济，总的合并效果是合并经济；使用CES成本模型，会有规模不经济和范围经济，总的合并效果是合并不经济；这样一来，该如何判断呢？

笔者以为，从总成本估计结果看，2001年的数据CES模型都比二次成本模型估计的总成本更接近真实值。所以，CES模型的计算结果可能更为可信。也就是说，如果使用2001年的数据，在不考虑合并成本的情况下，南开大学和天津大学合并，会出现合并不经济，在经济上是不可行的做法。2002年的数据二次成本模型都比CES模型估计的总成本更接近真实值。所以，二次成本模型的计算结果可能更为可信。也就是说，如果使用2002年的数据，在不考虑合并成本的情况下，南开大学和天津大学合并，武汉大学和华中科技大学合并，在经济上都是节省成本的做法。

下面我们再根据学校类型来考虑一下合并中的范围经济问题①，不同类型高校的统计描述可以参见第7章的表7.2。下

① 根据Lloyd等人(1993)对澳大利亚高校合并中的范围经济的研究，以及经验观察可以了解，高校之间的合并的经济性受学校类型和规模这两种因素的影响最大，Lloyd等人(1993)的研究便是根据学校类型和规模区分了8种高校。我们这里只考虑了8种学校类型对合并的影响，由于计算量太大，没有再将学校规模加入进来。另外，前面两节对合并的处理都同时考虑了扩招的影响，而在Lloyd等人(1993)的方法里，却没有对扩招的考虑。这是因为，扩招是一个随时间而变动的变量，前两种方法都是从纵向的时间纬度考虑合并问题，所以，需要同时分析扩招的影响；而Lloyd等人(1993)的方法所使用的是横截面(Cross-section)数据，是一种假想情形下，合并前后的成本比较，所以，使用他们的方法时，我们的分析里没有扩招变量。

表是使用2000年数据二次成本模型，不考虑合并成本的情况下，对它们总的合并经济的计算结果。

表 8.15

学校类型	综合	理工	师范	外语	农林	财经政法	艺术	医科
综合	0.030 81	0.004 99	−0.030 91	−0.062 31	−0.046 85	−0.032 95	−0.115 83	−0.090 54
理工		−0.014 91	−0.029 26	−0.118 67	−0.035 19	−0.042 71	−0.118 03	−0.078 25
师范			−0.064 87	−0.185 64	−0.047 11	−0.092 16	−0.176 97	−0.125 26
外语				−0.369 41	−0.178 75	−0.246 78	−0.347 19	−0.236 38
农林					−0.026 79	−0.068 60	−0.146 13	−0.095 76
财经政法						−0.133 25	−0.226 87	−0.148 14
艺术							−0.363 43	−0.263 89
医科								−0.186 15

从上面的计算结果可以发现：

(1)除了综合大学之间的合并以及综合大学与理工大学的合并外，所有的计算结果都为负值，即其他类型的合并都表现为合并经济。只有综合大学之间的合并以及综合大学与理工大学的合并表现为合并不经济。这也从另一方面印证了前面我们对南开大学与天津大学，以及武汉大学和华中科技大学的合并计算结果。

(2)在表现出合并经济的合并中，理工类高校之间、农林类高校之间、理工类高校与师范类高校、综合类高校与师范类高校、理工类高校与农林类高校以及综合类高校与财经政法类高校之间的合并成本节省程度较低，只有3%左右。而外语类高校之间、艺术类高校之间、外语类高校与艺术类高校、外语类高校与财经政法类高校、外语类高校与医科类高校以及艺术类与医科类高小之间合并的成本节省程度较大，都在30%左右。

(3)这种计算方式可以让我们看到，高校以不变产出比例扩大到原来的二倍规模时，成本的变动状况。我们看同类型院校之间的合并数据，在表格的对角线位置，外语类高校之间、艺术类高校之间高校合并经济程度最高；理工类高校之间、农林类高校之间的合并经济程度最低。

(4)综合类高校同艺术类、医科类高校合并的经济程度最高；理工类高校同艺术类、外语类高校合并的经济程度最高；师范类高校同艺术类、外语类以及医科类高校合并的经济程度最高；农林类高校同艺术类以及医科类合并的经济程度较高；艺术类高校同艺术类以及医科类合并的经济性都很高；医科类高校之间的合并经济性也很高。

(5)我们这里只计算了两类高校或同类高校之间的合并，同样的道理还可以扩展到三个或三个以上类型的高校合并情况。

(6)根据上面的数据，我们可以对现实发生的合并现象作一个大致的估算。例如，我们先看2000年的情况，2000年四川大学与华西医科大学之间的合并，北京大学与北京医科大学，以及复旦大学与上海医科大学合并，属于综合性大学与医科类高校合并，表现出合并经济的成本节省在9%左右。2000

年中南财经大学与中南政法大学合并，属于财经政法高校之间的合并，表现出合并经济的成本节省在13.3%左右。湖南大学和湖南财经学院的合并，属于理工类与财经政法类高校的合并，表现出合并经济的成本节省在4.3%左右。同济大学与上海铁道大学的合并，属于理工类高校之间的合并，表现出合并经济的成本节省在1.5%左右。对于像吉林大学和武汉大学等多所高校的合并情况，需要按上面(4)提到的办法计算。

1999年清华大学与中央工艺美术学院的合并，属于理工类与艺术类高校的合并，表现出合并经济的成本节省在11.6%左右。1999年上海交大与上海农学院的合并，属于理工类高校与农林类高校之间的合并，表现出合并经济的成本节省在3.5%左右。①

下面是将合并经济分解为规模经济和范围经济②。

① 由于我们没有1999年之前的数据，所以对1999年的合并估计可能会有较大偏差。

② 我们在第三章讨论范围经济与合并的关系时提到，Lloyd et，al.(1993)不仅将合并经济分解为规模经济和范围经济，而且进一步讨论了所谓"范围经济的幅度"(Magnitude of the Economies of Scope)，表示每单位产出比例变化所带来的范围经济，但是由于它的计算要求产出之间的量纲相同(每种产出在所有产出中所占的比重)，所以，我们这里无法进一步计算。

表 8.16　规模经济计算结果

学校类型	综合	理工	师范	外语	农林	财经政法	艺术	医科
综合	0.030 81	0.011 07	−0.009 36	−0.075 15	0.000 55	−0.023 29	−0.052 61	−0.030 32
理工		−0.014 91	−0.031 17	−0.125 10	−0.024 16	−0.048 27	−0.093 83	−0.064 09
师范			−0.064 87	−0.194 40	−0.045 58	−0.094 55	−0.158 93	−0.117 33
外语				−0.369 41	−0.187 80	−0.250 09	−0.373 43	−0.300 51
农林					−0.026 79	−0.072 92	−0.132 37	−0.086 05
财经政法						−0.133 25	−0.223 30	−0.167 55
艺术							−0.363 43	−0.268 65
医科								−0.186 15

表 8.17　范围经济计算结果

学校类型	综合	理工	师范	外语	农林	财经政法	艺术	医科
综合	0	−0.006 02	−0.021 76	0.013 87	−0.047 38	−0.009 89	−0.066 73	−0.062 10
理工		0	0.001 97	0.007 35	−0.011 31	0.005 85	−0.026 71	−0.015 13
师范			0	0.010 88	−0.001 61	0.002 64	−0.021 45	−0.008 99
外语				0	0.011 15	0.004 42	0.041 88	0.091 68
农林					0	0.004 66	−0.015 86	−0.010 62
财经政法						0	−0.004 60	0.023 32
艺术							0	0.006 50
医科								0

从合并经济分解计算的结果看：

(1)当同种类型的高校之间发生合并时，由于是按照两个完全相同的高校计算的结果，所以，合并后只有规模的变化，没有产出范围的变动。因此，只有规模经济，没有范围经济，在表格的对角线上都有，$S_a = S_m$，$S_c = 0$。这同 Lloyd 等人(1993)的研究结论也是一致的(见 1088 页，表 5 和表 6)。

(2)从大体上看，规模经济在数量上都显得比范围经济更重要。除了个别例外，都有 $|S_a| > |S_c|$。

(3)除了个别例外，不同类型高校以及同一类型高校之间的合并都表现出了规模经济，范围经济则随着合并高校类型的不同而有变化。

第九章　考虑学校所在地区后的综合分析

在这一章我们主要想解决两个问题：一个是把高校所在地区考虑进来，看看是否对总成本进而对范围经济有什么影响；第二个是把前面几章的影响因素：教学和科研的质量、学校类型、高校合并以及高校所在地区等因素综合起来考虑，看它们对总成本进而对范围经济有什么样的影响。

9.1　将高校所在地区作为虚拟变量来处理

我们先来看第一个问题，高校所在地区可能对总成本的影响，我们把教育部直属高校按地区划分为三部分：东部地区、中部地区和西部地区。东部地区包括如下省份：北京、天津、上海、广东、江苏、浙江、山东、辽宁、海南、河北、福建；中部地区包括如下省份：吉林、山西、江西、安徽、湖北、湖南、河南、黑龙江；西部地区包括如下省份：内蒙古、陕西、广西、云南、贵州、新疆、西藏、青海、甘肃、宁夏、四川。

我们将东部地区和中部地区作为两个虚拟变量，引入到二次成本模型里，得到估计模型如下：

$$TC = a_0 + \sum_{i=1}^{3} a_i Q_i + \frac{1}{2}\sum_{i=1}^{3}\sum_{j=1}^{3} b_{ij} Q_{ij} + c_1 E + c_2 M + V \tag{9.1}$$

其中 E 和 M 分别代表东部和中部地区的虚拟变量。

我们首先使用 2000 年的数据，对东部和中部地区的虚拟变量描述如下：

表 9.1

	变量的描述	均值 N＝74	标准差
E	东部地区	0.662 2	0.476 2
M	中部地区	0.162 2	0.371 1

采用逐步回归得到估计结果：

表 9.2

	总成本模型(9.1) B	T 值及显著性
(Constant)	15.017	0.7
科研事业支出(百万元)	1.704	9.694***
本专科生人数(千人)	13.271	9.74***
硕士生博士生总数(千人)	－11.987	－1.06
东部地区虚拟变量	26.197	2.173**
中部地区虚拟变量	28.451	1.918*
研究生与教职工工资的乘积	0.954	2.631**
研究生数的平方	6.282	5.508***
本专科生与科研支出的乘积	－4.42E－02	－3.952***
教职工工资的平方	5.15E－02	2.798***
生师比	－3.543	－2.565**
R^2	0.988	
Adj-R^2	0.986	
(F-ratio)	507.969***	
Durbin-Watson	1.843	
n	74	

注：在系数旁边的值是 t 检验结果，Adj-R^2 是根据自由度调整后的值。Θ 表示显著程度为 15％的水平，* 表示显著性程度为 10％的水平，** 表示显著性程度为 5％的水平，*** 表示显著性程度为 1％的水平。

通过对方程的检验发现：该方程无异方差性(在 1％和 5％

的显著性水平上)，无自相关(在1%的显著性水平上)。

从回归估计的结果看，学校所在地区确实对总成本有显著的影响。类似地，我们也估计出2001年和2002年的回归模型：

表 9.3

	总成本模型(9.2)	T值及显著性	总成本模型(9.3)	T值及显著性
	B			
(Constant)	−13.88	−0.695	−3.734	−0.113
科研事业支出(百万元)	−1.1	−2.229**	−1.814	−3.403***
本专科生人数(千人)	11.924	8.099***	11.801	5.775***
硕士生博士生总数(千人)	30.409	1.756*	74.993	10.546***
东部地区虚拟变量	43.121	2.3**	57.527	2.085**
科研与教职工工资的乘积	5.50E−02	5.06***	6.97E−02	6.758***
中部地区虚拟变量	30.216	1.321		
研究生与教职工工资的乘积	1.019	2.464**		
R^2	0.980		0.955	
Adj-R^2	0.978		0.952	
(F-ratio)	464.468***		288.293***	
Durbin-Watson	1.939		1.699	
n	74		74	

注：在系数旁边的值是t检验结果，Adj-R^2是根据自由度调整后的值。Θ表示显著程度为15%的水平，*表示显著性程度为10%的水平，**表示显著性程度为5%的水平，***表示显著性程度为1%的水平。

通过对方程的检验发现：该模型9.2和9.3有中度的多重共线性，有异方差性(在1%和5%的显著性水平上无自相关)。模型9.3有中度的多重共线性，有异方差性(在1%和5%的显著性水平上)，有正的自相关(在5%的显著性水平上)。由于作为截面数据，只有模型(9.1)没有异方差性，所以，下面的计算都是以模型9.1为基础的。

我们用该估计结果计算范围经济得下表。

表9.4　范围经济计算结果

均值产出(%)	ESG	ES_U	ES_G	ES_R
10	0.987 9	0.497 6	0.490 4	0.497 6
50	0.386 9	0.223 5	0.163 4	0.223 5
100	0.314 2	0.223 8	0.090 5	0.223 8
150	0.336 4	0.273 1	0.063 3	0.273 1
200	0.387 8	0.338 6	0.049 1	0.338 6
300	0.527 9	0.493 3	0.034 6	0.493 3
500	0.887 3	0.864 5	0.022 8	0.864 5

其中，ESG表示全部产出的总体范围经济，ES_U、ES_G和ES_R分别代表本专科生产出、研究生产出和科研产出的特定范围经济。

上表列出了总体范围经济和特定产出的范围经济的值。如前面所说，只要这些值大于0，我们就认为存在范围经济，否则存在范围不经济。利用2000年的数据估计结果和计算，我们可以从表中可以看出：

(1)在我们加入了学校所在地区的因素后，在产出的各个水平上，无论是总体的范围经济还是特定产出的范围经济都同时存在，可见，完全的联合生产是比完全独立生产以及局部联合生产都要经济的一种生产方式。

(2)在我们加入了学校所在地区的因素后，对于总体范围经济而言，在均值产出的100%的水平上，范围经济最小，那么以100%的均值为中心，无论产出逐渐下降还是增加，都会带来范围经济增大的效果。所以在均值水平的基础上，同时扩大各项产出的规模，会一直存在范围经济。

(3)在我们加入了学校所在地区的因素后，本专科的范围经济与科研的范围经济完全一样，在均值产出的50%的水平上，范围经济最小，那么以50%的均值为中心，无论产出逐渐下降还是增加，都会带来范围经济增大的效果。所以在均值水平的基础上，同时扩大各项产出的规模，会一直存在范围经济，并且范围经济的程度越来越大。

(4)在我们加入了学校所在地区的因素后，对于研究生产出而言，尽管一直存在范围经济现象，但是，随着产出规模扩大时，范围经济的程度逐渐下降。也就是说，随着产出规模的增大，完全联合生产相对于研究生独立生产，科研和本专科生在一起生产的局部联合生产，所获得的成本节省越来越小。

(5)综合上面的分析，在我们加入了学校所在地区的因素后，不论在哪个产出水平上，将本专科生、研究生和科研活动放在一起进行组织生产的完全联合生产方式都是最经济、最节省的。尽管这种生产方式的成本节省程度相对于完全独立生产以及本专科独立生产、同时科研和研究生联合生产的局部联合生产方式以及科研独立生产，同时本专科和研究生联合生产的局部联合生产方式，会随着产出规模的增加而有所变化；甚至相对于研究生独立生产、同时科研和本专科联合生产的局部联合生产方式节省程度越来越小，以至于在规模增加到很大时，两者变的没有大的成本差异了。

9.2 将不同地区高校均值代入二次成本模型

此外，我们为了比较东部、中部和西部地区高校范围经济的差异情况，我们分别对三个地区的高校产出情况进行描述：

表 9.5

均值	全部高校	东部高校	中部高校	西部高校
学校数	74	49	12	13
TC	319.002 4	318.487 143	412.851 667	234.314 615
Q_R	58.453 919	63.449 592	61.325	36.973 846
Q_U	10.789 649	8.578 837	18.203 833	12.278 846
Q_G	2.119 203	2.077	2.664 6	1.774 9
CSIZE	12.235 1	12.049	13.566 7	11.707 7
FS	24.944 905 405	26.974 8	23.144	18.956 2

从上表的描述统计可以看出，不同地区的产出平均规模和要素价格(教职工平均工资)以及高校总成本均值存在很大差异，使用样本总体的均值未必能反映出这种地区差别来；尤其是中部和西部高校的本专科生平均在校规模明显高于东部地区，更是无法从混合样本中获得的信息。按学校所在地区计算的总体范围经济和特定产出的范围经济的结果如下：

表 9.6

均值产出(%)		混合样本	东部高校	中部高校	西部高校
总体范围经济	50	0.386 9	0.501 4	0.307 6	−0.083 9
	100	0.314 2	0.372 5	0.302 4	0.051 2
	200	0.387 8	0.393 6	0.462 0	0.213 5
	250	0.453 3	0.440 0	0.569 7	0.287 2
	300	0.527 9	0.496 2	0.689 8	0.360 8
	500	0.887 3	0.772 9	1.295 2	0.672 0
本专科范围经济	50	0.223 5	0.276 2	0.194 9	−0.010 6
	100	0.223 8	0.244 4	0.240 8	0.087 1
	200	0.338 6	0.323 7	0.428 2	0.231 7
	250	0.413 0	0.382 6	0.541 5	0.302 0
	300	0.493 3	0.447 4	0.665 4	0.373 4
	500	0.864 5	0.741 5	1.277 9	0.680 0
研究生范围经济	50	0.163 4	0.225 2	0.112 7	−0.073 3
	100	0.090 5	0.128 1	0.061 5	−0.036 0
	200	0.049 1	0.069 9	0.033 8	−0.018 3
	250	0.040 4	0.057 4	0.028 2	−0.014 8
	300	0.034 6	0.048 8	0.024 4	−0.012 5
	500	0.022 8	0.031 3	0.017 3	−0.008 0
科研范围经济	50	0.223 5	0.276 2	0.194 9	−0.010 6
	100	0.223 8	0.244 4	0.240 8	0.087 1
	200	0.338 6	0.323 7	0.428 2	0.231 7
	250	0.413 0	0.382 6	0.541 5	0.302 0
	300	0.493 3	0.447 4	0.665 4	0.373 4
	500	0.864 5	0.741 5	1.277 9	0.680 0

从上表的计算结果，我们可以看出：

(1)在考虑地区因素对范围经济的影响时，使用混合样本均值与使用不同地区均值计算出的范围经济结果差别很大。尽管，使用东部地区和中部地区样本均值计算结果在各个产出的水平上，都表现出总体范围经济和特定产出的范围经济，这同使用混合样本均值计算结论相一致；但是，使用西部地区高校样本均值计算结果却出现了总体范围不经济和研究生产出的范围不经济，明显不同于使用混合样本均值计算的结果，所以，可以说使用混合样本均值计算出的范围经济仍然有很多具体信息不能反映出来。

(2)在考虑地区因素对范围经济的影响时，只有使用中部地区高校均值计算出的范围经济结果同使用混合样本均值的变动情况完全一致，使用东部和西部地区高校均值计算出的范围经济结果同使用混合样本均值的变动情况相差很大。

(3)在考虑地区因素对范围经济的影响时，使用东部地区高校均值计算出的结果显示，总体范围经济和本专科、科研产出的范围经济，在均值产出的100%的水平上，范围经济最小，那么以100%的均值为中心，无论产出逐渐下降还是增加，都会带来范围经济增大的效果。所以在均值水平的基础上，同时扩大各项产出的规模，会一直存在范围经济。并且，本专科的范围经济与科研的范围经济完全一样。对于研究生产出而言，尽管一直存在范围经济现象，但是，随着产出规模扩大时，范围经济的程度逐渐下降。也就是说，随着产出规模的增大，完全联合生产相对于研究生独立生产，科研和本专科生在一起生产的局部联合生产，所获得的成本节省越来越小。

(4)在考虑地区因素对范围经济的影响时，使用西部地区高校均值计算出的结果显示，在均值产出的50%水平上，同时出现了总体范围不经济和本专科、研究生、科研产出的范围不经济，其中总体的范围不经济程度最高(绝对值最大)，在均值产出的其他水平，虽然表现出总体范围经济和本专科、科研产出的范围经济，但是，研究生产出的范围不经济始终存在，尽管这种范围不经济的程度越来越小。

(5)在考虑地区因素对范围经济的影响时，我们比较使用东部地区高校均值和中部地区高校均值计算出的结果，在均值水平的200%以下，东部地区的高校总体范围经济和本专科、科研产出的范围经济程度，略高于相应产出水平的中部地区高校；在均值水平的200%和200%以上，正相反，西部地区的高校总体范围经济和本专科、科研产出的范围经济程度，高于相应产出水平的东部地区高校；对于研究生产出的范围经济，东部地区和中部地区高校都随产出的增大而下降，并且在各个产出水平上，东部地区的高校范围经济程度，略高于相应产出水平的中部地区高校。

(6)综合上面的分析，在我们考虑了高校所在的地区因素后，不同地区的高校最优生产方式也不尽相同，具体情况见表9.7。

表 9.7

学校所在地区	均值产出的(%)	本专科生在校规模(人)	研究生在校规模(人)	科研支出水平(万元)	最优的生产方式
使用混合样本	在所有水平上				$TC\{Q_U, Q_G, Q_R\}$
东部地区高校	在所有水平上				$TC\{Q_U, Q_G, Q_R\}$
中部地区高校	在所有水平上				$TC\{Q_U, Q_G, Q_R\}$
西部地区高校	<60	Q<736 7	Q<106 5	Q<14 058.876 9	$TC\{Q, 0, 0\}+TC\{0, Q_G, 0\}+TC\{0, 0, Q_R\}$
	≥60	Q≥7 367	Q≥1 065	Q≥14 058.876 9	$TC\{0, Q, 0\}+TC\{Q_U, 0, Q_R\}$

* 这里所列出的临界产出水平都是粗略计算的结果，如果需要知道准确的临界水平，可以将不同倍数的均值产出水平代入，求得范围经济程度最接近 0 的那个水平。

9.3 将前面各章影响因素综合起来进行分析

现在我们考虑将前面几章的影响因素：教学和科研的质量、学校类型、高校合并以及高校所在地区等综合起来考虑，看它们对总成本进而对范围经济有什么样的影响。先来看估计模型，需要加入多种虚拟变量：

$$TC = a_{0C} + \sum_{i=1}^{3} a_i Q_i + \frac{1}{2}\sum_{i=1}^{3}\sum_{j=1}^{3} b_{ij} Q_{ij} + c_1 D_T + c_2 D_R + c_3 D_T^2 + c_4 D_R^2 + c_5 D_T^3 + c_6 D_R^3 + \sum_{i=1}^{7} d_i T_i + \sum_{k=1}^{7}\sum_{i=1}^{3} d_k Q_i T_k + \sum_{k=1}^{7}\sum_{i=1}^{3} d_k Q_i^2 T_k + eMerger + f_1 East + f_2 Middle + V \tag{9.3.1}$$

其中，D_T、D_R 分别代表教学和科研质量的连续变量，T_i 代表不同的学校类型的虚拟变量，Merger 代表合并的虚拟变量，East 和 Middle 分别代表东部和中部地区的虚拟变量。

我们先用 2000 年数据进行回归分析，采用本专科产出、研究生和科研产出进入，其他变量逐步回归的办法，估计结果如下。

表 9.8

	总成本模型(9.3.1)	T 值及显著性
	B	
(Constant)	－6.39	－0.491
科研事业支出(百万元)	1.831	10.629***
本专科生人数(千人)	15.313	11.736***
硕士生博士生总数(千人)	－30.346	－3.181***
研究生与教职工工资的乘积	1.832	10.078***
理工类高校虚拟变量	－31.144	－3.243***
研究生数的平方	4.667	4.473***
本专科与科研的乘积	－4.86E－02	－4.611***
东部地区虚拟变量	29.657	3.038***
教学质量的立方	7.08E－05	2.928***
外语类高校虚拟变量	41.574	2.049**
R^2	0.989	
Adj-R^2	0.988	
(F-ratio)	583.157***	
Durbin-Watson	1.991	
n	74	

注：在系数旁边的值是 t 检验结果，Adj-R^2 是根据自由度调整后的值。Θ 表示显著性程度为 15%的水平，* 表示显著性程度为 10%的水平，** 表示显著性程度为 5%的水平，*** 表示显著性程度为 1%的水平。

估计结果表明，除了高校合并虚拟变量外，其他几个变量，学校类型(理工类高校和外语类高校)、教学质量(立方项)

以及学校所在地区(东部地区高校)都对总成本有显著影响。

通过对方程的检验发现：该方程无异方差性(在1%和5%的显著性水平上)，无自相关(在1%和5%的显著性水平上)。

我们再用三年的数据放在一起进行回归，估计结果如下。

表 9.9

	总成本模型(9.3.2)	T值及显著性
	B	
(Constant)	−2.825	−0.18
科研事业支出(百万元)	2.038	11.899***
本专科生人数(千人)	15.655	5.886***
硕士生博士生总数(千人)	−38.442	−4.43***
研究生与教职工工资乘积	2.573	9.912***
本专科人数平方	0.22	4.998***
本专科与科研支出的乘积	−5.40E−02	−5.853***
理工类高校虚拟变量	−25.591	−2.734***
研究生数的平方	1.663	2.657***
东部地区虚拟变量	34.271	3.426***
2002年虚拟变量	24.816	3.105***
师范类高校虚拟变量	36.972	2.521**
外语类高校虚拟变量	52.704	2.643***
本专科与教职工工资乘积	−0.222	−3.229***
教学质量的立方	−3.35E−05	−2.156**
R^2	0.979	
Adj-R^2	0.978	
(F-ratio)	699.24***	
Durbin-Watson	2.105	
n	222	

通过对方程的检验发现：该方程有中度的多重共线性，有异方差性(在1%和5%的显著性水平上)，无自相关(在1%和5%的显著性水平上)。

由于模型9.3.2存在异方差性，所以，我们下面的计算都以9.3.1为基础计算。我们用该估计结果计算范围经济如表9.10。

表9.10　范围经济计算结果

均值产出(%)	ESG	ES_U	ES_G	ES_R
50	0.0592	0.0550	0.0041	0.0550
100	0.1078	0.1057	0.0021	0.1057
150	0.1607	0.1593	0.0014	0.1593
200	0.2159	0.2148	0.0011	0.2148
300	0.3319	0.3311	0.0007	0.3311
500	0.5834	0.5829	0.0005	0.5829

其中，ESG表示全部产出的总体范围经济，ES_U、ES_G和ES_R分别代表本专科生产出、研究生产出和科研产出的特定范围经济。

上表列出了总体范围经济和特定产出的范围经济的值。如前面所说，只要这些值大于0，我们就认为存在范围经济，否则存在范围不经济。利用2000年的数据估计结果和计算，我们从表中可以看出：

(1)在我们综合考虑了各种因素后，在产出的各个水平上，无论是总体的范围经济还是特定产出的范围经济都同时存在，可见，完全的联合生产是比完全独立生产以及局部联合生产都要经济的一种生产方式。

(2)在我们综合考虑了各种因素后，对于总体范围经济、本专科的范围经济与科研的范围经济而言，随着产出规模的扩大，范围经济程度逐渐增大。并且，本专科的范围经济与科研的范围经济完全一样。所以在均值水平的基础上，同时扩大各项产出的规模，会一直存在范围经济，并且范围经济的程度越来越大。

(3)在我们综合考虑了各种因素后，对于研究生产出而言，尽管一直存在范围经济现象，但是，随着产出规模扩大时，范围经济的程度逐渐下降。也就是说，随着产出规模的增大，完全联合生产相对于研究生独立生产，科研和本专科生在一起生产的局部联合生产，所获得的成本节省越来越小。

(4)综合上面的分析，在我们综合考虑了各种因素后，不论在哪个产出水平上，将本专科生、研究生和科研活动放在一起进行组织生产的完全联合生产方式都是最经济、最节省的。尽管这种生产方式的成本节省程度相对于完全独立生产以及本专科独立生产、同时科研和研究生联合生产的局部联合生产方式，以及科研独立生产，同时本专科和研究生联合生产的局部联合生产方式，会随着产出规模的增加而有所变化；甚至相对于研究生独立生产、同时科研和本专科联合生产的局部联合生产方式节省程度越来越小，以至于在规模增加到很大时，两者变的没有大的成本差异了。

为了说明综合考虑各种因素对范围经济的影响，我们可以选择几个具体的高校，计算其范围经济，看结果同前面的处理有什么不同。

同样地，我们也可以求出 2001 年和 2002 年综合考虑各方面因素后，采用本专科产出、研究生和科研产出进入，其他变量逐步回归的办法，2001 年和 2002 年回归的结果同第六章单独考虑质量因素的 2001 年和 2002 年模型(6.3)和(6.4)完全一样，即只有科研质量对总成本的影响是显著的，其他因素影响都不显著。

第十章 考虑学校公共服务产出的成本模型

10.1 公共服务作为高等教育机构的一项产出

高等教育机构的重要使命是教学、科研和为社会服务，但是迄今为止关于大学办学效率的研究往往只将教学和科研作为产出进行考虑，而几乎未将公共服务作为产出加以分析，但是，“公共服务”(Public Service)也被认为是高等教育机构的一种重要产出(de Groot et al.，1981，Dundar & Lewis，1995)，这在很大程度上可能与公共服务这种产出难以找到合适的量度有关。所以，目前的成本模型都不能说可以全面刻画高等教育机构的成本行为，而只是一个考虑了教学和科研产出的有限产出的成本模型。

这里我们尝试着给出一个包含了教学、科研和公共服务的全部产出的成本模型，并以此为基础对其办学效率的范围经济和规模经济进行实证分析，并进一步把结果同之前的部分产出模型的计算结果进行了相应的比较，分析其中的异同。

在将公共服务作为高等教育机构的产出进行分析时，首先遇到的一个问题就是公共服务产出该如何界定，进而如何用定量的办法对它进行量度。在已有的关于公共服务的研究和量度中，de Groot et al.(1991)在计量美国研究型大学的成本结构时发现，有关这种产出的数据非常有限，Dundar & Lewis (1995)也提到该种产出的数据或者是难以计量，或者就是计量出的数据无法使用。

10.2　包含公共服务产出的成本模型

通过上面的讨论，我们把公共服务产出作为产出之一纳入到成本模型中，这样就形成一个包含了教学、科研和公共服务在内的高校全产出成本模型如下：

$$TC = a_0 + \sum_{i=1}^{4} a_i Q_i + \frac{1}{2}\sum_{i=1}^{4}\sum_{j=1}^{4} b_{ij} Q_i \cdot Q_j + c_1 FS + c_2 \sum_{i=1}^{4} Q_i FS + c_3 FS^2 + dCSIZE + V \quad (10.1)$$

其中，TC 表示生产 4 种产出的总成本，a_0 是常数项，a_i 和 b_{ij} 是产出变量的系数。Q_i 是第 i 种产出的量，在高等教育中，我们分别用 Q_U、Q_G、Q_R、Q_P 代表本专科生产出、研究生产出、科研产出和公共服务的产出，FS 是教职工平均工资，CSIZE 是生师比，V 是随机误差项。

这里我们用“对校办产业的投资”作为公共服务的一种量度，由于 2000 年的数据库里没有相应的数据，这里我们首先使用 2001 年的数据进行分析，对公共服务产出的描述统计如下。

表 10.1　各个变量的描述统计

变量名称	变量描述	均值	标准差
		N=74	
TC	总成本(百万元)	475.972 7	400.424 95
Q_P	公共服务(百万元)	87.709 2	184.641 65
Q_P^2	公共服务的平方	41 324.734 9	220 182.233 11

续表

变量名称	变量描述	均值	标准差
		N=74	
Q_R	科研(百万元)	68.949 3	86.687 03
Q_R^2	科研的平方	12 167.094 7	40 166.044 99
Q_U	本专科生人数(千人)	12.579 3	8.336 43
Q_U^2	本专科生人数的平方	226.796 0	309.314 68
Q_G	研究生人数(千人)	2.744 0	2.525 16
Q_G^2	研究生人数的平方	13.820 0	23.389 96
UND. GRAD	本专科生人数×研究生人数	47.991 6	68.217 89
UND. RES	本专科生人数×科研	1 145.265 5	1 682.881 15
GRAD. RES	研究生人数×科研	363.334 9	815.659 62
PUB. RES	公共服务×科研	19 386.503 8	91 682.042 15
PUB. UNDE	公共服务×本专科生人数	1 408.987 1	2 782.483 95
PUB. GRAD	公共服务×研究生人数	530.922 9	1 669.562 58
FS	教职工平均工资(千元)	32.600 3	9.157 73
FSSQUARE	教职工平均工资的平方	1 145.513 4	659.010 32
UNDE. FS	本专科生人数×平均工资	396.569 5	262.012 00
GRAD. FS	研究生人数×平均工资	95.683 4	107.101 56
RES. FS	科研×平均工资	2 489.071 8	4 223.985 75
PUB. FS	公共服务×平均工资	3 558.765 3	9 630.259 23
CSIZE	生师比	13.962 8	5.096 92

将包含全部产出的各变量进行强制回归，得到回归分析结果如下。

表 10.2　采用强制回归的结果

	Unstandardized Coefficients		t	Sig
	B	Std. Error		
(Constant)	2.489	216.788	0.011	0.991
对校办产	−0.495	1.274	−0.389	0.699
PUBSQUAR	−0.001	0.001	−0.819	0.416
科研	0.184	2.139	0.086	0.932
科研的平方	−0.006	0.009	−0.607	0.547
本专科生	26.741	16.683	1.603	0.115
本专科生平方	0.454	0.281	1.616	0.112
研究生人数	−36.391	72.686	−0.501	0.619
研究生平方	−2.105	8.019	−0.262	0.794
UND. GRAD	0.790	2.412	0.327	0.745
UND. RES	−0.106	0.064	−1.661	0.103
GRAD. RES	0.321	0.369	0.871	0.388
PUB. RES	0.005	0.005	0.965	0.339
PUB. UNDE	0.033	0.026	1.306	0.197
PUB. GRAD	−0.274	0.147	−1.868	0.067
FS	0.847	10.910	0.078	0.938
FSSQUARE	0.034	0.134	0.251	0.803
UNDE. FS	−0.886	0.458	−1.934	0.059
GRAD. FS	3.368	2.042	1.649	0.105
RES. FS	0.058	0.062	0.928	0.358
PUB. FS	0.023	0.031	0.754	0.454
CSIZE	1.134	2.250	0.504	0.616

续表

	Unstandardized Coefficients		t	Sig
	B	Std. Error		
R^2	0.976			
$Adj-R^2$	0.966			
(F-ratio)	100.769			
Durbin-Watson	1.778			

显然，强制回归的结果是很多变量的系数不显著。

回归出的模型为：

$$TC=2.489-0.495Q_P+0.184Q_R+26.741Q_U-36.391Q_G-0.001Q_P{}^2-0.006Q_R{}^2+0.454Q_U{}^2-2.105Q_G{}^2+0.79Q_UQ_G-0.106Q_UQ_R+0.321Q_GQ_R+0.005Q_PQ_R+0.033Q_PQ_U-0.274Q_PQ_G+0.847FS+0.034FS^2-0.886FS\times Q_U+3.368FS\times Q_G+0.058FS\times Q_R+0.023FS\times Q_P+1.134CSIZE+V \tag{10.1}$$

我们对均值水平上的(100%)总体范围经济和特定产出的范围经济进行计算，根据第三章公式(5)，包含公共服务产出的全产出总体范围经济：

$$GE=\frac{TC\{Q_U,0,0,0\}+TC\{0,Q_G,0,0\}+TC\{0,0,Q_R,0\}+TC\{0,0,0,Q_P\}-TC\{Q_U,Q_G,Q_R,Q_P\}}{TC\{Q_U,Q_G,Q_R,Q_P\}}$$

下面的运算有两种不同的取值办法：一种是对二次项和交叉乘积项处理时采用一次项均值代入计算的办法；另外一种是对二次项和交叉乘积项处理时直接使用描述统计中的相应各二次项和交叉乘积项的均值。

下面先看第一种算法：

根据模型(10.1)，

$TC\{Q_U, 0, 0, 0\}$[①]$=2.489+26.741\times 12.579+0.454\times 12.579^2+0.847\times 32.6+0.034\times 32.6^2-0.886\times 32.6\times 12.579+1.134\times 13.96$

$=2.489+336.375+71.837+27.612+36.134-363.327+15.831$

$=126.951$

$TC\{0, Q_G, 0, 0\}=2.489-36.391\times 2.744-2.105\times 2.744^2+0.847\times 32.6+0.034\times 32.6^2+3.368\times 32.6\times 2.744+1.134\times 13.96$

$=2.489-99.857-15.85+27.612+36.134+301.282+15.831$

$=267.641$

$TC\{0, 0, Q_R, 0\}=2.489+0.184\times 68.949-0.006\times 68.949^2+0.847\times 32.6+0.034\times 32.6^2+0.058\times 32.6\times 68.949+1.134\times 13.96$

$=2.489+12.687-28.524+27.612+36.134+130.369+15.831$

$=196.598$

$TC\{0, 0, 0, Q_P\}=2.489-0.495\times 87.709-0.001\times 87.709^2+0.847\times 32.6+0.034\times 32.6^2+0.023\times 32.6\times$

---

① 从计算上讲，这里关于平方项和交叉乘积项还有另一种算法，就是直接使用描述统计中的均值项。例如，$TC\{Q_U, 0, 0, 0\}=$ 这样计算出来的结果又会获得另一个值。笔者以为两种结果值都是可以接受的。

$87.709+1.134\times 13.96$

$=2.489-43.416-7.693+27.612+36.134+65.764+15.831$

$=96.721$

$TC\{Q_U, Q_G, Q_R, Q_P\}=2.489-0.495\times 87.709+0.184\times 68.949+26.741\times 12.579-36.391\times 2.744-0.001\times 87.709^2-0.006\times 68.949^2+0.454\times 12.579^2-2.105\times 2.744^2+0.79\times 12.579\times 2.744-0.106\times 12.579\times 68.949+0.321\times 2.744\times 68.949+0.005\times 87.709\times 68.949+0.033\times 87.709\times 12.579-0.274\times 87.709\times 2.744+0.847\times 32.6+0.034\times 32.6^2-0.886\times 32.6\times 12.579+3.368\times 32.6\times 2.744+0.058\times 32.6\times 68.949+0.023\times 32.6\times 87.709+1.134\times 13.96$

$=2.489-43.416+12.687+336.375-99.857-7.693-28.524+71.837-15.85+27.268-91.935+60.732+30.237+36.409-65.945+27.612+36.134-363.327+301.282+130.369+65.764+15.831$

$=438.479$

所以，在均值产出水平，总体范围经济

$GE=(126.951+267.641+196.598+96.721-438.479)/438.479$

$=249.432/438.479$

$=0.5689>0$

因此，均值产出水平上存在总体范围经济。类似地，可以求出其他产出水平上的总体范围经济。

对于特定产出水平的范围经济，我们以均值水平的本专科产出为例：

本专科生的特定产出范围经济：

$$PSE_U = \frac{TC\{Q_U,0,0,0\}+TC\{0,Q_G,Q_R,Q_P\}-TC\{Q_U,Q_G,Q_R,Q_P\}}{TC\{Q_U,Q_G,Q_R,Q_P\}}$$

$TC\{Q_U, 0, 0, 0\}=2.489+26.741\times12.579+0.454\times12.579^2+0.847\times32.6+0.034\times32.6^2-0.886\times32.6\times12.579+1.134\times13.96$

$=2.489+336.375+71.837+27.612+36.134-363.327+15.831$

$=126.951$

$TC\{0, Q_G, Q_R, Q_P\}=2.489-0.495\times87.709+0.184\times68.949-36.391\times2.744-0.001\times87.709^2-0.006\times68.949^2-2.105\times2.744^2+0.321\times2.744\times68.949+0.005\times87.709\times68.949-0.274\times87.709\times2.744+0.847\times32.6+0.034\times32.6^2+3.368\times32.6\times2.744+0.058\times32.6\times68.949+0.023\times32.6\times87.709+1.134\times13.96$

$=2.489-43.416+12.687-99.857-7.693-28.524-15.85+60.732+30.237-65.945+27.612+36.135+301.282+130.369+65.764+15.831$

$=421.853$

$TC\{Q_U, Q_G, Q_R, Q_P\}=2.489-0.495\times87.709+0.184\times68.949+26.741\times12.579-36.391\times2.744-0.001\times87.709^2-0.006\times68.949^2+0.454\times12.579^2-2.105\times2.744^2+0.79\times12.579\times2.744-0.106\times12.579\times68.949+0.321\times2.744\times68.949+0.005\times87.709\times68.949+0.033\times87.709\times12.579-0.274\times87.709\times2.744+0.847\times32.6+0.034\times$

32.6² − 0.886×32.6×12.579 + 3.368×32.6×2.744 + 0.058×32.6×68.949 + 0.023×32.6×87.709 + 1.134×13.96

＝2.489−43.416＋12.687＋336.375−99.857−7.693−28.524＋71.837−15.85＋27.268−91.935＋60.732＋30.237＋36.409−65.945＋27.612＋36.134−363.327＋301.282＋130.369＋65.764＋15.831

＝438.479

所以，均值处的 PSE_U＝(126.951＋421.853−438.479)/438.479＝0.2516 ＞ 0

因此，均值产出水平上存在本专科产出的范围经济。

各个产出水平的范围经济结果如下：

表 10.3　范围经济的计算结果

均值产出(%)	ESG	ES_U	ES_G	ES_R	ES_P
10	2.593 3	0.742 2	0.737 7	0.739 8	0.739 6
50	1.528 4	0.354 6	0.305 2	0.327 8	0.326 2
100	0.568 9	0.251 6	0.136 9	0.189 4	0.185 6
150	0.243 7	0.229 1	0.049 5	0.131 7	0.125 7
200	0.150 7	0.231 9	−0.010 4	0.100 5	0.092 4
300	0.058 2	0.264 0	−0.096 7	0.068 3	0.056 4
400	0.016 0	0.307 4	−0.162 4	0.052 6	0.037 0
450	0.003 6	0.330 2	−0.190 9	0.047 5	0.030 2
500	−0.005 3	0.353 1	−0.217 4	0.043 7	0.024 7

其中，ESG 表示全部产出的总体范围经济，ES_U、ES_G、ES_P 和 ES_R分别代表本专科生产出、研究生产出公共服务产出和科研产出的特定范围经济。

上表列出了总体范围经济和特定产出的范围经济的值。如前面所说，只要这些值大于0，我们就认为存在范围经济，否则存在范围不经济。从表中可以看出：

(1)总体范围经济在均值产出的各个变动情况下都为正值，直到均值产出的500%左右出现了负值，可见，在均值产出的500%以下，都存在总体范围经济，只有到500%的均值产出水平，才出现总体范围不经济。同时，总体范围经济的取值逐渐减小，说明总体范围经济的程度逐渐降低，直到出现了总体范围不经济。

(2)特定产出的范围经济对于本专科生产出、科研产出和公共服务三种产出而言，在均值产出的各个水平上都为正值，意味着始终存在本专科产出、科研产出和公共服务产出的特定产出的范围经济。同时，本专科产出的范围经济取值先减小，后增大，说明本专科产出的范围经济程度是先下降后上升；科研产出和公共服务产出的范围经济取值都是逐渐减小，说明两者的范围经济程度在随着产出规模的扩大逐渐下降。

(3)特定产出的范围经济对于研究生产出而言，在均值产出的200%以下，求出结果都为正值；而在均值产出的200%以上则出现的结果都为负值；说明在均值产出水平的2倍以下存在研究生产出的范围经济，而在均值产出水平的2倍水平以上则存在研究生产出的范围不经济。

(4)综合前面第(1)点和第(3)点，在均值产出的200%之前，所有各项包括总体范围经济、本专科产出、研究生产出、科研产出和公共服务产出的特定产出的范围经济都为正值，同时存在总体范围经济和特定产出的范围经济；在均值产出2倍以上，5 倍以下，出现了研究生产出的值为负值，存在研究生产出的范围不经济，而其他各项仍为正值，从成本比较的角度看，研究生产出的局部联合生产（$TC\{Q_U, 0, 0, 0\}+TC\{0, Q_G, Q_R, Q_P\}$）生产成本最低，即存在：$TC\{Q_U, 0, 0, 0\}+TC\{0, Q_G, Q_R, Q_P\}<TC\{Q_U, Q_G, Q_R, Q_P\}<TC\{0, Q_G, 0, 0\}+TC\{Q_U, 0, Q_R, Q_P\}$（或者 $TC\{0, 0, Q_R, 0\}+TC\{Q_U, Q_G, 0, Q_P\}$；抑或 $TC\{0, 0, 0, Q_P\}+TC\{Q_U, Q_G, Q_R, 0\}$；又或者 $TC\{Q_U, 0, 0, 0\}+TC\{0, Q_G, 0, 0\}+TC\{0, 0, Q_R, 0\}+TC\{0, 0, 0, Q_P\}$）；在均值产出的 5 倍处，同时出现了总体范围经济和研究生产出范围经济的负值，既有 $TC\{Q_U, 0, 0, 0\}+TC\{0, Q_G, 0, 0\}+TC\{0, 0, Q_R, 0\}+TC\{0, 0, 0, Q_P\}<TC\{Q_U, Q_G, Q_R, Q_P\}$，又有 $TC\{0, Q_G, 0, 0\}+TC\{Q_U, 0, Q_R, Q_P\}<TC\{Q_U, Q_G, Q_R, Q_P\}$，那么此时，成本最低的生产方式应为哪种呢？从计算结果看，总体范围不经济的程度为 0.53%（求值结果为－0.005 3），而研究生产出的范围不经济的程度为 21.74%（求值结果为－0.217 4），所以，研究生产出的范围不经济程度更高，研究生产出的局部联合生产方式（$TC\{0, Q_G, 0, 0\}+TC\{Q_U, 0, Q_R, Q_P\}$）更经济、更节省。

(5)综上所述，当本专科规模在 25 159 人、研究生规模在 5 488人，科研经费在 137.898 6 百万元、公共服务在175.418 4 百万元之下的时候，全部联合生产方式 $TC\{Q_U, Q_G, Q_R, Q_P\}$最经济；当本专科规模在 25 159 人以上，62 895 人以下、研究生规模在 5 488 人以上，13 720 人以下、科研经费在 137.898 6 百万元以上，344.746 5 百万元以下、公共服务在

175.4184 百万元以上，438.546 百万元以下，研究生产出的局部联合生产最经济；可见下表：

均值产出(%)	本专科生在校规模（人）	研究生在校规模（人）	科研支出水平（百万元）	公共服务水平（百万元）	最优的生产方式
<200	$Q_U<25159$	$Q_G<5488$	$Q_R<137.8986$	$Q_P<175.4184$	$TC\{Q_U, Q_G, Q_R, Q_P\}$
≥200 <500	$Q_U\geq 25159$ $Q_U<62895$	$Q_G\geq 5488$ $Q_G<13720$	$Q_R\geq 137.8986$ $Q_R<344.7465$	$Q_P\geq 175.4184$ $Q_R<438.546$	$TC\{0, Q_G, 0, 0\}+$ $TC\{Q_U, 0, Q_R, Q_P\}$
≥500	$Q_U\geq 62895$	$Q_G\geq 13720$	$Q_R\geq 344.7465$	$Q_R\geq 438.546$	$TC\{0\ Q_G, 0, 0\}+$ $TC\{Q_U, 0, Q_R, Q_P\}$

10.3 边际成本、平均成本以及规模经济

接下来，根据模型(10.1)可以计算各项产出的边际成本

$$TC=2.489-0.495Q_P+0.184Q_R+26.741Q_U-36.391Q_G-0.001Q_P^2-0.006Q_R^2+0.454Q_U^2-2.105Q_G^2+0.79Q_UQ_G-0.106Q_UQ_R+0.321Q_GQ_R+0.005Q_PQ_R+0.033Q_PQ_U-0.274Q_PQ_G+0.847FS+0.034FS^2-0.886FS\times Q_U+3.368FS\times Q_G+0.058FS\times Q_R+0.023FS\times Q_P+1.134CSIZE+V \quad (10.1)$$

本专科产出的边际成本为：

$$MC_U=\frac{\partial TC}{\partial Q_U}=26.741+0.908Q_U+0.79Q_G-0.106Q_R+0.033Q_P-0.886FS$$

$$MC_G=\frac{\partial TC}{\partial Q_G}=-36.391-4.21Q_G+0.79Q_U+0.321Q_R-0.274Q_P+3.368FS$$

$$MC_R=\frac{\partial TC}{\partial Q_R}=0.184-0.012Q_R-0.106Q_U+0.321Q_G+0.005Q_P+0.058FS$$

$$MC_P = \frac{\partial TC}{\partial Q_P} = -0.495 - 0.002Q_P + 0.005Q_R + 0.033Q_U - 0.274Q_G + 0.023FS$$

各个产出水平的边际成本结果如下：

表 10.4 边际成本的计算结果 （单位：元）

均值产出(%)	MC_U	MC_G	MC_G/MC_U	MC_R	MC_P
50	2 445	71 650	29.30	1.654 1	0.171 1
100	7 033	69 893	9.94	1.233 4	0.087 4
150	11 620	68 136	5.86	0.812 7	0.003 7
200	16 208	66 378	4.10	0.392	−0.08
300	25 384	62 864	2.48	−0.449 5	−0.247 4
400	34 559	59 350	1.72	−1.290 9	−0.414 8
450	39 147	57 593	1.47	−1.711 6	−0.498 5
500	43 735	55 836	1.28	−2.132 3	0.558 8

其中，MC_U表示本专科产出的边际成本，MC_G、MC_R 和 MC_P分别代表研究生产出、科研产出和公共服务产出的边际成本，MC_G/MC_U表示研究生产出的边际成本是本专科产出成本的倍数。

根据教育部直属高校 2001 年的数据计算可以看出：

(1)2001 年教育部直属高校在均值产出水平上，本专科边际成本为 7 033 元，研究生的边际成本为 69 893 元，研究生边际成本是本专科成本的将近 10 倍，而且，这个倍率会随着产出规模变化而有较明显的变化，随着产出规模的扩大，两者边际成本的差距很快缩小，由 50%均值产出规模时的近 30 倍急剧下降到 500%均值产出规模时的 1.28 倍。

(2)本专科产出的边际成本随着产出规模的扩大逐渐增大，而研究生的边际成本正好相反，随着产出规模扩大逐渐下降。这同第四章的结果也是类似的。

(3)研究生的边际成本远高于本专科生，多招一个研究生所付出的成本数倍于多招一个本专科生所付出的成本，研究生与本专科生的边际成本之比大致在1.28～29.3。同第四章的研究结果相比，全产出的成本模型计算结果大致相同，尽管产出倍率差距变大了。

(4)随着产出规模的扩大，研究生与本专科生边际成本的比值逐渐减小，多招一个研究生所付出的成本比多招一个本专科生所付出的成本差别越不明显。这同第四章的研究结果也大致一致。

(5)科研和公共服务产出的平均成本都随着产出规模的扩大而逐渐下降，在均值产出的2倍和3倍处都出现了负值①。

平均成本的情况如下：

$$AIC_U=\frac{TC\{Q_U, Q_G, Q_R, Q_P\}-TC\{0, Q_G, Q_R, Q_P\}}{Q_U}$$

$=(26.741Q_U+0.454Q_U{}^2+0.79Q_UQ_G-0.106Q_UQ_R+0.033Q_PQ_U-0.886FS\times Q_U)/Q_U$

$=26.741+0.454Q_U+0.79Q_G-0.106Q_R+0.033Q_P-0.886FS$

$$AIC_G=\frac{TC\{Q_U, Q_G, Q_R, Q_P\}-TC\{Q_U, 0, Q_R, Q_P\}}{Q_G}$$

$=(-36.391Q_G-2.105Q_G{}^2+0.79Q_UQ_G+0.321Q_GQ_R-0.274Q_PQ_G+3.368FS\times Q_G)/Q_G$

$=-36.391-2.105Q_G+0.79Q_U+0.321Q_R-0.274Q_P+3.368FS$

---

① 我们检查了计算过程，还是没法找到问题的所在。

$$AIC_R = \frac{TC\{Q_U, Q_G, Q_R, Q_P\} - TC\{Q_U, Q_G, 0, Q_P\}}{Q_R}$$

$= (0.184Q_R - 0.006Q_R^2 - 0.106Q_U Q_R + 0.321Q_G Q_R + 0.005Q_P Q_R + 0.058FS \times Q_R)/Q_R$

$= 0.184 - 0.006Q_R - 0.106Q_U + 0.321Q_G + 0.005Q_P + 0.058FS$

$$AIC_P = \frac{TC\{Q_U, Q_G, Q_R, Q_P\} - TC\{Q_U, Q_G, Q_R, 0\}}{Q_P}$$

$= (-0.495Q_P - 0.001Q_P^2 + 0.005Q_P Q_R + 0.033Q_P Q_U - 0.274Q_P Q_G + 0.023FS \times Q_P)/Q_P$

$= -0.495 - 0.001Q_P + 0.005Q_R + 0.033Q_U - 0.274Q_G + 0.023FS$

表 10.5　平均成本的计算结果　　（单位：元）①

均值产出(%)	AIC_U	AIC_G	AIC_G/AIC_U	AIC_R	AIC_P
100	1 322	75 669	57.24	1.647 1	0.175 1
150	3 054	76 800	25.15	1.433 2	0.135 3
200	4 786	77 931	16.28	1.219 4	0.095 4

① 关于本专科生、研究生和科研的边际成本与平均成本的单位换算，需要说明一下。由于我们对总成本和科研都使用百万元做单位，本专科生、研究生分别用千人作单位，所以，边际成本和平均成本的计算结果本专科生、研究生单位分别为百万元/千人，也即千元/人，我们直接将结果乘以 1 000，得到以元/人的单位；计算结果科研的单位为百万元/百万元，也即元/元，意思是每增加 1 元钱的科研支出，总成本上升多少元(边际成本)；以及分摊到每元科研支出上的总成本是多少元(平均成本)。

续表

均值产出(%)	AIC_U	AIC_G	AIC_G/AIC_U	AIC_R	AIC_P
300	8 251	80 193	9.72	0.791 6	0.015 7
400	11 715	82 455	7.04	0.363 9	−0.064 0
450	13 448	83 586	6.22	0.150 0	−0.103 9
500	15 180	84 716	5.58	−0.063 8	−0.143 7

其中，AIC_U表示本专科产出的平均成本，AIC_G、AIC_R 和 AIC_P分别代表研究生产出、科研产出和公共服务产出的平均成本，AIC_G/AIC_U表示研究生产出的平均成本是本专科产出平均成本的倍数。

根据教育部直属高校 2001 年的数据计算可以看出：

(1)2001 年教育部直属高校在均值产出水平上，本专科平均成本为 1 322 元，研究生的平均成本为 75 669 元，研究生平均成本是本专科成本的 57 倍，而且，这个倍率会随着产出规模变化而有较明显的变化，随着产出规模的扩大，两者平均成本的差距很快缩小，由 100%均值产出规模时的 57 倍急剧下降到 500%均值产出规模时的 5.58 倍。同第四章的研究结果相比，这里研究生产出和本专科产出的差距变化更大，而第四章两者的差距随着产出规模的变动始终维持在 7 倍左右。

(2)本专科产出和研究生产出的平均成本都随着产出规模的扩大逐渐增大，但本专科产出的平均成本增加的更快一些，导致两者之间的倍率差逐步缩小。

(3)科研和公共服务产出的平均成本都随着产出规模的扩

大而逐渐下降，在均值产出的 4 倍和 5 倍处都出现了负值①。

规模经济的计算结果如下：

表 10.6　规模经济的计算结果　　（单位：元）

均值产出(%)	RE	E_U	E_G	E_R	E_P
100	1.175 7	0.188 0	1.082 6	1.335 4	2.003 4
150	1.076 8	0.262 8	1.127 2	1.763 5	36.567 6
200	1.019 6	0.295 3	1.174 1	3.110 1	−1.192 5
300	0.949 3	0.325 0	1.275 7	−1.761 1	−0.063 5
400	0.903 3	0.339 0	1.389 3	−0.281 9	0.154 3
450	0.885 0	0.343 5	1.451 3	−0.087 6	0.208 4
500	0.725 2	0.347 1	1.517 2	0.029 9	−0.257 1

其中，RE 表示总体的规模经济，E_U 表示本专科产出的规模经济，E_G、E_R 和 E_P 分别代表研究生产出、科研产出和公共服务产出的规模经济。

如上面所说，只要计算的结果大于 1 就表明有规模经济现象，使用教育部直属高校 2001 年数据，从上面的计算结果可以看出：

(1)在均值产出的大概 300%以上，存在总体规模经济和科研产出的规模经济；在均值产出的 150%以上，存在公共服务产出的规模经济，在均值产出的所有水平上，都表现出研究

① 我们检查了计算过程，还是没法找到问题的所在。

生产出的规模经济。

(2)在均值产出 300%以下则出现了总体和科研产出规模不经济，在均值产出的所有水平上，都表现出本专科产出的规模不经济。

第十一章　如何提升我国高校办学效率

高等教育中的范围经济是刻画高等教育组织内部效率的一个方面，在诸多评价高等教育内部效率的指标中，范围经济可能是与高等教育本身组织特征关系最为密切的一个。我们这里所说的组织特征是什么意思呢？它的意思是说，从新人文主义教育思想家卡尔·威廉·冯·洪堡在19世纪初提出教学和科研相结合的思想至今，教学和科学研究这两大基本任务一直塑造着高等学校的组织特征①。作为一种多产出的组织，也许高等学校的这一特征太司空见惯了，以至于我们忽视了这一特征对于效率有什么样的要求。范围经济的研究也许只是面对这一要求走出的第一步，更多的未知领域有待进一步的探索。

11.1　本书的主要发现

我们基于Baumol等人(1982)所开创的理论框架，使用我国教育部直属高校从2000年到2002年的三年汇总数据，做了高等教育中的范围经济实证分析，主要研究结论如下：

(1)以二次成本函数为基础估计出的成本模型，使用2000年的数据计算结果显示，当本专科生的在校生规模在19 422人，

① 高等教育机构的发展不仅大大丰富了大学已有的功能，而且呈现出日益复杂的多样化形态。大学不仅在教学和科研之外有了社会服务甚至是国际化的职能，学校类型也多种多样，从低层次的专科学校、职业技术学院到高层次的研究型、综合性大学等。教学和科研相结合的思想，刻画的是大学最一般的特征，尽管它并不完全。

研究生在校生规模在 3814 人，以及科研支出在10 521.705 42万元的水平以下，比上述规模都要小的时候，存在总体范围经济和特定产出的范围经济，高等教育应当采用完全联合生产的方式，同时进行本专科生、研究生和科研活动的组织生产会更节省成本。而且，随着产出水平由小到大逐渐接近这个临界值，完全联合生产的成本节省越来越小；当本专科生的在校生规模在 19 422 人，研究生在校生规模在 3 814 人，以及科研支出在 10 521.705 42 万元的水平，或者比上述规模都要大的时候，出现了科研产出的特定产出范围不经济，这时候将科研独立生产，同时本专科生和研究生联合生产的这种局部联合生产方式是最经济的。而且，以此为出发点，随着产出水平的增加，这种局部联合生产的节省越来越大①。就规模经济而言，在均值产出的大概 170％以下，出现了总体规模经济；在均值产出的所有水平上，都表现出科研产出的规模经济；在均值产出的大概 170％以上，出现了总体规模不经济，在均值产出的所有水平上，都表现出本专科和研究生产出的规模不经济。

(2)采用不变替代弹性的成本函数(CES)进行估计的模型

---

① 这一结论是对样本总体情况的一个判断，对具体高校而言，情况又可能不同。正如本文 2.3 节讨论范围经济应用到高等教育中的特殊性问题时谈到，不同高校的目标不一样，像北大、清华、复旦、浙大等高校，追求的不仅仅是产出的数量，更重要的是教学和科研的质量。正如下面第(4)点谈到的，在考虑了质量因素后，这些学校就没有产出均值的 180％这样一个临界水平(此时，本专科生的在校生规模在 19 422 人，研究生在校生规模在 3 814 人，以及科研支出在 10 521.705 42万元的水平)，而是完全联合生产教学和科研始终是最经济的组织生产方式。宋光辉(2003)使用 2000 年数据和二次成本模型，对清华大学、北京大学、南京大学、复旦大学、上海交大、西安交大和浙江大学 7 所“985”工程学校，使用样本均值的计算结果也显示了总体范围经济在各样本均值水平都存在。

计算，使用2000年、2001年、2002年三年的数据计算结果表明，在所有计算的产出水平上，都表现出了总体的范围经济和特定产出的范围经济；三年的计算结果都支持了完全联合生产始终是相对于完全独立生产以及局部联合生产，更经济的组织生产方式。

(3)基于上述两点结论可以发现，采用不同的成本函数形式，二次成本模型和CES成本模型估计计算的范围经济结果存在不一致性，范围经济计算结果对计量所采用的模型有很大的依赖性，范围经济会随着采用模型的不同而有差异。在模型选择时，并没有足够的理论基础说明哪种模型更适合估计高等教育机构(见Baumol et al.，1982，453页；以及Duandar and Lewis，1995，121页)。我们这里遵从大部分研究者的偏好，在做政策建议或实际经济含义的分析时，主要以二次成本模型为参照。

(4)以二次成本模型进行回归估计，采用2000年的数据，在我们加入了教学和科研产出的质量因素后，不论在哪个产出水平上，同时也意味着教学和科研质量的各个水平上，都表现出总体范围经济和特定产出的范围经济，将本专科生、研究生和科研活动放在一起进行组织生产的完全联合生产方式都是最经济、最节省的。尽管，这种生产方式的成本节省程度相对于完全独立生产以及本专科独立生产、同时科研和研究生联合生产的局部联合生产方式，以及科研独立生产，同时本专科和研究生联合生产的局部联合生产方式，会随着产出规模的增加而有所变化；甚至相对于研究生独立生产、同时科研和本专科联合生产的局部联合生产方式节省程度越来越小，以至于在规模增加到很大时，两者变的没有大的成本差异了。

(5)以二次成本模型进行回归估计，以2000年数据为基础，比较加入质量对范围经济的影响发现，在加入质量因素之前，最优生产方式存在一个从完全联合生产向科研单独生产，本专科生和研究生联合生产的局部联合生产方式的转变(在均值产出水平的180%左右)；而在加入质量因素后，不论在哪个产出水平上，将本专科生、研究生和科研活动放在一起进行组织生产的完全联合生产方式都是最经济、最节省的。

(6)在我们考虑了院校类型的因素后，以第四章的二次成本模型为基础，计算得出不同院校类型之间以及不同院校类型同全部院校为样本的总体范围经济和特定产出的范围经济结果是不一样的，可见，院校类型是影响范围经济的重要因素之一，使用全部院校计算出的结果无法准确反映不同类型的学校范围经济状况。

(7)在我们考虑了院校类型的因素后，以第四章的二次成本模型为基础，计算结果表明，某些类型的高校采取科研独立生产、本专科生和研究生联合生产的局部联合生产方式较为经济。具体来说，外语类、财经政法类、艺术类和医科类高校，在均值产出的各个水平上始终表现出总体范围经济和特定产出的范围经济，所以，对这几类高校而言，完全联合生产始终是较优的、经济的生产组织方式。农林类、师范类、理工类和综合类高校，都出现了科研产出的范围不经济，因此，对于这些类型的高校而言，存在最优生产方式从完全联合生产向科研独立生产、本专科生和研究生产出的联合生产的局部联合生产方式的转变。当然，不同类高校发生转变的临界水平是不同的，依次发生在均值水平的500％、500％、200％和100％。

(8)对于将院校类型作为虚拟变量进行逐步回归处理①，分别使用2000年数据和三年综合数据估计成本模型，发现综合院校、理工院校、外语院校和师范院校对总成本有显著影响，但是，两个成本估计模型都未通过异方差性检验。

(9)当我们单独以不同类型学校为样本，汇总三年的数据进行模型估计和运算，结果显示，对于综合类大学而言，在所有计算的产出水平上，都显示出总体范围经济和特定产出的范围经济，完全联合生产始终是相对于完全独立生产以及局部联合生产，更经济的组织生产方式。对于理工类大学而言，在所有计算的产出水平上，也都显示出总体范围经济和特定产出的范围经济，完全联合生产也始终是相对于完全独立生产以及局部联合生产，更经济的组织生产方式。其他几类高校由于样本太小无法进行回归估计。

(10)对于高校的扩招和合并而言，我们也采取了三种不同的处理方式。第一种处理方式是利用每年估计出的二次成本模型，计算并对比发生合并与未发生合并的高校之间范围经济的差异，发现似乎合并对2001年和2002年发生合并的5所高校范围经济状况影响都不明显，对范围经济变动起显著作用的还是扩招。

(11)对于高校的扩招和合并而言，采取的第二种处理方式是，使用三年数据，将合并作为虚拟变量加入到二次成本模型中，估计结果显示，合并对总成本有显著影响，但是，对范围

① 包括虚拟变量与一次解释变量和二次解释变量的乘积。

经济与上面的结论相同，似乎合并这种举措并没有对高校的范围经济状况产生很大的影响，造成这些高校范围经济波动的可能主要是扩招的影响。

(12)对于高校的扩招和合并而言，采取的第三种处理方式是，使用 Lloyd 等人(1993)提供的计算公式，对合并经济以及将合并经济分解后的范围经济和规模经济进行了计算。以天津大学和南开大学，以及武汉大学和华中科技大学为例，使用 2000 年数据，并分别使用二次成本模型和 CES 成本模型计算。对于天津大学和南开大学，即使在不考虑合并过程所发生的成本的情况下，不论使用哪种成本模型估计计算，两校合并也是不经济的；对于武汉大学和华中科技大学，即使在不考虑合并过程所发生的成本的情况下，不论使用哪种成本模型估计计算，两校合并也是不经济的。对于合并经济分解成规模经济和范围经济，尽管使用 CES 模型计算结果不同于二次成本模型，在不考虑合并成本的情况下，合并表现出的规模经济和范围经济不同，但是，对总体合并效果不经济的计算结论是一致的。

我们使用 2000 年不同类型高校数据和二次成本模型，计算结果显示，除了综合大学之间的合并以及综合大学与理工大学的合并外，所有的计算结果都为负值，即其他类型的合并都表现为合并经济。将合并经济分解成规模经济和范围经济，规模经济在数量上都显得比范围经济更重要；除了个别例外，不同类型高校以及同一类型高校之间的合并都表现出了规模经济，范围经济则随着合并高校类型的不同而有变化。

(13)在我们加入了学校所在地区的因素后，不论在哪个产出水平上，将本专科生、研究生和科研活动放在一起进行组织生产的完全联合生产方式都是最经济、最节省的。尽管，这种生产方式的成本节省程度相对于完全独立生产以及本专科独立生产、同时科研和研究生联合生产的局部联合生产方式，以及科研独立生产，同时本专科生和研究生联合生产的局部联合生产方式，会随着产出规模的增加而有所变化；甚至相对于研究生独立生产、同时科研和本专科生联合生产的局部联合生产方式节省程度越来越小，以至于在规模增加到很大时，两者变的没有大的成本差异了。

(14)在考虑地区因素对范围经济的影响时，将高校所在地区分为东、中、西部，使用混合样本均值与使用不同地区均值计算出的范围经济结果差别很大。尽管使用东部地区和中部地区样本均值计算结果在各个产出的水平上，都表现出总体范围经济和特定产出的范围经济，这同使用混合样本均值计算结论相一致；但是，使用西部地区高校样本均值计算结果却出现了总体范围不经济和研究生产出的范围不经济，明显不同于使用混合样本均值计算的结果，所以，可以说使用混合样本均值计算出的范围经济仍然有很多具体信息不能反映出来。只有使用中部地区高校均值计算出的范围经济结果同使用混合样本均值的变动情况完全一致，使用东部和西部地区高校均值计算出的范围经济结果同使用混合样本均值的变动情况相差很大。

(15)将前面几章的影响因素：教学和科研的质量、学校类型、高校合并以及高校所在地区等综合起来考虑，不论在哪个产出水平上，将本专科生、研究生和科研活动放在一起进行组织生产的完全联合生产方式都是最经济、最节省的。尽管，这种生产方式的成本节省程度相对于完全独立生产以及本专科独立生产、同时科研和研究生联合生产的局部联合生产方式，以及科研独立生产，同时本专科和研究生联合生产的局部联合生产方式，会随着产出规模的增加而有所变化；甚至相对于研究生独立生产、同时科研和本专科联合生产的局部联合生产方式节省程度越来越小，以至于在规模增加到很大时，两者变的没有大的成本差异了。

以上这些结论是根据 2000 年、2001 年以及 2002 年教育部直属全国高校的汇总数据，在计量回归的实证分析基础上，通过计算和深入分析得出的结论，应当能够反映出教育部直属高校的范围经济特征①，对全国其他类型的高等教育机构也有相当的参考价值。

11.2　同国外高校办学效率研究的发现进行的对比

目前关于高等教育中的范围经济已有了很多经验研究（Empirical Study），涉及的国家有美国（Cohn et al．1989，

① 从这里的研究结论看，不论是表现出范围经济还是范围不经济，背后的原因是什么呢？这个问题在本文预答辩的时候也有好几位老师提到，这里笔者的说明如下：首先，论文里反复说明范围经济是一种成本现象（见 1.2“范围经济的概念”，3.1.1.1“次可加性与范围经济、规模经济”和 4.4“回归和分析结果”里的总结的“范围经济的新定义”等），计量模型能够告诉我们就是教学和科研这些不同的产出之间是否存在成本互补性、范围经济，这里的计量分析回答不了产生这种现象的原因；其次，研究者们根据大量的经验研究文献（例如，不断有研究发现各国的高等教育中都存在范围经济现象）和直观的经验总结出了范围经济产生的原因（见论文 3.2.1“范围经济的来源”）；最后，具体到高等教育或者本文的样本高校，范围经济产生的原因归纳起来只能是经验性的：例如，大学里的图书馆和行政管理机构，不仅服务于教学，而且同时服务于科研活动；教师这种投入要素也可以同时从事教学和科研活动的生产；研究生的培养，在生产过程上把教学和科研联系了起来等。当然，具体而细致的个案分析可能会对回答这个问题更有帮助。

de Groot et al. 1991，Koshal& Koshal 1999，2000，2001）、英国（Johnes 1997，1998）、日本（Hashimoto and Cohn 1997）、澳大利亚（Lloyd et al. 1993）和土耳其（Dundar，H.，& Lewis 1999；Lewis and Dundar 1995）等国，尽管不同国别的高等教育会有很多差异，但是，从改进内部效率的角度看，对各国的范围经济研究进行比较也是有意义的。

(1) 就教学产出的边际成本而言，各国的研究都一致发现了研究生的边际成本高于本专科生，我们的研究发现是，研究生边际成本与本专科边际成本的比率随产出水平变化而变化，大致在1.5～7倍左右；Nelson and Hevert（1992）对于1979—1983年间美国Delaware大学的31个学系的研究（样本观测点为136个），这个比值在4.3～8.98之间；Koshal & Koshal（1999，2000，2001）分别对美国158所私立和171所公立性大学，295所私立人文学院，以及184所Bible colleges的研究表明，这个比例分别在0.9～2.64，0.03～2.09以及1.23～1.36之间波动。

Hashimoto and Cohn（1997）对日本1994年94所私立大学的研究表明，这个比值高达50倍左右。

(2)就教学产出的平均成本而言，各国的研究都一致发现了研究生的平均成本高于本专科生，我们的研究发现是，研究生平均成本与本专科平均成本的比率随产出水平变化而变化，大致在7倍左右（7.14～7.36）；Koshal & Koshal（1999，2000，2001）分别对美国158所私立和171所公立性大学，295所私立人文学院，以及184所Bible colleges的研究表明，这个比例分别在0.67～2.02，2.22～3.25以及1.20～1.28之间波动。

Hashimoto and Cohn(1997)对日本1994年94所私立大学的研究表明，这个比值高达56.11～59.34倍左右。

Johnes(1997)使用英国1994—1995年度的99所高校的数据分析发现，这个比值为2.20～2.84(研究生与文科本专科生)，以及1.83～1.90(研究生与理科本专科生)。

(3)就总体范围经济和特定产出的范围经济而言，在我们综合考虑了各种因素后，不论在哪个产出水平上，都表现出总体的范围经济和特定产出的范围经济，所以，将本专科生、研究生和科研活动放在一起进行组织生产的完全联合生产方式是最经济、最节省的。类似的发现还有Dundar，H.，& Lewis(1995)对1985年美国18所公立研究性大学的范围经济研究，以社会科学(119个观测点)、工学(98个观测点)和理学(64个观测点)为分析单位，发现了总体范围经济，只是在工学和理学均值产出的300%以上出现了范围不经济；也发现了特定产出的范围经济，只是在社会科学均值产出的300%以上出现了科研产出的范围不经济，理学均值产出的300%以上出现了本专科和科研的范围不经济，在工学均值产出的150%以上出现了本专科、硕士生、博士生和科研产出的范围不经济①。Dundar，H.，& Lewis(1995)的研究也从经验上支持了通常提到但很少被数据证实的观点，即将本专科生与研究生教学放在

① Dundar，H.，& Lewis(1995)的研究虽然以系、学科为分析单位，但是在技术处理上，仍是把不同的系科分开单独估计其成本模型，进而计算其范围经济的。而不是把不同系科作为不同产出放在同一个成本模型里进行估计。此外，需要说明的是，Dundar，H.，& Lewis(1995)将研究生产出又进一步细分为硕士生和博士生。

一起，或者研究生教学与科研放在一起生产都是比独立生产更经济的生产方式，这意味着一些独立于系或教学的研究中心可能是比联合生产较不经济的组织生产方式。Cohn et al .(1989)通过对美国 1981—1982 学年的 1195 所公立性大学和 692 所私立性大学的研究，只计算了总体范围经济，发现公立性大学在均值产出的 150％以下出现了范围不经济，在其他产出水平上，以及私立大学的所有产出水平上都表现出总体的范围经济；Koshal & Koshal(1999)分别对美国 158 所私立和 171 所公立性大学的研究表明，除了私立大学 300％的产出水平外，都出现了总体的范围经济，科研产出的范围经济在公立和私立大学的所有产出水平上都存在，而本专科和科研产出随着产出水平和学校性质的不同出现了范围不经济的情形。总的来说，研究结论同 Dundar，H.，& Lewis(1995)，Cohn et al .(1989)，Nelson and Hevert(1992)以及 Hashimoto and Cohn(1997)的研究结论相似。Koshal& Koshal (2000)对美国 295 所私立人文学院的研究表明，对于这些人文学院而言，在所有产出水平上都同时出现了总体范围经济和特定产出的范围经济。Koshal & Koshal (2001)对美国 184 所 Bible colleges 的研究结果一样，在所有产出水平上都同时出现了总体范围经济和特定产出的范围经济。

Hashimoto and Cohn(1997)的研究发现，在产出的各个水平上都出现了总体范围经济和特定产出的范围经济；

Johnes(1995)使用 1989—1990 年度的数据，也发现了总体范围经济的存在。Johnes(1997)使用英国 1994—1995 年度的 99 所高校的数据分析发现，不同类型的学校都表现出总体的范围不经济[1]，当然，也不排除具体的高校不同于 Johnes (1997)的学校类型划分，而表现出范围经济来。

Dundar, H.，& Lewis(1999)在对土耳其高等教育改革的一篇综述中以及 Lewis and Dundar(1995)中提到，他们使用 1991—1992 年度土耳其 28 所高校数据，将学科分为社会、健康和工程科学三类，获得 186 个观测点，发现了总体范围经济的存在。

Lloyd et al. (1993)对澳大利亚高校合并的研究发现(69 个样本点)，在中等规模以下的合并高校中出现了范围经济，尽管在数量上显得不如规模经济重要。

11.3　未来的研究方向

在我们讨论本研究结论的政策含义之前，我们先指出本研究中由于数据和时间的限制没有完成的研究内容，为下一步的研究提供一些可供参考的方向。

(1)由于数据的限制，我们只考察了教育部直属高校的情况，对于很多省属、地方院校，中科院、社科院系统，甚至党校系统以及发展十分迅速的民办高校，我们都没有能分析其成本与范围经济问题。尽管受数据可获得性的影响，对这些高等教育机构(Institutions of Higher Education)的成本、规模经济和范围经济的实证分析，尤其是它们之间以及它们同教育部直

---

① Johnes (1997) 也将教学产出做了进一步的细分，分为文科本专科生(Arts Undergraduates)、理科本专科生(Science Undergraduates)和研究生，从这里可以看出，在对学科的处理上，Johnes(1997)不同于 Dundar, H.，& Lewis (1995)的研究，他是直接将不同学科产出引入到同一个模型里，尽管在处理上还是笼统地以文科和理科来区分不同学科产出。Johnes(1997)对文理科的划分可参见该文注释 2。

属高校的比较，将是极有意义的事情。①

(2)由于数据的限制，本文研究的分析单位是高等学校，但是，在高等学校内部，系和学科的成本结构就存在很大差异，国外学者也将这种差异考虑到了范围经济的分析当中。通常有两种处理办法，一种是 Dundar，H.，& Lewis(1995)将不同学科作为不同样本分别进行处理(另见注释 79)；另一种是 Johnes(1997)将不同学科作为不同产出放在同一个成本方程里进行的处理(另见注释 80)。此外，还可以考虑将产出进一步细致划分，如将本专科生划分为高年级和低年级本专科生(Nelson and Heverth，1992)，研究生划分为硕士生和博士生(Dundar，H.，& Lewis，1995)，科研产出可以使用分类评估成绩将科研质量分为高、中、低三级（Glass et al.，1995)等。

(3)此外，由于本人学识所限，在计量中除了 OLS 估计外，还有所谓的 stochastic frontier 估计，Johnes(1995)认为，在对高等教育的数据进行分析的时候，这种方法比 OLS 估计更恰当，并对两种估计结果进行了比较。Izadi 和 Johnes 等人(2002)在估计 CES 的成本模型时，又将这种估计同非线性极估计（non-linear Maximum Likelihood)的结果进行了比较。Johnes(1998)则将 stochastic frontier 估计的结果同数据包络分析(Data Envenlopment Analysis)进行了比较。所以，进一步探究 stochastic frontier 估计的优势和 OLS 估计(以及一般的 best－fit 估计方法)在高等教育成本模型中的适用性，是相当重要的。

① 国外同类可供参照的研究主要是，公立同私立大学、综合性大学与人文学院、基督教圣经学院等不同类型的高校。

(4) 我们在第三 章讨论多产出成本函数时提到，Baumol等人(1982)建议了三种满足多产出特征的成本函数，本文使用了其中最常用的两种模型，二次成本模型和CES成本模型进行估计，另外有一种被称为hybrid translog成本函数，虽然不被常用，但是我们考虑可以将三种成本模型同时使用，然后将估计结果进行比较，会是不错的尝试。Glass等人(1995)使用1989年横截面数据，以英国61所大学为样本，估计了hybrid translog成本模型，并计算了相应的规模经济和范围经济。

(5) Johnes(1997)使用英国1994—1995年度的99所高校的数据，在计算了规模经济和范围经济之外，还对这99所大学进行了成本最小化行业结构的heuristic分析。Johnes(1998)使用基于tabu－search的heuristic方法，评估了英国高等教育的成本最小化行业结构。通过这种分析可以得出在一个有效率的高等教育的行业结构中，不同类型的高校数量应当是怎样的，或者它们在整个行业中的比重是多大，才可以保证整个行业是有效率的。对高校做这样的分析，非常有利于对宏观政策提供理论指导。

(6) 在本文附录9，我们虽然从理论上对合并经济的公式提出了质疑，并且给出了修正的办法，但是，如何将合并成本加以操作化，从实证的角度进行计算，应当是下一步的工作。

(7)本文对总体范围经济和特定产出范围经济的计算过程都沿用了通常的要素价格不变假定，保持教职工工资不变。但是，Baumol et al.(1982)也考察了要素价格变化对整体规模经济、特定产出的规模经济和范围经济影响程度的具体计量办法，(可参见Baumol et al. 1982，chapter 6公式6B2、6B5及

6B13）。实际上，在 Baumol et al(1982)对多产出范围经济讨论之前，Basset& Borcherding(1970)已经分析了单产出行业中投入价格对规模经济的影响；而 Silberberg(1974)和 Hanoch(1975)也涉及了要素价格效应对平均成本曲线的影响。（参见 Baumol et al.，1982，chapter 6，p. 154，note 4）。如何在范围经济以及规模经济的估计计算中考虑要素价格的变化，也是一个值得努力的方向。

11.4　政策建议

以上是从理论角度对范围经济的探讨，那么从实践的角度看，范围经济理论对于我国高等教育都有哪些指导意义呢？在回答这个问题之前，有几个问题需要说明一下。首先，我们的取样受数据的限制，只包括了教育部直属高校，而没有包括地方政府所属院校、各种职业技术学院、民办高校、中科院、中国社会科学院、地方社会科学院系统和党校等研究机构。样本高校大都同时从事教学和科研活动，所以，样本的特点决定了文中的估计模型是针对同时具备教学和科研活动的高校才有显著的指导作用①，对于像中科院、中国社会科学院、地方社会科学院系统这样偏重科研的机构，或者是对于偏重于实践和应用的专科层次的学历教育来说，可能需要专门的样本数据才能

① 而且，即使在本样本中学校之间的差异也是很大的，既有北大、清华这样追求世界一流大学的精英学校，也有一般的普通院校。以 2000 年的样本数据来说，各院校当中，本专科生最少 361 人，最多 29 531 人；研究生最少 50 人，最多 8 850 人；科研支出最少 3 万元，最多 49 192 万元；教职工平均工资最少 14 220 元/年，最多 58 620 元/年；生师比最小 3.8，最大 22.8。发展目标不同，范围经济对它们的含义也不一样，下面的讨论是从作为内部效率的范围经济这个一般性的视角进行的分析。具体到每个院校，需要结合自身特定的情况做进一步的分析。

说明此类机构的范围经济情况。这里的研究结论和政策含义对其只有参考价值，而不具有指导意义。其次，正如本文 3.2.5 和 3.2.6 所讨论的，范围经济只是组织内部效率的一个方面，而组织的内部效率又只是组织特征的一个方面，所以，在下面的政策建议里所讨论的内容，只是从范围经济的这一个特定视角提出的看法，作为面对教育实践的政策制订者，我们建议下面的分析应当作为高校组织特征中内部效率的一个方面来看待，不可简单照搬结论。所以，在应用本样本研究的结论时，是有上面这些约束条件存在的，而不是可以无限制的随意推广。

正如本文第三章数据描述中所说，下面我们将从我国高等教育规模扩展、办学模式以及合并行为等方面来阐述范围经济的政策意义。

(1)范围经济结论与高等院校规模的扩展形式。

范围经济的研究表明：同时从事包括本专科和研究生教学以及科研等复杂活动的高校会比仅仅专业于其中一项(或两项)任务的几所高校更有效率①。尽管我们知道高校获得专业化要

① 如果完全按照范围经济的定义，似乎这一推论并不准确，而应当是对于高等教育机构，同时从事包括本专科和研究生教学以及科研等复杂活动会比将教学和科研活动分别放在不同的机构里生产(仅仅专业于其中一项或两项任务)更有效率。这里的微妙差别在于，定义似乎强调的是对比原本是一家机构被拆分成两三家机构之后的成本变化的比较；而我们这里的推论则是对已经存在的几家机构(完全联合生产的高校与局部联合生产或专业化的完全独立生产的高校)之间的成本比较。看起来，我们的推论似乎偏离了范围经济的愿意，不过笔者以为，两者是没有差别的。笔者在第三章总结的新定义里讲的明白，范围经济为了剥离要素价格、投入要素的比例以及产出种类数和每种产出的产量变化对成本的影响，单独

相对容易一些，但是我们的研究表明，容易得到的东西要付出更高的成本，一般来说，将本专科和研究生教学以及科研等复杂活动放在一起的完全联合生产是比局部联合生产以及将它们分开的完全独立生产都要经济、节省成本的生产方式。这一结论意味着，我国很多高校虽然经历了大规模的扩招，具备了很大的在校生的规模，虽然利用了教学活动上的规模经济，但是，这种好处可能不足以抵偿由教学和科研活动的互补性所带来的范围经济的机会成本。此外，根据丁小浩(1995)的研究，我国在校生的适度规模为 4 000 人，现在的多数高校已远超过了此一临界水平。本文第三章的研究结果也表明，在均值产出的大概 170%以上，出现了总体规模不经济，意味着现有的高校随着产出规模的扩大，可利用的规模效益空间会越来越小。在这种条件下，范围经济的理论指导作用在于，此类高校应当朝着扩大研究生、科研产出活动的方向努力，从而进一步利用范围经济的好处。

这意味着，在进行宏观决策及制订高等教育发展总体规划时，既要考虑学校学生人数、教学规模的扩大，又要考虑科研规模的扩大。以改变高校办学的低效率状况，提高办学效率。

(接上页注)考察组织生产方式对成本的作用，对前面几个变量做了都保持不变的假定。所以，笔者这里说“同时从事包括本专科和研究生教学以及科研等复杂活动的高校会比仅仅专业于其中一项(或两项)任务的高校更有效率”，当然不是无条件的，条件就是“同时从事包括本专科和研究生教学以及科研等复杂活动的高校与“仅仅专业于其中一项(或两项)任务的几所高校”相比，要素价格、投入要素的比例不变并且产出种类数和每种产出的产量也没有变化，也即后者是几所可以组成局部联合生产或专业化的完全独立生产的高校。当然，上面的表述很容易引起误解，笔者感谢阎凤桥老师提出的这个问题。

高等学校科研规模的扩大总是同教学活动的开展密切联系的。同时从事科研活动的教师往往能把最新的知识传递给学生，利于扩展学生的知识面，增强学生对市场的适应性和灵活性。

(2)范围经济结论与高等院校生产组织方式的选择。

高等学校的生产可以根据产出不同有不同的组织方式，可以采用将本专科生、研究生和科研活动放在一起进行组织生产，被称为完全联合生产方式；也可以采用分别将本专科生、研究生和科研活动放在不同的高等教育机构中进行组织生产，被称为完全独立生产方式；还可以采取将本专科生、研究生和科研活动三种产出的一种单独生产，另外两种产出放在一起组织生产，这被称为局部联合生产方式。其他的生产组织类型都可以由以上这三种基本的生产方式来组合。

我们的研究结论对于新建高校的意义在于，从成本节省的角度看，新建高校采取完全联合生产方式是较为经济的做法。

其次，我们采用2000年和2002年的数据，在加入了教学和科研产出的质量因素后，不论在哪个产出水平上，都表现出总体范围经济和特定产出的范围经济，将本专科生、研究生和科研活动放在一起进行组织生产的完全联合生产方式都是最经济、最节省的。以2000年数据为基础，比较加入质量对范围经济的影响发现，在加入质量因素之前，最优生产方式存在一个从完全联合生产向科研单独生产，本专科和研究生联合生产的局部联合生产方式的转变(在均值产出水平的180%左右)；而在加入质量因素后，不论在哪个产出水平上，将本专科生、研究生和科研活动放在一起进行组织生产的完全联合生产方式都是最经济、最节省的。就现实的情况而言，高校的教学和科研质量是现实存在的，这意味着，完全联合生产方式始终都是最经济、最节省的。提高教学和科研质量会对范围经济的程度产生影响，但是，不会影响最优生产组织方式的选择。

最后，我们将几种影响因素：教学和科研的质量、学校类型、高校合并以及高校所在地区等综合起来考虑，发现不论在哪个产出水平上，将本专科生、研究生和科研活动放在一起进行组织生产的完全联合生产方式都是最经济、最节省的。

(3)范围经济结论与高等院校合并。

在本文中，我们使用三种不同的方法对高等院校的合并效果进行了评价。前两种方法无法给出明确的答案，合并是否有利于提高效率，节省成本。第三种方法是由 Lloyd et al.(1993)在考察澳大利亚大学合并中的规模经济和范围经济问题时提出的①，他的研究发现，高校合并过程不仅可以利用规模扩大带来的规模经济，而且可以利用因为产出多样化而带来的范围经济。因为合并意味着教学和科研规模的扩大，所以，高校合并所带来的并非简单的学校规模的扩大，同时，也会因为学校在教学、科研等活动上的综合化而享受范围经济的好处。我们使用 Lloyd et al.(1993)的计算方法发现，除了综合大学之间的合并以及综合大学与理工大学的合并外，所有其他类型的合并都表现为合并经济。只有综合大学之间的合并以及综合

① 关于澳大利亚高校合并的背景情况可参见周蕨(1997)。

大学与理工大学的合并表现为合并不经济。不同类型的高校之间合并所带来的成本节省、合并经济是不同的。综合类高校同艺术类、医科类高校合并的经济程度最高；理工类高校同艺术类、外语类高校合并的经济程度最高；师范类高校同艺术类、外语类以及医科类高校合并的经济程度最高；而外语类高校同外语类、农林类、财经政法类、艺术类以及医科类合并的经济性都很高；农林类高校同艺术类以及医科类合并的经济程度较高；财经政法类高校同财经政法类、艺术类以及医科类合并的经济性都很高；艺术类高校同艺术类以及医科类合并的经济性都很高；医科类高校之间的合并经济性也很高。当然，这只是对 2000 年教育部直属高校的合并情况的评价，而且，结果显示出，由于规模变动带来的规模经济在数量上显得更为重要，由产出种类变动所带来的范围经济显得相对不重要。并且，是否存在范围经济是随着合并高校类型的不同而有变化的。①

同时，合并现象本身是相当复杂的，合并本身不是毫无代价的，上面的计算方法都假定了合并成本不存在，或者合并成本相对于长期的合并收益很小以至于可以忽略不计。但是，我国高校现实合并中发生了大量的成本，丁小浩、闵维方(1995)考察了合并过程中本身发生的成本。所以，如何将合并过程中发生的成本考虑到合并经济的计算中，是值得尝试努力的方向

① 当然，我们这里只是基于对本专科、研究生和科研这样的产出划分进行计算的结果，虽然计算了不同类型高校合并经济的情况，如果要对不同学科的合并情况进行分析，还需要进一步将产出细分。

之一①。此外，Verhoeven(2003)对比利时大学合并的研究则认为，很难评价一个大学与另一个大学合并是否已经成功了。原因在于，很多合并导致的后果，如更广泛的课程、对局部竞争的影响、行政管理的职业化程度、财政稳定性以及人们的态度、行为(满意度、参与度、认同、相互的沟通等)的影响等，要么缺乏数据，要么无法用数据来量度。Lloyd et al.（1993）也提到并校后不同高校师生之间相互关系对学习的促进或抑制，并校后提供的更为广泛的课程给学生以更大的选择空间，这些方面可能比成本节省是更为重要的，但是，很难考虑到模型中。

(4)范围经济结论与高等教育的经费分配政策。

范围经济研究的结论对政府指定的经费分配政策有重大的参考价值。如同丁小浩(2001)讨论规模效益与高等教育的经费分配政策的关系一样，在高等教育经费有限的条件下，提高已有资源的使用效率是十分重要的。政府在分配教育经费时，应当考虑在拨款过程中引入激励机制，诱使高校的资源使用向着有效率的方向改进。具体来说，政府应当鼓励那些在已有条件基础上，扩大产出种类的高校发展方式，使得高校向着本专科生、研究生和科研多样化生产方式转换；对于高校合并，也应当通过增加经费投入鼓励那些可以产生合并经济效果的合并发生。

(5)对高等院校不同产出上的教育投入。

① 另见本文附录9的相关讨论。

我们在第四章计算平均成本(Average Incremental Cost)时发现，样本数据计算出的研究生与本专科生的生均成本之比过高，达到7倍左右。应当向着降低这一比例的方向努力，可以加大对本专科教学的投入，也可以降低对研究生教育的投入，或者同时采取这两种措施。

附 录

附录1 规模效益研究与规模经济和范围经济的关系

实际上，国内学者的规模效益研究还不能算作是真正意义上的规模经济研究。在作“高等教育中的规模经济与范围经济的中外比较”时，我们在第二点中谈到规模效益研究是按照规模经济的定义展开的。但是，笔者发现他们的研究即便是按照规模经济的定义，也是极不严格的。根据《新帕尔格雷夫经济学辞典》，规模经济是指“考虑在既定的(不变的)技术条件下，生产1单位单一的或复合的产品的成本，如果在某一区间生产的平均成本递减(或递增)，那么，就可以说这里有规模经济(或规模不经济 Diseconomies of Scale)”，显然在经济学中，规模经济的对象原本就有“单一产品、复合产品”之说。

此外，再让我们从准规模经济(Quasi-Economies of Scale)看看他们的规模效益研究，虽然规模效益研究所采用的高等教育产出的单一的教学产出，但它实际上是包含了本专科产出(UD)和研究生产出(GR)两项的复合产出。那么，我们就要问这种表面上单一，实际上是复合产出的规模经济有什么特殊性吗？有，这个特殊性就在于，讨论复合产出的规模经济有一个基本前提：产出(或产品)之间的比例应保持不变①。这一点在规模效益模型中显然没有考虑到(这当然也同他们对产出的划分有关)。

① 见注释(1)及 Baumol et al.（1982)chapter 3，p. 47 和 chapter 4，p. 65。

下面，我们简单讨论一下规模经济中复合产品比例不变的原理，以及在高等教育产出中不考虑比例问题会有什么样的后果：

对于复合产出(产品)而言，各产出(产品)的平均成本一般来说是有差异的，下面以二产出的复合产品为例。

假定有两种产出 A 和 B，产出量和总成本分别为 q_A、C_a、和 q_B、C_b。

同时令平均成本

$$AC_a = \frac{C_a}{q_A} > AC_b = \frac{C_b}{q_B}$$

由复合产品的平均成本 $AC=TC/q=(C_a+C_b)/(q_A+q_B)$

假定现两产品产量比$\lambda = q_A/q_B=1/2$ 则有

$$\frac{C_a}{q_A} > \frac{C_b}{2q_A} \text{ 即 } 2C_a > C_b \text{ 或 } C_a > C_b/2 \qquad (a)$$

$$AC = \frac{C_a + C_b}{q_A + 2q_A} = \frac{C_a + C_b}{3q_A} \qquad (b)$$

$$AC = \frac{C_a + C_b}{q_B/2 + q_B} = \frac{C_a + C_b}{q_B \cdot 3/2} \qquad (c)$$

由(a)、(b)、(c)有

$$AC_b < AC < AC_a$$

如果复合产品以$\lambda_1 > \lambda$的比例扩大产出规模，则

情形 1

$$\lambda_1 = \frac{\Delta q_A + q_A}{\Delta q_B + q_B}\begin{cases}\Delta q_B = 0, \Delta q_A > 0 \\ \Delta q_A, \Delta q_B > 0 \quad \dfrac{\Delta q_A}{\Delta q_B} > 1 \\ \Delta q_B < 0, \Delta q_A > 0, |\Delta q_A| > |\Delta q_B|\end{cases}$$

这种以比例提高的结果是总平均成本(AC)上升。(证明从

略，可以将 $q_A/q_B=1:1$，$2:1$ 代入上式进行检验）

同理，如果复合产品以 $\lambda_2<\lambda$ 的比例扩大产出规模，则

情形 2

$$\lambda_2=\frac{\Delta q_A+q_A}{\Delta q_B+q_B}\begin{cases}\Delta q_A=0,\Delta q_B>0\\ \Delta q_A,\Delta q_B>0\ \dfrac{\Delta q_A}{\Delta q_B}<1\\ \Delta q_A<0,\Delta q_B>0,|\Delta q_B|>|\Delta q_A|\end{cases}$$

结果正相反，总平均成本下降。（可以将 $q_A/q_B=1:3$，$1:4$代入上式进行检验）

实际上，以上的结论是很直观的，只要复合产品的规模增加部分的平均成本低于增加前的复合产品的平均成本，那么就会带来总平均成本的节省；反之，如果复合产品的规模增加部分的平均成本高于增加前的复合产品的平均成本，那么就会带来总平均成本的增加。

而复合产品增加部分的平均成本高低是由复合产品之间的比例变化情况决定的，如果要使平均成本降低(情形 2)，它可以通过三种方式来实现：

(1)原复合产品中高成本的产出不变($\Delta q_A=0$)，扩大低成本的产出($\Delta q_B>0$)；

(2)两种产出都增加，但低成本产出增加的速度要快于高成本产出；

$$\frac{\Delta q_B/\Delta t}{\Delta q_A/\Delta t}>1,\text{即}\frac{\Delta q_B}{\Delta q_A}>1$$

(3)低成本产出增加($\Delta q_B>0$)，高成本产出减小($\Delta q_A<0$)，但增加的产出量要大于减少的产出量($|\Delta q_B|>|\Delta q_A|$)以保证整体规模是在扩大。

如果我们令 A 代表研究生产出 GR，B 代表本专科生产出 UD，再根据历年研究生产出和本专科产出的规模(见下表)。

表 1　历年研究生产出和本专科产出的规模

(单位：万人)

		1990 年	1991 年	1992 年	1993 年	1994 年	1995 年	1995 年比 1991 年递增%
毕业生人数	研究生	3.54	3.25	2.57	2.82	2.80	3.19	−2.06
	本科生	30.79	32.35	33.21	29.90	31.03	32.55	1.12
	专科生	30.57	29.08	27.21	27.17	32.71	47.99	9.44
	普通高校	61.36	61.43	60.42	57.07	63.74	80.54	5.59
在校生人数	研究生	9.31	8.81	9.42	10.68	12.79	14.54	9.33
	本科生	132.01	132.00	132.94	141.73	151.69	163.82	4.41
	专科生	74.26	72.37	85.50	111.82	128.17	126.82	11.30
	普通高校	206.27	204.37	218.44	253.55	279.86	290.64	7.10
招生人数	研究生	2.97	2.97	3.34	4.21	5.09	5.11	11.46
	本科生	31.72	32.95	34.99	38.65	40.96	44.78	7.14
	专科生	29.17	29.04	40.43	53.75	49.02	47.81	10.39
	普通高校	60.89	61.99	75.42	92.40	89.98	92.59	8.74

资料来源：中华人民共和国国家教育委员会计划建设司编：《我国教育事业统计年鉴 1995》。

另根据《我国教育年鉴》(1997 和 1998)，1996 年我国本专科招生 96.5 万人，毕业生人数为 83 万人，研究生(招生人数缺)毕业人数 3.7 万人(其中包括 4996 名博士)。1997 年我国普通高校招生 108.041 1 万人(包括电视函授、军事院校等)，毕业生人数为 83.1 万人，研究生招生 4.86 万人，毕业 4.911 4 万人。

以上可以看出，如果以“毕业生人数”作为高等教育机构(IHEs)产出规模的衡量，则从1994年到1997年，研究生毕业生人数(q_A)由2.80万人增长到4.9114万人，平均每年递增20.9%(平均每年增加7038人，Δq_A ↓¯ 0)；本专科毕业生人数(q_B)由63.74万人增长到83.1万人，平均每年递增9.8%(平均每年增加6.453万人，Δq_B ↓¯ 0)，所以，本专科产出的增长速度超过了研究生产出[①]($\Delta q_A/\Delta t$ ↑_ $\Delta q_B/\Delta t$，$\Delta q_A/\Delta q_B$ ↑_ 1)，这正是我们上面所讨论的情况2(b)，结果自然是总平均成本下降。从1993年到1994年，研究生产出(q_A)由2.82万人减少到2.80万人(减少了2000人，Δq_A ↑_ 0)，本专科产出(q_B)由57.07万人增长到63.74万人(增长了6.67万人，Δq_B ↓¯ 0)，增长的本专科人数超过了减少的研究生人数($|\Delta q_B|$ ↓¯ $|\Delta q_A|$，高校的整体规模仍在扩大)，这正是我们上面所讨论的情况2(c)，结果也是总平均成本下降。

从上表也可以看出，使用“在校生人数”而不是“毕业生人数”作为高等教育机构(IHEs)产出规模的衡量会产生不同的结果，例如从1991年到1995年，研究生在校生人数及本专科在校生人数都一直在增长(研究生平均每年增加1.43万人，本专科生平均每年增加21.57万人)，这正是上面所提到的情况2(b)。

Cohn etal.(1989)、de Groot et al.(1991)使用了“入学人数”(FTE enrollments)作为高等教育机构(IHEs)产出规模的衡量。以“入学人数”来看，从1990年到1991年我国高校研究生招生规模基本未变($\Delta q_A=0$)，本专科招生规模增长了1.1

---

① 注意，我们这里所作的是本专科产出同研究生产出之间的横向比较，而不是它们各自的纵向比较。因而应当使用每年增加的人数，而不是百分比作比较。

万人(Δq_B ↓￣ 0，情况 2(a))；从 1991 年到 1993 年，研究生招生规模平均每年增加 0.62 万人，本专科平均每年增加 15.2 万人(Δq_A ↓￣ 0，Δq_B ↓￣ 0 且 $\Delta q_A/\Delta q_B$ ↑＿ 1)，这是上面所讨论的情况 2(b)。从 1995 年到 1997 年，研究生招生规模减少了 0.62 万人，本专科平均每年增加 7.73 万人[①]，这是上面所讨论的情况 2(c)。

所以，一方面，规模效益研究使用“在校生人数”同 Cohn et al. (1989)、de Groot et al. (1991)使用“入学人数”作为高等教育机构(IHEs)产出规模的衡量在经验数据上就存在偏差，数据处理的结果自然也不同[②]。另一方面，按照经济学对概念的界定以上的讨论都不属于规模经济的范畴[③]。总之，原有复合产品的平均成本是按照产出的比例分摊的，如果复合产品规模的扩大是通过打破这个比例进行的，那么这个平均成本的下降就有可能是由于比例变化所带来的，而不是由于规模经济的缘故。规模效益研究并未区分“在校生人数”中的本专科产出和研究生产出，当然也就没有注意到这一混合产出中比例变化的问题。正是从上面这一点看，我们说他们的规模效益研究不是严格意义上的规模经济。

---

① 尽管这两个数据可能有误差，但是前者小于后者即 $|\Delta q_B|$ ↓￣ $|\Delta q_A|$ 的这一结果是毫无疑问的。

② 如果要说哪种产出衡量更合理，笔者更倾向于使用“毕业生人数”作为高等教育机构(IHEs)产出规模的衡量。毕竟，“入学人数”正如 Cohn et al. (1989)自己所说“人们更可能把它看作是投入而不是产出”。“在校生人数”包括了低年级和高年级的尚处于培养过程的“半成品”“成品”，而只有“毕业生人数”才是纯粹的“成品”。

③ 参见《新帕尔格雷夫经济学大辞典》卷 2，84 页。至于这种产出比例变化的情况应如何处理，限于篇幅，我们将在“比较研究整理之三”中予以讨论。

附录2　成本模型从单产出到多产出的演变逻辑

实际上，Baumol 等(1982)对多产出技术的研究也是以单一产出为基础的，遵循着一个从单产出到多产出的逻辑推演过程。通过展示这一从单产出到多产出的逻辑推演过程，我们会理解多产出技术是如何处理复合产出之间比例发生了变化的情形的。现在我们就先来看看这个推演过程是怎样的：

对于单一产出的情形：根据微观经济学的厂商成本理论，一般厂商的平均成本(AC)与边际成本(MC)存在如下图所示的关系：

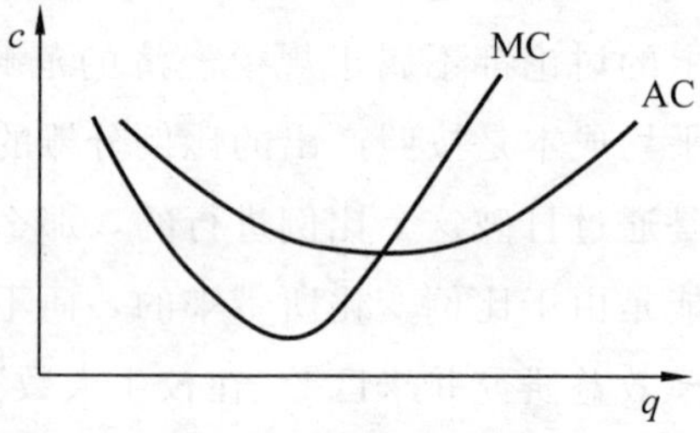

随着产出规模(q)的扩大，

当 MC＜AC 时，AC 一直在下降，　(1)

当 AC 下降到最低点时，AC＝MC，两条曲线相交，　(2)

当 MC＞AC 时，AC 开始上升。　(3)

所以，根据规模经济的定义，“考虑在既定的(不变的)技术条件下，生产1单位单一的或复合的产品的成本，如果在某一区间生产的平均成本递减(或递增)，那么，就可以说这里有规模经济(或规模不经济 Diseconomies of Scale)”(《新帕尔格雷夫经济学大辞典》，84页)。上述情形(1)意味着出现了规模经济，这时 MC＜AC 即 AC/MC＞1；C(y)/yMC＞1。

情形(2)意味着出现了规模收益不变，这时 MC=AC 即 C(y)/yMC=1。

上述情形(3)意味着出现了规模不经济，这时 MC>AC 即 AC/MC<1；C(y)/yMC<1[①]。我们可以证明上述的单产出的规模经济的计量手段同多产出(复合产出)的规模经济的计量是等价的：

对于单产出我们有 $S=C(Y)/[Y\cdot MC]=C(Y)/[Y\cdot dC(Y)/dY]$ (A)

对于复合产出的规模经济我们有

$$S_N=C(Y)/[\sum Y_i\cdot C_i(Y)] \quad (B)$$

可以证明公式(A)和(B)是等价的。[②]

从上述单产出到多产出的逻辑推演来看，我们为了能够将复合产出看作是单产出，从而在技术上使多产出问题变得易于处理，所以假定了复合产出在扩大规模时，产出之间的比例不变。Baumol 等(1982)给出的整体规模经济正是按照这一假定进行定义的。但是，在现实当中经常会遇到复合产出在规模扩大时，产出之间比例发生变化的情形。例如，眼下的高校扩招，有些高校整个教学和科研的规模都扩大了；有些仅仅是本专科教学规模扩大，而其他的产出没有多少变化；还有些教学扩招是以研究生和本专科生的不等比例进行的等。那么，对于这些以改变产出之间比例的方式来进行规模扩大的情形该如何处理呢？应当说，尽管多产出技术在解决这个问题上已做了很

① 此外，Baumol 等(1982)还给出了判别规模经济存在与否的一种简单方法，就是看 AC 曲线的斜率变化情况。详细内容可参见 chapter 2，pp. 21—22.

② 证明可参见 Baumol 等(1982)第 15 章的内容。

多方面的努力，但是所取得的进展仍是十分有限的。目前所能处理的仍是产出之间比例变化的几种特殊情形。

第一种情形就是特定产出的规模经济(Product-Specific Economies of Scale)。它给人直观的印象是，它是保持复合产出中其他产出的数量不变，而单独增加某一特定产出的规模，从而也就是通过改变复合产出之间的比例来扩大规模的。这种产出之间比例变化显得较为特殊，它虽然也出现了产出比例变化的现象，然而却不是通过改变各项产出的规模实现的，仅是通过改变某一种产出的规模来实现的。而且，它所考察的成本仅是发生规模变动的那一特定产出的平均成本。所以，严格地说，它所计量的不是整个复合产出的规模经济①，而仅是某一特定产出的规模经济。根据 Baumol 等(1982)，Cohn 等(1989)，特定产出的规模经济是以复合产出中某一具体产出为研究对象，考察其成本的动态情况。由第二章中的公式(5)'，对本专科产出的特定产出的规模经济，我们有：

$$S_u(Y)=AIC(Y_u)/C_u(Y)$$

其中的 $AIC(Y_u)$和 $C_u(Y)$分别是本专科产出的平均变动成本和边际成本，而不是整个复合产出的值。所以，对于特定产出的规模经济而言，我们只不过是在一种特殊的条件下(即所研究的特定产出是复合产出中的一种)，讨论单一产出的规模经济问题。因而也就谈不上产出比例变化不变化的问题了，复合

① 实际上，对于复合产出的规模经济来说，只有后一条件才是必要的。即不论产出之间的比例变化是通过各产出规模同时改变来实现；还是各产出规模不变，仅改变某一特定产出的规模来进行，只要所考察的成本是整个复合产出的平均成本，那么这一复合产出比例变化的计量就是复合产出的规模经济。

产出的比例变化同特定产出的规模经济没有直接的关系。说得极端点，就是在讨论特定产出的规模经济时，我们完全可以不考虑复合产出的问题，把它当作单一产出的情形来对待。①

如果将特定产出的规模经济转换一个角度，把研究对象放大达到整个复合产出，会得到我们想要的一个复合产出之间比例变化的情形：

$$AIC(Y_i)=[C(Y)-C(Y_{n-i})]/Y \quad (4)$$

$$S_n(Y)=AIC(Y_i)/C_i(Y) \quad (5)$$

同第二章的公式(4)、(5)相比，这里的平均增量成本 AIC (Y_i)变小了，因为分母由产出 Y_i变为总产出 Y，对规模经济的计量(公式 5')，分母由特定产出的边际成本变为总产出的边际成本②。所以，同特定产出的规模经济相比，这一相同情形下的复合产出的规模经济减小了。

第二种复合产出之间比例变化的情形要比第一种情形复杂得多。此前我们所讨论的对多产出规模经济的衡量如整体规模经济、特定产出的规模经济，都是复合产出规模发生变化时较易处理的情形③。正如我们在第二章的注释[25]所讨论过的，

---

① 我们之所以反复强调特定产出的规模经济只具有产出比例变化的表相，而没有其实质，是因为 Baumol 等(1982)仅仅将特定产出的规模经济作为产出比例变化的情形讨论，而没有对此做出相应的区分。当然，下面我们给出的对同一现象进行不同的计量的办法，也是 Baumol 等(1982)没有涉及的。

② 这里二者是相等的：由 $C_i(Y)=\partial C/\partial Y_i$，$\partial Y_1$、$\partial Y_2$、…、$\partial Y_{i-1}$、$\partial Y_{i+1}$、…、$\partial Y_n=0$ $\partial Y_i=\partial Y_1+\partial Y_2+\cdots+\partial Y_{i-1}+\partial Y_i+\partial Y_{i+1}+\cdots+\partial Y_n=\partial(Y_1+Y_2+\cdots+Y_{i-1}+Y_i+Y_{i+1}+\cdots+Y_n)=\partial Y$，所以，$C_i(Y)=\partial C/\partial Y_i=\partial C/\partial Y$。

③ 这样说，是因为我们可以把前两者看作是复合产出规模变化的理想变化形态：伴随规模变化的是产出之间的比例不变；和根本就是单一产出的规模经济。比较特定产出的规模经济同单产出的规模经济的判定公式，我们可以发现二者根本是一样的。

在技术上容易处理(manageable)的研究前提往往意味着脱离现实(unrealistic)。我们讨论的第二种情形虽然更接近真实情况，但需要的处理技术也相应的复杂一些。Baumol 等(1982)定义了一种较之第一种情形更为一般，但较之产出之间比例的任意变化又相对特殊的情形：

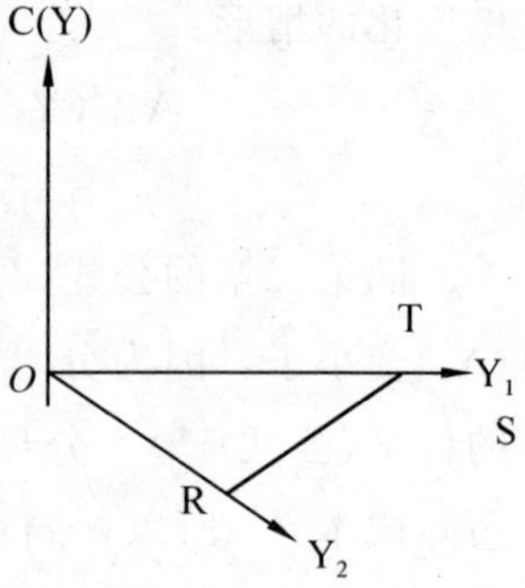

以两产出为例，如右图所示，坐标轴 OY_1 和 OY_2 分别表示产出 Y_1 和 Y_2，坐标轴 OC(Y)表示生产这两种产出的成本。点 T 和 R 分别表示纯粹生产 Y_1 和 Y_2 时的任意产出，设其坐标分别为 T(Y_1'，0，0)和 R(0，Y_2'，0)。对于 RT 连线上的任意一点 S，我们都可以用以下的表达式来表示该点：

$K Y_1' + (1-K) Y_2'$　其中　$0 < K < 1$

如果存在以下成本关系：

$C[KY_1' + (1-K)Y_2'] \leqslant KC(Y_1') + (1-K)C(Y_2')$

则称该点 S 具有横断射线凸性(Trans-Ray Convexity)。①

这一定义的一个含义是，以一定的比例生产两种产出(或多种产出)可能要比将它们分开单独进行专业化生产更经济，从而在这一多产出行业里自然垄断可能较容易出现。那么这里讲的横断射线凸性同范围经济有什么关系呢？② 根据 Baumol

① 或者称成本方程 C(Y)具有横断射线凸性。可参见 Baumol 等(1982)给出的定义 4D1，81 页。

② 可以看出，至少在成本的思想上，这两者很相似。即都存在着同专业化生产的冲突。

等(1982)，横断射线凸性在一定条件下会出现范围经济和特定产出的规模经济[①]。

从以上我们讨论的多产出比例变化的两种情形来看，多产出技术虽然对这一问题给出了一定的解答[②]，但是还远未达到可以处理任意比例变化的境地。就多产出规模经济而言，在相当程度上仍然采取了产出比例不变的处理手法。

① 参见 Baumol 等(1982)，chapter4，p. 82。

② 进一步的讨论可参见 Baumol 等(1982)，chapter4。

附录3　规模经济与范围经济联合的解释

对于"教学和科研同时在大学出现"这一现象，只有借助规模经济与范围经济的联合理论才能得到有效的解释。这里涉及的不仅是本专科生与研究生、科研的多产出规模经济，还涉及多产出有可能带来的范围经济。例如，当资源投入是为获得本专科生的规模经济时，从短期来看，它会为了获得规模经济而进行"专业化生产"，只"生产"本专科生这一特定产出；而为了获得范围经济则需要同时从事两种(本专科生和研究生或科研)或多种产出(本专科生、研究生和科研)的"生产"。这时，高等教育机构就面临着获取规模经济和范围经济的两难冲突①。

---

① 实际上，对于高等教育机构来说，短期的决策可能会同时面临以下的多难冲突：为了获得特定产出的规模经济、整体规模经济、综合范围经济和特定产出的范围经济而必须进行的权衡。这里我们首先要搞清获得各项规模经济和范围经济，其含义是什么？具体来说，就是如何在实际中操作、相应的调整产出的规模？这一问题的提出同我们对规模经济和范围经济的衡量有关，因为Baumol等(1982)给出的判别公式只是一种状态判断，是静态的，而规模的调整是动态的过程。下面我们结合不同的情形分别进行讨论。在资源给定的情况下，一是有可能会出现特定产出的规模经济同整体规模经济相冲突的情形，此时面临着增加产品种类数同扩大单一产出规模的冲突。即$S_i(Y)>1$同时$S_n(Y)>1$，为了获得特定产出的规模经济(或整体规模经济)需要牺牲整体规模经济(或特定产出的规模经济)的好处。例如，Cohn et al.(1989)对1887所美国高等教育机构的规模经济与范围经济的考察结果发现，在产出均值水平的10%、50%时，公立高等教育机构同时存在整体规模经济(Ray Economies of Scale)和特定产出的规模经济(Product-Specific Economies of Scale)，而且后者是在本专科生与研究生、科研三种产出中都存在的。此时，同时扩大三种产出的规模可以同时获得特定产出的规模经济和整体规模经济，二者不冲突。但在产出均值水平的300%、350%时，公立高校存在本专科生的规模经济和整体规模经济，前者要求仅扩大本专科生的规模，而后者则要求同时扩大所有产出的规模，这时两者就出现冲突了。二是可能会出现特定产出的规模经济之间的冲突。如上例，在产出均值水平的10%、50%、1倍、1.5倍时，公立高等教育机构同时存在研究生产出的规模经济和科研产出的规模经济，即$S_G(Y)>1$同时$S_R(Y)>1$。这时，会面临着扩大研究生产出的规模还是科研产出规

但从长期来看①，当规模经济的潜力耗尽时②，转而“生产”其他的产出就会更经济。其中具有互补性的产出具有比一般的产出更大的优势。因为这时的改行、转产不仅可以获得其他产出的规模经济，而且同时获得了范围经济③。

(接上页注)模的冲突。三是可能会出现规模经济(包括特定产出的规模经济和整体规模经济)同范围经济的冲突。如上例，在产出均值水平的2倍、3倍、3.5倍、5倍和6倍时，公立高等教育机构同时存在整体规模不经济、研究生产出的规模经济和范围经济(Economies of Scope)，即 $S_n(Y)<1$，$S_G(Y)>1$ 同时 $SC_t(Y)>0$，此时，研究生产出的规模经济要求扩大研究生产出的规模，整体规模不经济要求缩小整体产出规模，而范围经济要求同时扩大所有产出的规模。此外，根据Koshal & Koshal(1999)，范围经济的计量还可以继续细分为综合范围经济(Global Economies of Scope)和特定产出的范围经济(Product－Specific Economies of Scope)，他们统计了158所私立和171所公立综合性大学，结果发现，在产出均值的0.5倍、1倍、1.5倍、2倍和2.5倍时水平上会同时出现综合范围经济和科研产出的范围经济，即 $ESG>1$ 同时 $ES_R>1$，前者要求扩大全部产出的规模，后者则要求仅扩大科研的规模(见275页，表9)。再有就是特定产出的范围经济同特定产出的规模经济之间的冲突。如Koshal & Koshal(1999)的研究发现，在所有的产出水平上，私立高等教育机构存在本专科的规模经济和本专科的范围不经济，即 $E_U>1$ 同时 $ES_U<0$，前者要求扩大本专科生的规模，而后者则相反。所以，在实际的公共决策中所面临的是相当复杂的多难冲突的权衡问题。

① 这时，阎凤桥和闵维方(1999)所讨论的学校规模的那些约束条件：教学、行政用房面积、宿舍面积、仪器设备、图书、食堂面积以及专任教师中高职称的比例等都是可变的。

② 实际上，远不到规模经济与规模不经济的临界点，而是取决于规模经济与范围经济的边际净收益在什么产出规模相等。

③ 但是，在Cohn et al.(1989)等国外学者那里，并未讨论规模经济同范围经济之间以及规模经济内部特定产出的规模经济之间以及它同整体规模经济之间相冲突的情形。笔者以为，这一问题之所以被忽视可能有两点原因，一是因为国外学者对高等教育中规模经济与范围经济的研究多偏重于学术讨论而非政策建议(这同国内学者的研究正好相反)，前者是一个事实判断(或称为状态判断)的问题(另见正文第二章第六点)，而后者则是在前者的基础上要解决应该如何去做的问题；二是从长期来看，高等教育机构中资源有限的假定可以得到相当程度的放松。比如在第一期可能资源被用于获得本专科特定产出的规模经济(如时下我国的扩招政策。对于扩招政策而言，似乎又不那么简单。因为扩招不仅意味着教学成本的

当然，现实中的大多数高等教育机构是在一成立时就同时从事教学和科研的“生产”，人们会说这是由高等教育的功能决定的，而不是什么考虑规模经济与范围经济的结果。我们想说的是，在高等教育刚刚产生之时，人们并没有规定它必须做什么，它的功能是什么。它的产生完全是为了满足当时的社会需要。作为一种非营利的组织，它的行为也许并不符合经济成本的考虑。但是，那些在长期的组织实验中，碰巧符合成本规律而发展的高等教育会获得更有利的发展(当然，如果说高等教育的发展不是完全没有竞争的话)。举例来说，早期大学通过它们的组织实验所积累的知识如“教学和科研一体化的好处”可以被后来的高等教育机构免费学习①。同样地，我们的理论还可以解释，为什么从长期看只从事教学的高校最终会增加对科研的投入的现象。所以，功能主义的解释同我们所讨论的效率原则并不矛盾。

(接上页注)上升，同时伴随扩招的学费增加和财政拨款的扩大带来了资源约束的放松)，那么在第二期(通过财政拨款、自筹资金等新增的)资源则可被用于整体规模经济或范围经济。所以，从长期看，一所高等教育机构不可能为了利用某一特定的规模经济或范围经济而无限制地投入下去。其实，当投入的边际收益开始变得小于用于其他规模经济与范围经济的投入时，转变投入的方式就是经济的。因此，这里高等教育机构的公共决策所面临的是短期与长期的一种投入选择，这里受篇幅的限制无法作进一步的讨论。

① 当然，我们这里的讨论仅是一种假说和推理，还需要进一步考察大学的发展历史事实对这一假说进行检验。

附录 4　关于成本函数特征的证明

为什么要求 C(y，w) 必须是非负的、非递减的呢？因为从成本的经济意义出发，成本不可能为负数；非递减以为着成本函数是单调的，也就是说，随着要素投入量的增加，总成本要么增加，要么保持不变，不可能减小。这都是从成本的经济意义出发提出的要求。下面分别给出证明：

1. 关于 C(y，w)是 w 的非减函数，意味着，如果 w'≥w，那么有 C(y，w') ≥C(y，w)。

证明：令 x 和 x'是与 w 和 w'相连的成本最小化要素投入量。那么根据最小化，有 wx≤wx'，

因为 w≤w'，有 wx'≤w'x' 所以，wx≤w'x'，即 C(y，w) ≤C(y，w') 证毕。

2. 关于 C(y，w)是 w 的一次齐次函数，意味着，C(y，tw) ＝ tC(y，w)，其中 t＞0。证明：我们说如果投入量 x 是价格 w 的最小成本化束，那么 x 在价格 tw 也使成本最小化。假设如果不是这样，令 x'为 tw 的成本最小化束，那么有 x'tw＜xtw，所以，会有 x'w＜xw。

这与 x 的定义相矛盾，因此，x 也是价格 tw 的最小成本化束。

所以，以正数 t 乘以要素价格 w，并不改变成本最小化束的组成，因而，成本 一定正好以因子 t 比例上升，有：

C(y，tw)＝twx＝t C(y，w)证毕。

3. 关于 C(y，w)是 w 的凹函数，意味着，C(y，tw＋(1－t)w') ≥tC(y，w)＋(1－t) C(y，w')，其中 0≤t≤1。

证明：令(w，x)和(w'，x')为两个成本最小化的价格－

要素组合，令 $w''=tw+(1-t)w'$，其中 $0\leqslant t\leqslant 1$，

则 $C(w'', y)=w''x''=twx''+(1-t)w'x''$，

既然 x''并不必然是价格 w'或 w 下生产产出 y 的最节省的办法，那么有

$wx'' \geqslant wx= C(y, w)$

$w'x'' \geqslant w'x'= C(y, w')$

让上述两个不等式两边分别乘以正数 t 和$(1-t)$，有

$twx'' \geqslant tC(y, w)$

$(1-t)w'x'' \geqslant (1-t)C(y, w')$ 令上述两个不等式两边相加有：

$twx''+(1-t)w'x'' \geqslant tC(y, w)+ (1-t)C(y, w')$ 也即

$C(w'', y) \geqslant tC(y, w)+ (1-t)C(y, w')$

$C(tw+(1-t)w', y) \geqslant tC(y, w)+ (1-t)C(y, w')$

证毕。

附录5 2001年和2002年回归结果

2001年变量的含义和统计结果

	变量的描述	均值	标准差
		N＝74	
TC	总成本(百万元)	411.525 580	361.203 083
Q_R	科研支出(百万元)	68.949 274	86.687 032
Q_R^2	科研支出的平方	12 167.094 680	40 166.044 989
Q_U	全日制本专科人数(千人)	12.579 311	8.336 428
Q_U^2	全日制本专科人数的平方	226.795 957	309.314 679
CSIZE	生师比	13.962 8	5.096 9
Q_G	全日制研究生人数(千人)	2.744 041	2.525 160
Q_G^2	全日制研究生人数的平方	13.820 021	23.389 956
FS	教职工的平均工资(千元)[a]	32.600 347	9.157 733
FS^2	教职工平均工资的平方	1 145.513 371	659.010 320
$Q_U \cdot Q_G$		47.991 605	68.217 889
$Q_U \cdot FS$		396.569 529	262.011 996
$Q_U \cdot Q_R$		1 145.265 459	1 682.881 149
$Q_G \cdot FS$		95.683 381	107.101 562
$Q_G \cdot Q_R$		363.334 898	815.659 616
$Q_R \cdot FS$		2 489.071 832	4 223.985 749

a：这里教职工平均工资包括了工资总额和福利费。

2001 数据的回归结果

	总成本等式(7)	T 值及显著性	总成本等式(8)	T 值及显著性	总成本等式(9)	T 值及显著性
	B		B		B	
(Constant)	62.978	2.77***	129.158	1.003	98.569	0.77
科研事业支出(百万元)	1.523	2.779***	0.856	0.791	1.23	1.132
科研支出的平方	−7.54 E−04	−0.365	−2.05 E−03	−1.26	−1.89 E−03	−1.18
本专科生人数(千人)	1.754	0.441	4.651	0.441	8.051	0.762
本专科人数的平方	0.459	2.917***	0.321	1.772*	0.26	1.431
硕士生博士生总数(千人)	63.465	3.323***	0.24	0.005	−9.427	−0.215
研究生数的平方	1.837	0.41	−1.437	−0.294	−3.009	−0.613
本专科与研究生人数的乘积	−1.402	−1.291	2.56 E−02	0.017	0.375	0.25
本专科与科研支出的乘积	−7.85 E−02	−2.439**	−5.81 E−02	−1.626	−7.47 E−02	−2.049**
研究生与科研支出乘积	0.232	1.115	0.214	1.147	0.29	1.536?
教职工平均工资(千元)			−5.084	−0.788	−2.044	−0.31
教职工平均工资的平方			8.34 E−02	1.045	5.51 E−02	0.685
本专科与教职工工资的乘积			−4.94 E−03	−0.017	−2.96 E−02	−0.105
研究生与教职工工资乘积			1.513	1.222	1.839	1.491*

续表

	总成本等式(7)	T值及显著性	总成本等式(8)	T值及显著性	总成本等式(9)	T值及显著性
科研支出与教职工工资乘积			2.05 E-02	0.645	2.12 E-03	0.064
生师比					-3.099	-1.706*
R^2	0.97		0.985		0.985	
Adj-R^2	0.966		0.981		0.982	
(F-ratio)	231.116		271.635		261.924	
Durbin-Watson	1.388		1.775		1.776	
n	74		74		74	

注：在系数旁边括号内的值是 t 检验结果，Adj-R^2是根据自由度调整后的值。表示显著性程度为 15%的水平，* 表示显著性程度为 10%的水平，** 表示显著性程度为 5%的水平，*** 表示显著性程度为 1%的水平。

2002 年变量的含义和统计结果

	变量的描述	均值	标准差
		N=74	
TC	总成本(百万元)	510.661 619	406.072 167
Q_R	科研支出(百万元)	85.070 286	99.178 036
Q_R^2	科研支出的平方	16 940.313 762	47 714.491 541
Q_U	全日制本专科人数(千人)	13.467 595	8.729 692
Q_U^2	全日制本专科人数的平方	256.553 801	353.763 739
CSIZE	生师比	16.891 1	4.431 1
Q_G	全日制研究生人数(千人)	3.434 365	3.036 879

续表

	变量的描述	均值 N=74	标准差
Q_G^2	全日制研究生人数的平方	20.892 863	33.774 999
FS	教职工的平均工资(千元)[a]	33.995 165	10.393 247
FS^2	教职工平均工资的平方	1 262.231 114	808.933 742
$Q_U \cdot Q_G$		62.364 628	86.626 931
$Q_U \cdot F_S$		437.874 691	284.456 616
$Q_U \cdot Q_R$		1472.064 013	1972.547 698
$Q_G \cdot FS$		120.298 166	124.887 090
$Q_G \cdot Q_R$		531.067 651	1 066.324 116
$Q_R \cdot FS$		3 073.657 762	4 595.872 349

a：这里教职工平均工资包括了工资总额和福利费。

2002 数据的回归结果

	总成本等式(7)	T 值及显著性	总成本等式(8)	T 值及显著性	总成本等式(9)	T 值及显著性
	B		B		B	
(Constant)	75.68	2.089**	15.968	0.101	30.752	0.189
科研事业支出(百万元)	2.32	3.529***	1.761	1.412	1.784	1.419
科研支出的平方	7.54E−04	0.379	−1.11E−03	−0.703	−1.10E−03	−0.691
本专科生人数(千人)	0.816	0.152	21.321	2.005**	20.752	1.923*
本专科人数的平方	0.541	2.866***	0.346	1.902*	0.35	1.909*
硕士生博士生总数(千人)	58.301	2.621**	−46.449	−1.182	−44.248	−1.108

续表

	总成本等式(7)	T值及显著性	总成本等式(8)	T值及显著性	总成本等式(9)	T值及显著性
研究生数的平方	6.071	1.409	3.208	0.776	2.761	0.642
本专科与研究生人数的乘积	−2.063	−1.809*	−0.712	−0.642	−0.702	−0.629
本专科与科研支出的乘积	−6.30 E−02	−1.848*	−5.60 E−02	−1.697*	−5.80 E−02	−1.727*
研究生与科研支出的乘积	−5.80 E−02	−0.312	1.24 E−02	0.076	2.66 E−02	0.159
教职工平均工资(千元)			1.246	0.178	1.322	0.187
教职工平均工资的平方			1.13 E−02	0.151	1.03 E−02	0.137
本专科与教职工工资的乘积			−0.513	−2.03**	−0.494	−1.908*
研究生与教职工工资的乘积			2.819	2.501**	2.85	2.506**
科研支出与教职工工资的乘积			9.58 E−03	0.279	6.52 E−03	0.184
生师比					−1.06	−0.417
R^2	0.946		0.971		0.971	
Adj-R^2	0.939		0.964		0.963	
(F-ratio)	124.885		138.661		127.615	
Durbin-Watson	1.416		1.745		1.772	
n	74		74		74	

注：在系数旁边括号内的值是t检验结果，Adj-R^2是根据自由度调整后的值。表示显著性程度为15%的水平，* 表示显著性程度为10%的水平，** 表示显著性程度为5%的水平，*** 表示显著性程度为1%的水平。

附录 6 单产出成本方程适合估计大学吗
——以教育部直属高校为例

1. 引言

由于 Baumol, Panzar, and Willig, (1982)的开创性工作，研究者已经对多产出组织进行了经济分析。在高等教育方面，不同形式的多产出成本方程被用来计算规模经济和范围经济。Cohn, Rhine, and Santos (1989); Lloyd et al. (1993); Dundarh 和 Lewis(1995); Lewis 和 Dundar(1995); Johnes (1996, 1998); Hashimoto 和 Cohn (1997); Koshal 和 Koshal (1999, 2000, 2001); Laband 和 Lentz(2003); Hou Longlong et al. (2009)使用了二次成本方程。另外，不变替代弹性的成本方程被 Johnes, (1997a, 1997b)和 Izadi, Johnes, Oskrochi, and Crouchley, (2002)所采用。最后，一个混合超越对数的方程也被 Glass, McKillop, and Hyndman(1995)所使用。单产出成本方程已被研究者们舍弃。Cohn, Rhine, and Santos (1989)他们不仅首次进行了研究来检查高等教育机构的多产出性质，而且比较了单方程和多产出方程的结果。他们得出结论认为，单产出模型可能会提供误导性的结果。

本文的目的是同时估计出二次成本方程和单产出成本方程。利用来自我国高等教育的数据，我们重新验证了 Cohn, Rhine, and Santos, (1989)所处理的单产出模型。我们的研究在三个方面是有所贡献的。第一，我们可以用新数据检查单产出成本方程是否适用于对高等教育机构的估算。第二，我们的研究可以有助于比较在各个国家的高等教育成本。第三，本研究有助于高等教育决策者评估高校的内部效率。

该文的结构如下。下一节介绍本研究所使用的方法；第3节解释使用的数据；在第4节中，单产出成本方程和多产出成本方程所得的结果进行讨论和比较。最后一节总结，并对未来的研究提供建议。

2. 研究方法

(1)多产出成本方程。

在这项研究中，我们同时使用了单产出成本方程和多产出成本方程。对于多产出成本方程，我们遵循 Baumol et al.(1982), Cohn et al. (1989), Koshal and Koshal (1999, 2000, and 2001), and Laband and Lentz (2003), Hou Longlong et al.(2009)，采用固定成本可变的二次成本方程(FFCQ)①。通常认为，标准超越对数成本方程是不适合这项研究，因为它不允许任何零产出。因此，它不能计算平均增量成本和范围经济。因此，我们的方程是如下形式：

$$TC = a_0 + \sum_{i=1}^{k} a_i Q_i + \frac{1}{2}\sum_{i=1}^{k}\sum_{j=1}^{k} b_{ij} Q_{ij} + c_1 FS + c_2 \sum_{i=1}^{k} Q_i FS + dCSIZE + V \qquad (1)$$

其中，TC是生产K种产出的总成本，a_0是一个常数项，a_i和b_{ij}是和各种不同产出变量的系数。Q_i是第i项的产出；c_1和c_2是投入因素(教师平均工资)的系数，同时影响教师平均工资和Q_i。CSIZE的系数是d，CSIZE是生师比。V是随机误

① Baumol et al. (1982, chapter 15, pp. 448～463)讨论了多产出方程需要具备的条件，并给出了三种常用的成本方程形式：二次成本方程，不变替代弹性的成本方程以及混合超越对数的成本方程。运用这三种方程形式的研究在本文第1部分导言做了介绍。

差项。[①]

(2)多产出的规模经济和范围经济。

一般来说，同美国，英国，澳大利亚，日本和土耳其等国的高校一样，我国的高等教育也可以被看作是多产出的组织。我们使用三种产出去描述中国的高等教育机构的特性：Q_U，代表本科生产出；Q_G，代表研究生产出；Q_R，代表科研产出。

规模经济和范围经济的定义是由 Baumol et al.（1982）提供的[②]。遵循 Baumol et al.（1982），Cohn et al.（1989），de Groot et al.（1991），Nelson and Heverth(1992)，Dundar and Lewis(1995)，Koshal and Koshal(1999，2000 and 2001) and Laband and Lentz (2003)，Hou Longlong et al.(2009)，以本科产出为例，我们首先定义平均增量成本(AIC)。如下：

$$AIC_U = \frac{TC\{Q_U, Q_G, Q_R\} - TC\{0, Q_G Q_R\}}{Q_U} \tag{2}$$

其中，$TC\{Q_U, Q_G, Q_R\}$是生产 Q_U(本科生产出)，Q_G(研究生产出)和 Q_R(科研产出)的总成本。类似地，$TC\{0, Q_U, Q_G\}$是当产出 U 的产出为零时的总成本。同样，产出 G (AIC_G)和 R (AIC_R)的平均增量成本可以得到定义。至于单一产出，规模经济是由平均成本和边际成本的比率来衡量。当这一比例大于1时，规模经济才被说存在。Baumol et al.（1982）区分两种不同类型的规模经济：总体的规模经济和特定产出的规模经济。产出 U 的特定产出规模经济定义为如下：

---

① 尽管本研究使用的是不变替代弹性的成本方程，但是在不同产出上并没有使用虚拟变量。本研究所用样本高校都是同时提供三种产出的大学。在第 3 部分，我们将会讨论样本的同质性问题。

② 这些定义详细内容可以参考 Baumol et al.（1982，chapter 3 and 4）。

$$E_U = \frac{AIC_U}{MC_U} \tag{3}$$

$MC_U = \partial TC / \partial Q_U$ 是生产产出 U 的边际成本。E_U 大于(小于)1 时，产出 U 的规模经济(规模不经济)是存在的。总体的规模经济在所有产出的数量都按比例增加时，就会出现。总体规模经济的定义如下：

$$RE = \frac{TC\{Q_U, Q_G, Q_R\}}{Q_U MC_U + Q_G MC_G + Q_R MC_R} \tag{4}$$

当 RE 大于(小于)1 时，存在总体规模经济(不经济)。

在多产出生产过程中，当联合生产在成本节省比单独生产的成本节省更多时，范围经济才出现。(Panzar and Willig, 1981)。遵循 Dundar and Lewis (1995)，Hashimoto and Cohn (1997)，Koshal and Koshal(1999，2000 and 2001)，Hou Longlong et al. (2009)，范围经济分为总体的范围经济和特定产出的范围经济。总体的范围经济(GE)的程度在生产所有产出时被定义为：

$$GE = \frac{TC\{Q_U, 0, 0\} + TC\{0, Q_G, 0\} + TC\{0, 0, Q_R\} - TC\{Q_U, Q_G, Q_R\}}{TC\{Q_U, Q_G, Q_R\}} \tag{5}$$

当 GE 大于(小于)1 时，出现总体的范围经济(不经济)。成本优势取决于每种产出同其他产出的联合生产被称为特定产出的范围经济。例如，对于产出 U，这是由

$$PSE_U = \frac{TC\{Q_U, 0, 0\} + TC\{0, Q_G, Q_R\} - TC\{Q_U, Q_G, Q_R\}}{TC\{Q_U, Q_G, Q_R\}} \tag{6}$$

当 PSE_U 大于(小于)零时，存在产出 U 的特定产出的范围经济(不经济)。

(3)单产出成本方程。

根据 Cohn et al. (1989)，单产出成模型类似于二次成本方程形式：

$$C = a_0 + b_1 Y + b_2 W + c_{11} Y^2 + c_{22} W^2 + c_{12} YW + U \quad (1')$$

(为了简便省略了系数 0.5)C 是生产产出 Y 的总成本，a_0 是一个常数，b_1 和 b_2 是产出 Y 变量和投入 W 的系数。与 Cohn et al. (1989)不同的是，我们通过对本科生和研究生加权值计算出 Y：我们将在后面进一步讨论。设 W 等同于教师平均工资(FS)。Y 的平方和 W 的平方的系数是 c_{11} 和 c_{22}；c_{12} 是 Y 和 W 相互作用的系数。U 是一个随机误差项。

对于单产出模型，Cohn et al. (1989，footnote 4)使用 Y 作为代理变量代表($Q_U + Q_G$)，将研究生的数量直接加到本科生的数量中。我们认为这种作法是不恰当的，因为研究生和本科生是不同质的，具有不同的成本，因此应当作为不同的产出来对待。否则，在多产出情况下，我们就没有必要区分这两者作为不同的产出了。据 Baumol et al. (1982，p. 446)，早先关于单一产出技术的方法包括将企业不同产出加总到单一产出的方法，这种加总后的"单产出"使用了权重，加权或同产出物理特征相关的权重来表示产出规模。因此，不同于 Baumol et al. (1982)的做法，我们给每一个研究生赋值。具体来说，我们让一个研究生大约等同于 7.22 个本科生。①

---

① 每种产出到底应该赋予多大的权重？我们这里以统计作为权重的基础，在第 4 部分，我们首先估计了三种产出的模型并得到了研究生和本科生的平均增量成本。单个研究生和本科生平均成本的比值大概是 7，我们使用了不同均值产出水平的加权平均数(7.22)。

(4)单产出的规模经济和范围经济。

根据单产出规模经济的定义，当平均成本曲线下降(上升)时，存在规模经济(规模不经济)。平均成本 C/Y 如下：

$$\frac{C}{Y}=\frac{a_0}{Y}+b_1+b_2\frac{W}{Y}+c_{11}Y+c_{22}\frac{W^2}{Y}+c_{12}W \quad (2')$$

平均成本 C/Y 下降(上升)的条件是：一阶偏导($\frac{\partial(C/Y)}{\partial Y}$)小于(大于)零，平均成本对产出 Y 求一阶偏导：

$$\frac{\partial(C/Y)}{\partial Y}=-\frac{a_0}{Y^2}-b_2\frac{W}{Y^2}+c_{11}-c_{22}\frac{W^2}{Y^2} \quad (3')$$

当公式(3’)小于(大于)零时，存在规模经济(规模不经济)，当(3’) 等于零时，不存在规模经济或规模不经济。

此外，在产出的数量按比例的增加时，存在规模经济。根据 Baumol et al. (1982, p. 447)，规模经济定义如下：

$$S=\frac{C(Y)}{Y[dC(Y)/dY]}=\frac{C(\sum a_i y_i)}{Y[dC(\sum a_i y_i)/dY]}$$

同时 $Y=\sum a_i y_i$ (4’)

当 S 大于(小于)零时，出现总体的规模经济(不经济)。这个公式的优点在于，我们可以计算出规模经济的程度是多少。

因为这里只有一个单一产出，总体和特定产出的规模经济之间没有区分。同样地，包括总体的和特定产出的范围经济是无法计算的①。

---

① 或者换言之，范围经济(总体的和特定产出的)的计算同多产出模型是一样的。我们需要做的只是把单一产出 Y 分解为最初的研究生产出和本科生数，这实际上就是把单产出模型转换为多产出模型。

3. 数据

截至 2000 年，我国有 1041 所高等教育机构 ，招录了 556.09 万学生。在这些高等教育机构中，有 116 所大学隶属于中央各部委和机构，另外 925 所隶属于地方政府。在 116 所大学中，有 72 所高校直属于教育部，招录 868009 个学生(中国教育统计年鉴，2000)。可惜的是，本研究的数据获取是相当有限的。这里所使用的数据来自教育部直属高校的横截面数据的收集。此研究中的高校大多都是研究性为导向的大学。根据 2000 年中国大学评价和“ 211”工程计划，我们样本是由研究绩效在国内最顶尖的 7 %的中国大学构成(武书连等，2001 年；中国教育和科研计算机网，2004 年)①。这些数据包括来自教育部的拨款经费信息，教学和科研支出，人员的开支，各种类型学生的数量，以及大学的行政和财务状况等。可用的样本量为 74 所②。产出的同质性是由于这些大学在教学和科研上都追求相似的目标。Koshal 和 Koshal (1995)研究表明，产出质量在解释平均总成本和产出关系时重要的解释变量。由于数据的限制，我们无法控制质量上的差异。虽然未来的工作可能会深入探讨这个问题，目前的研究只专注于从汇集样本大学中所得到的结果。

在高等教育方面，正如 Cohn et al. (1989)所指出，在产

① 科研绩效是通过自然科学和社会科学的科研活动(出版，专利和科研收入等)得分来量度的。尽管我们这里的样本容量不大，但是这些教育部属的大型同其他类型高校有很大的不同。

② 2000 年教育部直属高校是 72 所，其中有 3 所高校拥有两个不同地点的校区，这些校区的数据是分开独立汇报的，另外有一所高校数据缺失，所以观测样本是 74 所。

出的量度上没有形成共识。为了我们的分析的目的，我们假设高等教育三个产出：(1)全日制本科生数(Q_U)；(2)全日制研究生数 Q_G；(3)科研产出由研究经费量度，单位是元(人民币 Q_R)。Q_U包括所有本科学生如大一新生、大二的学生、大三的学生、大四的学生。Q_G包括所有的硕士研究生和博士研究生。科研产出的量度是有争议的。虽然没有直接测量方法的存在，使用一个投入(研究经费)作为一个研究产出的指标是有争议的。研究产出包括：出版物，研究报告，专利，公共讲座和其他某项研究工作的结果。作为一种辩护，人们会注意到，研究经费一般给予声誉较好的研究团体的研究者们，基于他们先前研究的数量和质量。虽然在某些情况下研究的资金用于其他目的(如培训)胜过研究，而且，研究可以在没有外来经费支持的情况下开展。但是，在研究产出和研究经费之间可能有很高的相关性。在没有更好选择时，对本研究选择科研产出的量度是教师花费的研究经费。在这里使用的总成本变量(TC)是由当前每所大学用于教学和科研的经费来度量。本研究中，用于多产出和单产出情况下的变量的定义和一些基本的描述性统计呈现在表 1 和表 2 中。

表1 多产出变量的描述统计

变量	描述	均值 N=74	标准差
TC	总成本(百万元)	319.002 4	288.035 8
Q_R	科研支出(百万元)	58.453 9	75.490 2
$Q_R{}^2$	科研支出的平方	9 038.617 7	30 212.073 8
Q_U	全日制本专科生数(千人)	10.789 6	7.476 4
$Q_U{}^2$	本专科生数的平方	171.558 4	245.111 1
CSIZE	生师比[a]	12.235 1	3.264 1
Q_G	全日制研究生数(千人)	2.119 2	2.0215
$Q_G{}^2$	研究生数的平方	8.522 2	15.749 7
FS	教工平均工资(百元)	24.944 9	8.375 0
FS^2	教工平均工资的平方	691.440 8	524.450 0
$Q_U \cdot Q_G$	全日制本专科生数·全日制研究生数	32.933 3	49.908 3
$Q_U \cdot FS$	全日制本专科生数·教工平均工资	271.246 9	208.572 5
$Q_U \cdot Q_R$	全日制本专科生数· 科研支出	869.813 7	1356.327 5
$Q_G \cdot FS$	全日制研究生数·教工平均工资	60.080 7	76.358 3
$Q_G \cdot Q_R$	全日制研究生数· 科研支出	250.008 8	601.371 9
$Q_R \cdot FS$	科研支出·教工平均工资	1 748.639 8	3 322.774 4

[a] 教师数包括了教学和科研人员的总和。

表 2　单产出变量的描述统计

	最小值	最大值	均值	标准差
总成本(百万元)	23.790 0	1592.430 0	319.002 4	288.035 8
学生数产出 Y(千人)	0.729 2	84.561 8	26.090 3	20.403 1
教工平均工资(百元)	14.22	58.62	24.944 9	8.375 0
产出 Y 的平方(Y^2)	0.531 8	7150.704 8	1091.365 8	1665.383 4
教工平均工资的平方(W^2)	202.123 1	3 435.835 5	691.440 8	524.45
产出 Y·教职工平均工资（Y·W）	10.697 7	3 567.230 8	705.029 4	719.849 9

4. 统计结果

(1)多产出模型。

利用上述数据和应用多元回归技术，我们首先估计了多产出成本方程中的二次成本方程。三产出二次成本方程(FFCQ)的估计结果在表 3 中给出。系数右边的权值是 T 检验和它的显著性。Adj-R^2 是调整后的 R 平方。F-ratio 检验方程的合适性。在表 3 中，***指 1 %水平上显著，**指 5 %水平上显著，*指 10 %水平上显著。

表 3　包含三种产出的成本方程

	方程(7)的系数、t 值和显著性		方程(8)的系数、t 值和显著性		方程(9)的系数、t 值和显著性	
截距	39.912	2.302**	−33.856	−0.713	−44.625	−0.965
Q_R	1.181	2.58**	1.161	1.325	1.46	1.7*
Q_R^2	−1.33 E−03	−0.557	−3.91 E−03	−1.892*	−3.18 E−03	−1.565
Q_U	2.168	0.546	11.134	2.17**	14.21	2.758***
Q_U^2	0.472	2.487**	0.473	3.472***	0.371	2.661***
Q_G	70.75	3.519***	−7.745	−0.219	−27.678	−0.782

续表

	方程(7)的系数、t值和显著性		方程(8)的系数、t值和显著性		方程(9)的系数、t值和显著性	
Q_G^2	2.776	0.445	1.752	0.299	0.375	0.066
$Q_U\cdot Q_G$	−3.077	−2.207**	−2.251	−1.577	−1.4	−0.977
$Q_U\cdot Q_R$	8.02E−04	0.025	−3.02E−03	−0.099	−1.92E−02	−0.63
$Q_G\cdot Q_R$	0.179	0.729	0.212	1.121	0.238	1.298
FS			4.012	1.117	7.303	1.934*
FS^2			−1.82E−02	−0.28	−6.11E−02	−0.93
$Q_U\cdot FS$			−0.329	−1.688**	−0.36	−1.906*
$Q_G\cdot FS$			2.048	1.506	2.605	1.945*
$Q_R\cdot FS$			1.31E−02	0.371	−3.36E−03	−0.096
CSIZE					−3.609	−2.232**
R^2	0.971		0.989		0.990	
Adj-R^2	0.967		0.987		0.988	
(F-ratio)	241.716***		386.983***		385.899***	
n	74		74		74	

注：*表示10％水平上显著；**表示5％的水平上显著；***表示1％的水平上显著。

从统计的结果看，表3中方程（7），除了Q_U，Q_G^2，Q_R^2，$Q_U\cdot Q_R$和$Q_G\cdot Q_R$的系数外，结果显著。在增加了教职工平均工资的方程(8)和(9)，Q_G和Q_G^2的系数变得不显著了。我们认为，这可能是由于使用较小的样本量又试图估计的变量过多造成的。此外，关于成本和产出的关系，方程(8)使用教职工平均工资作为要素投入价格的代理变量。由于教职工平均工资在高等教育总成本中占有较高的比例，它们是投入要素最主要的成本。方程(9)则同时包括了教职工平均工资(FS)和生师比

(CSIZE)。

同 Koshal and Koshal (1999, 2000 and 2001), Hou Longlong et al. (2009)的研究一样，我们对每个方程的残差进行了异方差性检验。对方程(7)－(9)的残差运用 Breusch-Pagan-Godfrey 检验(Gujarati, 1995)，方程(7)不包含教职工平均工资和生师比，尽管结果在统计上显著，但是检验发现存在异方差性。

Breusch-Pagan-Godfrey 检验表明方程(8)和(9)的残差是同方差的，所以，这两个方程的系数可以被看作是无偏有效的。同时，方程(9)有更高的调整后 R^2，我们下面的讨论主要围绕方程(9)的估计结果，并把它作为计算规模经济和范围经济的基础。

表 4，我们计算了多产出情形下不同比例产出水平下的每种产出的边际成本，这些边际成本都是在相应变量均值水平的基础上计算得来的。

表 4　边际成本估计值　　(单位：元)

均值产出(%)	MC_U	MC_G	MC_G/MC_U	MC_R
10	5 622	37 343	6.64	1.368 8
50	7 188	37 502	5.22	1.339 5
100	9 147	37 700	4.12	1.302 8
150	11 105	37 898	3.41	1.266 1
200	13 063	38 095	2.92	1.229 4
250	15 022	38 293	2.55	1.192 7
300	16 980	38 491	2.27	1.156 0
500	24 813	39 283	1.58	1.009 2

注：MC_U表示每个本专科生的边际成本；MC_G表示每个研究生的边际成本；MC_R表示每元科研支出的边际成本；在计算中教职工平均工资都取均值水平。

上述结果表明，全日制研究生的边际成本要高于全日制本专科生；研究生和本专科生的边际成本都随着产出水平的增加而增大；另一方面，科研支出的边际成本随着产出的增加则在下降；全日制本专科生的边际成本在 5 622～24 813 元波动；全日制研究生的边际成本则在 37 343～39 283 元变动。研究生和本专科生边际成本之比在 1.58～6.64。

多产出情形的一个主要问题是没有直接的类似于单产出情形下"平均成本"的概念(Cohn，et al.，1989；Hashimoto and Cohn，1997；Koshal and Koshal，1999，2000 and 2001；Hou Longlong et al.，2009)，但是，正如之前讨论的那样，最近似的是平均增量成本(AIC)。它的计算具体形式如前公式(2)所示，计算结果见表 5。

表 5　平均增量成本　　（单位：元）

均值产出(%)	AIC_U	AIC_G	AIC_G/AIC_U	AIC_R
10	5 221	37 264	7.14	1.387 4
50	5 187	37 104	7.15	1.432 1
100	5 144	36 905	7.17	1.488 1
150	5 100	36 705	7.20	1.544 1
200	5 057	36 506	7.22	1.600 0
250	5 014	36 307	7.24	1.656 0
300	4 971	36 107	7.26	1.711 9
500	4 799	35 310	7.36	1.935 7

注：AIC_U，表示每个本专科生的平均增量成本；AIC_G，表示每个研究生的平均增量成本；AIC_R，表示科研活动的平均增量成本；在计算中教职工平均工资都取得是均值水平。

对表4结果的分析可知，正如表3对边际成本的分析，全日制研究生的平均增量成本也要高于本专科生。本专科生和研究生的平均增量成本都是随着产出水平的增加而下降。而科研的平均增量成本随着产出的增加而上升。全日制本专科生的平均增量成本在4 799～5 221元变化；全日制研究生的平均增量成本则在35 310～37 264元变化；研究生和本专科生的平均增量成本之比在7.14～7.36。

对总体规模经济和特定产出的规模经济的计算参见公式(3)、公式(4)，计算结果见表6。

表6　总体和特定产出的规模经济

均值产出(%)	E_{RAY}	E_U	E_G	E_R
10	3.526 9	0.928 8	0.997 9	1.013 5
50	1.432 5	0.721 6	0.989 4	1.069 2
100	1.142 6	0.562 4	0.978 9	1.142 2
150	1.029 4	0.459 3	0.968 5	1.219 5
160	1.013 6	0.442 9	0.966 5	1.235 5
170	0.999 3	0.427 6	0.964 4	1.251 7
200	0.962 7	0.387 1	0.958 3	1.301 4
250	0.916 2	0.333 8	0.948 1	1.388 4
300	0.880 7	0.292 8	0.938 1	1.480 9
500	0.790 5	0.193 4	0.898 9	1.918 0

注：E_{RAY}，表示总体的规模经济；E_U，表示本专科产出的规模经济；E_G，表示研究生产出的规模经济；E_R，表示科研活动的规模经济；在计算中教职工平均工资都取均值水平。

从公式(3)、公式(4)可知，当求得的系数大于1时，存在总体的和特定产出的规模经济。从上表的计算结果可以看出，本专科生和研究生产出在所有均值产出的水平上都存在规模不经济；科研产出则在所有产出水平上都有规模经济。对于总体规模经济而言，有一个临界产出水平；当产出水平小于等于170％的均值产出水平时，有总体的规模经济出现；当产出水平高于170％的均值产出水平时，则出现总体的规模不经济。

对总体范围经济和特定产出的范围经济的计算可以参见公式(5)和公式(6)，计算结果如下表7所示。

表7　总体范围经济和特定产出的范围经济

均值产出(％)	ESG	ES_U	ES_G	ES_R
10	1.439 8	0.724 7	0.719 3	0.716 7
50	0.683 1	0.396 1	0.334 4	0.304 9
100	0.433 3	0.343 1	0.200 2	0.131 8
125	0.377 4	0.350 2	0.167 7	0.080 3
150	0.341 2	0.366 2	0.145 1	0.039 3
180	0.313 2	0.391 7	0.126 0	−0.001 1
200	0.300 8	0.410 9	0.116 5	−0.024 3
250	0.283 1	0.462 4	0.099 8	−0.073 7
300	0.277 0	0.515 7	0.089 4	−0.114 6
350	0.277 2	0.568 3	0.082 7	−0.149 7
500	0.294 6	0.715 1	0.073 4	−0.233 6
600	0.311 5	0.802 1	0.071 6	−0.277 9

注：ESG，表示总体范围经济；ES_U，表示本专科生产出的范围经济；ES_G，表示研究生产出的范围经济；ES_R，表示科研产出的范围经济；在计算中教职工平均工资都取均值水平。

根据公式(5)和公式(6)，当计算的范围经济系数大于零时，存在总体的和特定产出的范围经济。上表达计算结果表明，在所有均值产出水平上都出现了总体的范围经济、本专科生和研究生产出的范围经济。科研产出的范围经济有一个临界水平，当产出低于180%均值产出水平时，才有范围经济出现；而当产出等于或高于180%均值产出水平时，则有范围不经济出现。

(2)单产出模型。

对于单产出模型，使用单一产出的数据对模型(1')进行估计，结果如下(括号里是标准误)

$$C = \underset{(105.212)}{93.268} - \underset{(6.463)}{5.249}Y - \underset{(6.877)}{3.711}W + \underset{(0.095)}{0.0196}Y^2 + \underset{(0.124)}{0.0182}W^2 + \underset{(0.187)}{1.015}YW + U$$

$R^2 = 0.86$，$Adj - R^2 = 0.85$，F-ratio $= 83.766$，$N = 74$

根据公式(3')，对产出 Y 求一阶偏导($\frac{\partial (C/Y)}{\partial Y}$)如下：

$$\frac{\partial (C/Y)}{\partial Y} = \frac{-93.268}{Y^2} + \frac{3.711W}{Y^2} + 0.0196 - \frac{0.0182W^2}{Y^2}$$

不同均值产出水平的计算结果见表8。

Baumol 等人 (1982，p. 447)提供了单一产出的规模经济量度办法，计算公式可参见(4')计算结果如下：

表8 单产出平均成本的变化率，规模经济指标，规模经济程度，单产出边际成本和平均成本

均值产出(%)	$\frac{\partial (C/Y)}{\partial Y}$	E_{RAY} (E/D)	E_{RAY}	MC (元)	AC (元)
10	−5.914 0	E	1.430 8	20 126	28 797
50	−0.217 7	E	1.078 6	20 349	21 949
100	−0.039 7	E	1.028 6	20 628	21 219

续表

均值产出(%)	$\frac{\partial(C/Y)}{\partial Y}$	E_{RAY} (E/D)	E_{RAY}	MC (元)	AC (元)
150	−0.006 8	E	1.007 7	20 907	21 069
170	−0.000 9	E	1.001 8	21 019	21 056
180	0.001 3	D	0.999 1	21 074	21 055
200	0.004 8	D	0.994 2	21 186	21 063
250	0.010 1	D	0.983 7	21 465	21 116
300	0.013 0	D	0.974 8	21 744	21 197
500	0.017 2	D	0.946 6	22 860	21 639

注：E_{RAY}，表示总体规模经济；E 表示存在规模经济，D 表示存在规模不经济；MC，表示单产出 Y 的边际成本；AC，表示单产出 Y 的平均成本。在计算中教职工平均工资都取得是均值水平。

正如前面所陈述，当公式(3’)计算结果小于(大于)零，则说明存在规模经济(规模不经济)；当(3’)结果等于零，则既不存在规模经济，也不存在规模不经济。上面的计算结果表明，在均值产出的 100% 水平，存在规模经济。通过计算可以知道，当 $\frac{\partial(C/Y)}{\partial Y}$ 等于零时，单一产出 Y 的值为 26.032(即 26 032个学生①)。所以，当单产出 Y 等于 26.032 时，这时均值产出大约为 170%，规模经济停止；均值产出在这一水平之下出现规模经济，在这一水平之上出现规模不经济。

根据公式(4’)，规模经济(规模不经济)在计算系数大于(小于)1 时出现。上面的结果表明存在一个单产出的临界水

① 这包括了本专科生数和加权后的硕士生和博士生。

平，当产出水平小于或等于170%的均值水平时，存在规模经济；当产出水平大于170%的均值产出水平时，存在规模不经济。这一结果同公式(3')的发现是一致的。单产出Y的边际成本在20 126～22 860元之间变化；平均成本在21 055～28 797元之间变化。

(3)单产出模型与多产出模型的比较。

根据表6，当产出小于170%的均值产出水平时，三产出成本模型会出现总体的规模经济，当产出大于等于170%的均值产出水平时，则出现规模不经济。在临界的170%均值产出，有18 342个本专科生(Q_U=18.342千人)，2 699个硕士生和904个博士生(Q_G=3.603千人)①。同这些人数相对应的单产出加权的Y值为：

$$Y = 18\,342 + 1.5 \times 2\,699 + 2 \times 904 = 24\,199$$

根据表8，当产出小于或等于170%的均值产出时，出现单产出的规模经济，当产出大于170%的均值产出时，出现单产出规模不经济；在临界的170%的均值产出水平，有大约26 032个学生；这同三产出模型的计算结果非常接近，误差不超过7%。②

从这一比较可以看出，在计算单产出和多产出总体规模经济时，两者没有显著的差异；使用单产出模型唯一的缺点就是无法计算总体范围经济和特定产出的范围经济。如果需要范围

① 在我们的样本里，硕士生数和博士生数的均值水平分别是1 587人和532人。

② 在某些情况下(例如数据限制)，不大可能使用多产出模型，这时，无法确切知道单产出模型中产出Y如何赋予权重，这时可能需要借助一些以往的经验判断，例如，通常在成本研究中将本专科生赋值为1，硕士生为1.5，博士生为2；这样就可以比较简便的计算单产出的规模经济情况。

经济的结果，那么就需要采用两产出或多产出的模型进行计算。① 当然，单产出模型里无所谓总体规模经济和特定产出的规模经济的区分。

5. 结论

在本研究中我们主要关心的是审查是否规模经济和范围经济出现于我国教育部属的研究性大学中。如果存在，在多大程度上存在以及有什么样的影响。我们同时使用了多产出二次成本方程和单产出成本方程并比较了这些估算的结果。我们的主要发现如下。

(1)对于三产出模型。

在其他变量不变的情况下，高校总成本受生师比的影响，例如，平均而言，当生师比增加一个单位，总成本平均下降361万元，反之亦然。

正如 Nelson and Heverth (1992), Hashimoto and Cohn (1997), Koshal and Koshal (1999, 2000 and 2001)等研究观察到的，研究生边际成本要高于本专科生，在本研究中两者的比例在1.58～6.64之间；这同其他国家的研究比较相似，如 Nelson and Heverth's (1992)对美国高校的研究发现这一比重在3～5.3，稍大于 Koshal and Koshal's (1999, 2000 and 2001)等人对美国高校的研究(0.03～2.64)；不过比 Hashimoto and Cohn's (1997)对日本私立大学的研究要小得多(50)。

研究生教学的平均增量成本要高于本专科生，两者的比值随着产出水平的增加而增大，介于7.14～7.36之间，稍高于

---

① 对于两产出模型的规模经济和范围经济的计算，可以参考 Koshal and Koshal(2001)的研究。

Koshal and Koshal (1999, 2000 and 2001)的研究，远小于 Hashimoto and Cohn's (1997)对日本私立大学的研究。

我们对规模经济的估计不同于美国高校的研究。我们的研究发现在均值水平的170%以上存在规模经济，在小于等于170%均值产出水平存在规模不经济。这些发现同 Dundar and Lewis's (1995)对物理系的研究比较相近。同 Cohn et al. (1989)对美国私立大学的研究、Hashimoto and Cohn's (1997)对日本私立大学的研究、Koshal and Koshal's (1999)对美国公立和私立综合性大学的研究、Koshal and Koshal's (2000)对美国人文艺术高校的研究、Koshal and Koshal's (2001)对美国教会学校的研究，以及 Laband and Lentz's (2003)对美国大学的研究相比，我们的研究虽然有所不同，但是结果是可比较的。

我们的研究发现，存在科研产出的规模经济，但并没有本专科生和研究生的规模经济。在之前的研究中，使用三产出模型特定产出的规模经济也是各不相同(见 Koshal and Koshal, 1999, 2000 and 2001)。

我们的研究发现，存在所有产出水平上的总体范围经济。在所有产出水平上，也存在本专科生和研究生的范围经济；但不存在科研产出的范围经济。我们的研究结果表明，科研产出的范围经济依赖于产出水平的变化，它的临界产出水平是180%的均值产出。类似的范围经济结果还可从 Cohn et al. (1989), Nelson and Heverth (1992), Dundar and Lewis (1995), Hashimoto and Cohn (1997), Koshal and Koshal, (1999, 2000 and 2001), and Laband and Lentz's (2003)对美国和日本等国高校研究中发现。

(2)对于单产出模型。

1. 我们的结果发现，平均成本对产出 Y 的一阶偏导($\frac{\partial (C/Y)}{\partial Y}$)在 170%的均值水平发生变化，在小于等于(大于) 170%均值产出水平时小于(大于)零。当产出 Y 大概对应 26 032个学生时，规模经济消失。

2. 规模经济程度的研究发现同一阶偏导的结果是一致的。我们的发现是，规模经济和规模不经济依赖于产出水平的变化，在 170%的均值产出水平为临界值。

(3)比较单产出模型和多产出模型。

同 Cohn et al. (1989)的研究结论相比，我们的研究发现就总体规模经济而言，单产出结果和多产出结果没有显著区别。两种模型的规模经济都是在 170%的均值产出水平发生变化，对应的产出是 26 032 人和 24 199 人。所以，单产出模型是可以用来估计大学的生产状况的，当然在单产出模型中没有总体和特定产出规模经济的区别。①

单产出模型无法计算范围经济，如果需要了解范围经济的情况，我们需要将单产出模型拆分成两产出或多产出模型②。

综上所述，我们的研究表明我国教育部属高校可以通过利用规模经济和范围经济获得成本效率。当然，这里需要考虑某

① 我们认为 Cohn et al. (1989)的研究在处理研究生产出和本专科生产出时，为两者赋予同样的权重是造成两种模型显著不同的原因，而这种赋予两种不同产出相同权重的做法是笔者不赞同的。

② 对于两产出模型规模经济和范围经济的计算可参见 Koshal and Koshal's (2001) 的研究。

个临界规模。对于总体规模经济，没有明确的证据排除单产出模型在估计大学的恰当性。使用单产出模型和多产出模型没有显著差异。[①] 所以，如果在多产出模型需要的数据不可得，或者没有可靠的科研产出信息[②]，这时单产出模型可以给出简单、大致的估计结果。这意味着更多的关于单产出模型的实证研究是值得鼓励的。

① Cohn et al. (1989)之前的研究还有很多使用单产出模型，之后单产出模型则从研究者和管理者的视野里消失了。所以，本研究的价值也许在于，我们需要重新审视单产出模型的价值，可能我们需要将 Cohn et al. (1989)之前的研究重新找回来。

② 正如 Cohn et al. (1989)所说，科研产出既难以量度，也缺乏公认的标准。

附录 7　关于合并经济分解的几何推导

实际上，合并经济是通过规模经济和范围经济的同时推进实现的，在规模经济发生的同时也伴随着范围经济的作用，也就是说，规模经济和范围经济在现实中是通过“合并”这一步就完成的，而我们在进行理论分析时可以将合并分解，假设合并是通过以下两步来实现的：①

（为了便于说明，我们以两所高等教育机构，每个机构同时生产两种相同产出为例，这里，我们假定两所高等教育机构的规模是相近的、没有悬殊的差别，从而可以看作具有大致相等的规模）

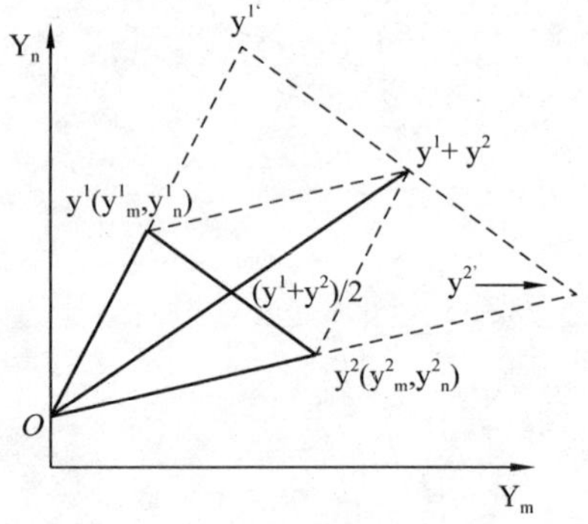

如上图，机构 1，2 的都从事产出 m 和 n 的“生产”，机构 1 的产出分别为 y^1_m、y^1_n，机构 2 的产出分别为 y^2_m、y^2_n。它们在 Y_mOY_n 的坐标系中分别对应着点 $y^1(y^1_m, y^1_n)$ 和 $y^2(y^2_m, y^2_n)$。

① 这种分解的合理性在于我们下面将要证明的，它同合并经济在效果上是等价的。以下内容还可参见 Lloyd et al. (1993) 的附录部分“一个由于规模经济和范围经济所带来的成本节省的分解”。

那么，合并的过程将是这样的①：

第一步，将两机构合并，但规模保持不变。

如何实现这一点呢？可以先将两机构的规模减半但产出m、n的比例保持不变，即$y^1/2$与$y^2/2$；② 再将两者合并，则得到了两机构的平均规模即点$(y^1+y^2)/2$，可以近似地认为这里只存在范围O经济而没有规模经济：

$$E_{scope}=C[(y^1+y^2)/2]-C(y^1/2)-C(y^2/2) \quad (a)$$

其中，$y^1/2$与$y^2/2$是在规模报酬不变的情况下③，y^1和y^2的规模仅仅在数量上减半，这意味着，$C(y^1/2)=C(y^1)/2$，$C(y^2/2)=C(y^2)/2$。由于范围经济的存在，所以会有$E_{scope}\neq 0$。④

第二步，将第一步的结果等比例地扩大一倍，得到点y^1+

① 需要说明的是，我们这里所讨论的“规模经济”“范围经济”是指由于规模经济和范围经济所带来的成本节省，而不是按照严格的规模经济和范围经济的定义，考察它们所带来的成本节省的程度。比较这里的公式(a)、(b)、(c)和附录里的等式S_c、S_a、S_m便可以发现这一点。图中的实线表示我们下面所采用的第一种思路，虚线则表示所采用的第二种思路。

② 显然，这两点的坐标分别为$(y_m^1/2, y_n^1/2)$和$(y_m^2/2, y_n^2/2)$，我们在图中没有标出。

③ 这意味着在两机构的产出总规模减半后，平均成本保持不变。即既没有规模经济，又没有规模不经济。

④ 可能读者会问，两机构合并前后都只有m和n这两种产出，并无产出种类数的变化，范围经济又从何而来呢？笔者的回答是，两机构合并前就存在由m和n联合生产的互补性所带来的范围经济，这时两机构各自扩大自己的规模仍然可以继续获得范围经济(有关这一点的经验上的证据，可参见Cohn et al.，1989，以及Koshal & Koshal，1999的实证研究结果)，而通过合并则可以帮助机构迅速扩大规模。这同厂商通过兼并实现的外部扩张是一个道理。另外一个解释就是我们在第八个问题中讨论过的“横断射线凸性”在一定条件下会出现范围经济，两机构虽然都“生产”m和n，但是通常各自的比例是不同的，即$y_m^1/y_n^1\neq y_m^2/y_n^2$，通过合并会改变两机构的产出比例，这一产出之间比例的变化会带来范围经济。

y^2，在坐标系中是通过连接 O 点与$(y^1+y^2)/2$ 点，然后继续延长至其 2 倍处。此时的成本变动情况较为复杂，可以看作是通过以下两个小步骤实现的：首先将 y^1+y^2看作是$(y^1+y^2)/2$ 的原样复制的结果，可以把 y^1+y^2看作是两个独立的规模为$(y^1+y^2)/2$ 的两个机构简单相加，也可以看作是在规模报酬不变的条件下，$(y^1+y^2)/2$ 的规模扩大一倍。由第一步可知，这时的总成本会有相当于规模为$(y^1+y^2)/2$ 时的两倍的范围经济的节约。即：

$$E_{scope}'=2E_{scope}=2C[(y^1+y^2)/2]-2C(y^1/2)-2C(y^2/2) \quad (a)'$$

其次，在剔除了由于简单复制所带来的范围经济之后，我们就只剩下由于规模从$(y^1+y^2)/2$ 变动到 y^1+y^2时的规模经济了：

$$E_{scale}=C(y^1+y^2)-2C[(y^1+y^2)/2] \quad (b)$$

式中，$C(y^1+y^2)$表示两机构合并后的成本，这时有规模经济的作用；$2C[(y^1+y^2)/2]$表示规模为$(y^1+y^2)/2$ 时，通过简单复制所得到的成本，这时没有规模经济的作用。

第三步，我们将这两个步骤里由于规模经济和范围经济所带来的成本节约加总便可以得到合并经济的效果了：即(a)'+(b)得：

$$E_{scope}'+E_{scale}=2C[(y^1+y^2)/2]-2C(y^1/2)-2C(y^2/2)+C(y^1+y^2)-2C[(y^1+y^2)/2] \quad (c)$$

$$=C(y^1+y^2)-2C(y^1/2)-2C(y^2/2)$$

$$=C(y^1+y^2)-C(y^1)-C(y^2)$$

$$=C(y^1+y^2)-\{C(y^1)+C(y^2)\}$$

这里我们最终得到了合并经济的结果 $C(y^1+y^2)-\{C(y^1)$

$+C(y^2)\}$。与此同样的道理，我们还可以采用另一种次序：

首先，在合并前保持两个机构产出种类不变，分别将两个机构的规模扩大一倍，这时两机构产出在坐标系内由 y^1 点和 y^2 点分别变为 $y^{1'}$ 和 $y^{2'}$，可以认为这里只有规模经济而无范围经济：

$$E_{scale}=[C(y^{1'})-2C(y^1)]+[C(y^{2'})-2C(y^2)] \quad (d)$$

式中，$C(y^{1'})$、$C(y^{2'})$分别是机构 1、2 规模扩大 1 倍后的成本，这时有规模经济的作用；$2C(y^1)$、$2C(y^2)$分别是两机构通过简单复制规模增加到 2 倍后的成本，这时没有规模经济的作用。①

其次，以两个机构的一半规模合并。由于 $y^{1'}$ 和 $y^{2'}$ 连线上的点都可以用$[\alpha y^{1'}+(1-\alpha)y^{2'}]$来表示，所以当 $\alpha=1/2$ 时，得到的点 y^1+y^2 在 $y^{1'}$ 和 $y^{2'}$ 连线的中点处。

这时的成本情况也较为复杂，可以看作是通过以下两个小步骤实现的：第一，将两个具有规模经济效果的机构在规模报酬不变的条件下去掉一半的规模②，这意味着 $C(y^{1'})/2\neq C(y^1)$，$C(y^{2'})/2\neq C(y^2)$。此时所获得的总的成本节约也只有原来规模减半前的一半：

$$E_{scale}'=E_{scale}/2=[C(y^{1'})-2C(y^1)]/2+[C(y^{2'})-2C(y^2)]/2 \quad (d)'$$

$$=[C(y^{1'})/2-C(y^1)]+[C(y^{2'})/2-C(y^2)]$$

第二，在剔除了由于规模减半从而规模经济所带来的成本

① 也可以看作是，在规模经济和规模报酬不变的这两种情况下，所表现出来的两种成本情形的差异。

② 这同样意味着在两机构的产出总规模减半后，平均成本保持不变。即既没有规模经济，又没有规模不经济。

节约也减半之后，我们就只剩下由两个规模为 $C(y^{1'})/2$ 和 $C(y^{2'})/2$ 的机构合并所带来的范围经济了：

$$E_{scope}=C(y^1+y^2)-C(y^{1'})/2-C(y^{2'})/2 \qquad (e)$$

最后，我们将这两个步骤里由于规模经济和范围经济所带来的成本节约加总便可以得到合并经济的效果了：即(d)'+(e)得：

$$E_{scale}'+E_{scope}=[C(y^{1'})/2-C(y^1)]+[C(y^{2'})/2-C(y^2)]+[C(y^1+y^2)-C(y^{1'})/2-C(y^{2'})/2] \qquad (f)$$

$$=C(y^1+y^2)-C(y^1)-C(y^2)$$

$$=C(y^1+y^2)-\{C(y^1)+C(y^2)\}$$

从公式推导的结果看，(c)和(f)都得到了合并经济的结果 $C(y^1+y^2)-\{C(y^1)+C(y^2)\}$，这说明了两件事情：一是，两种思路的顺序虽然不同，但是在结果上是等价的。二是，Lloyd et al. (1993)对合并经济的技术处理正是通过理论抽象使得像合并经济这样复杂的问题分解为纯粹的规模经济和纯粹的范围经济问题，从而变得易于处理。同时，理论模型的效果同现实的结果又是一致的。①

① 需要指出的是，这里的分析还远不足以帮助我们去解决诸如某某大学同某某大学是否应当合并这样的实际操作问题，同那些急于为政府出谋划策的文章不同，笔者以为我们对高等教育中的规模经济和范围经济规律的认识仍然是极其有限的，在这种情况下提出的政策建议无法避免误导的后果。例如，下文中我们在修正 Lloyd et al. (1993)的合并经济理论时提出的交易费用概念，本身就是难于计量的。只有认识到我们的这种局限，静下心来引介、构建我们的理论，再将它同中国高校的具体实践相比照(而不是任何所谓的指导)，进而修正我们的理论，这样一个反复的过程才可能真正深化我们的认识，避免学术上的依附地位。具体来说，就是 Lloyd et al. (1993)对高校合并提出的“合并经济”理论如何应用到中国高校合并的实践中去应是下一步我们的努力方向之一。

附录 8　关于合并经济分解的数学推导

Lloyd et al.(1993)对高校合并提出的“合并经济”公式是对多产出而言的，这里我们以二产出为例来说明合并经济同规模经济和范围经济的关系：$S_m+1=(S_a+1)(S_c+1)$或者$S_m=S_a+S_c+S_aS_c$。

令y^1、y^2分别为发生合并前的两个高等教育机构的产出，

根据 Lloyd et al.(1993)，由公式(5)、(6)①得

规模经济：$S_a=[C(y^1+y^2)-2C(\{y^1+y^2\}/2)]/2C(\{y^1+y^2\}/2)$　　(g)

范围经济：$S_c=[2C(\{y^1+y^2\}/2)-\{C(y^1)+C(y^2)\}]/\{C(y^1)+C(y^2)\}$　　(h)

则有　$S_a+S_c=[C(y^1+y^2)-2C(\{y^1+y^2\}/2)]/2C(\{y^1+y^2\}/2)+[2C(\{y^1+y^2\}/2)-\{C(y^1)+C(y^2)\}]/\{C(y^1)+C(y^2)\}$

$=[C(y^1+y^2)\{C(y^1)+C(y^2)\}-2C(\{y^1+y^2\}/2)\{C(y^1)+C(y^2)\}+4C^2(\{y^1+y^2\}/2)-2C(\{y^1+y^2\}/2)\{C(y^1)+C(y^2)\}]/[2C(\{y^1+y^2\}/2)\{C(y^1)+C(y^2)\}]$

$S_aS_c=[2C(y^1+y^2)C(\{y^1+y^2\}/2)-C(y^1+y^2)\{C(y^1)+C(y^2)\}-4C^2(\{y^1+y^2\}/2)+2C(\{y^1+y^2\}/2)\{C(y^1)+C(y^2)\}]/[2C(\{y^1+y^2\}/2)\{C(y^1)+C(y^2)\}]$

由以上二式得，$S_a+S_c+S_aS_c=[2C(y^1+y^2)C(\{y^1+y^2\}/2)-2C(\{y^1+y^2\}/2)C(y^1+y^2)-\{C(y^1)+C(y^2)\}]/[2C(\{y^1+y^2\}/2)\{C(y^1)+C(y^2)\}]$

---

① 参见 Lloyd et al.(1993)，1087 页。

$= C(y^1 + y^2) - \{C(y^1) + C(y^2)\}/\{C(y^1) + C(y^2)\}$

$= S_m$

证毕①。

我们从等式 $S_m = S_a + S_c + S_a S_c$ 可以看出，合并经济并不是规模经济和范围经济的简单相加，而是包括了规模经济、范围经济和二者的相互作用(在等式中体现为 $S_a S_c$)。

---

① 如果我们还没有决定“生产的形式”，即还没有决定应当在同一机构“生产”，还是由不同的机构分别进行，那么上述公式是成立的。即这时不需要考虑合并的交易费用问题。而如果给定我们首先在不同的机构从事“生产”，然后需要考虑的决策问题是应不应该合并的话，我们可以证明上述公式仍然成立，但这时需要如前面正文那样对合并交易费用的考虑。这时公式(h)变为：

$$S_c = [\,2C(\{y^1 + y^2\}/2) - \{C(y^1) + C(y^2)\} - C_m] / \{C(y^1) + C(y^2) + C_m\} \quad (h)'$$

通过验算我们发现，$S_a + S_c + S_a S_c$ 的结果同公式(8)’是一致的。即在考虑了合并的交易费用 C_m 以后，仍有 $S_m = S_a + S_c + S_a S_c$。按照杨小凯(1998)的观点，前者面临的是超边际决策的问题；后者面临的是边际决策的问题。在合并交易费用这一点上，范围经济也存在与合并经济类似的问题。当面临两种(多种)产出是否应当进行联合生产的决定时，“同时生产”决策还是“有先后顺序”的决策也大不一样，后者进行“转产”的费用相当于前面的交易费用。

附录9 关于合并经济公式的修正

对 Lloyd et al.(1993)的合并经济理论的一个修正：由合并经济的公式(8)可知，是否存在合并经济取决于分子$C(Y)-\sum C(Y_j)$的符号，以上面的两种产出、两个机构为例，就是只要满足$C(y^1+y^2)-\{C(y^1)+C(y^2)\}<0$，也即$C(y^1+y^2)<C(y^1)+C(y^2)$时两机构就应当合并。而且这一公式所体现出的直观意思同人们对合并的感觉也是一致的：在收益不变的情况下①，只要合并后的成本小于合并前的成本，那么这一合并就应当发生，这样的合并就是经济的。但是，这里的分析忽视了现实中一项重要的约束条件：合并的交易费用。根据盛洪(1997)，厂商或机构之间的兼并可以看作是某一厂商(机构)购买另一厂商(机构)的交易行为，在这一交易中我们可以把被收购的一方看作是一种待售的商品，而为了完成这一交易所付出的搜寻该"商品"价格的成本、讨价还价的成本、履约的成本以及事后违约惩罚的成本等都可以看作是实现交易的合并交易费用②。因此，高等教育机构之间的合并，并不是简单的比较合并前$(C(y^1)+C(y^2))$与合并完成后$(C(y^1+y^2))$的成本变化，它不是一种比较静态分析。合并的过程不是免费的，从而也是

① 通常对成本行为的考察是包含在净收益(利润)的分析当中的。但是我们观察合并经济和范围经济时，会发现这二者都是围绕成本展开讨论的，似乎这里不需要考虑收益问题。而实际上公式(8)和(6)都隐含了合并前后以及联合生产前后的各种产出水平不变的条件，因此总收益不变。所以在分析过程中我们可以完全不考虑收益问题，而专注于成本的分析。

② "交易费用"原本是新制度经济学派提出的一个重要概念，根据汪丁丁(1995)的看法，对"交易费用"的使用存在相当多的误解。这里我们不需要严格澄清这一概念，只需把它理解为除进行"生产"(它是与交易相对立的概念)以外所发生的一切成本即可。

不可忽略的。也就是说，Lloyd et al.(1993)对合并经济的计量仅考虑了合并的收益，而忽视了伴随合并发生的成本，即我们所说的合并交易费用。所以，决定是否应当合并的条件应当是，由合并所带来的成本节省应当大于为了合并本身需要付出的交易费用。如果我们假定合并的交易费用为 C_m，则合并经济的公式(8)应当修正为：

$$S_m=[C(Y)-\sum C(Y^j)-C_m]/[\sum C(Y^j)+C_m] \quad (8)'$$

而合并的条件是：

$$C(Y)-\sum C(Y^j)-C_m>0 \quad (9)$$

在这一点上，规模效益的研究考虑的就相对全面一些，他们认为院校合并所面临的主要困难之一可归结为合并成本，院校合并的合理性基础应该是：从长期看合并所带来的收益要大于合并所付出的成本。他们所说的合并成本相当于我们这里的交易费用概念。

所以，尽管我们可以看到，Lloyd et al.(1993)的合并经济理论由于找到了如何转化为规模经济和范围经济的途径从而相当有效地解决了合并经济的计量问题，但是由于合并经济公式本身的定义忽视了现实的约束条件①，从而使整个分析虽然具有理论上的精彩，然而却会导致误导的结果②。那么，我们应当如何纠正以上的分析呢？具体而言，就是如何将合并的交易费用加入到原有的分析当中？我们认为，可以将原来的分析看作是在假定交易费用为零(即 $C_m=0$)的条件下的分析结果，

---

① 这里是指像合并成本这样的交易费用。

② 例如，按照公式(8)，只要满足 $C(Y)-\sum C(Y^j)>0$，那么合并就是经济的。但根据我们的修正，如果 $C_m>C(Y)-\sum C(Y^j)>0$，这时合并仍然是不经济的。

是考虑了交易费用的一种特殊情况。或者看作是在不考虑合并交易费用的条件下，对合并收益的计量分析。在判断机构之间是否应当合并时，应当把 C_m 再加进去，即按照公式(8)'进行①。其实，问题的困难不在这里，而在于合并交易费用的难于计量上②。

---

① 对于我们合并经济的分析过程而言，就是将合并的交易费用 C_m 加入到公式(a)和(e)中，分别得 $E_{scope}=C[(y^1+y^2)/2]-C(y^1/2)-C(y^2/2)-C_m$ 和 $E_{scope}=C(y^1+y^2)-C(y^{1'})/2-C(y^{2'})/2-C_m$。通过计算我们会得到公式(8)'的结果，这同时说明我们上面的理论模型并没有因为忽略了交易费用而失效。由此我们还发现，那些合并的交易费用都发生在范围经济的环节里。笔者认为，这是因为合并这一行为只是在我们所讨论的范围经济这一环节才会发生所致。

② 到此为止，我们对合并经济的分析可能已经有相当的解释力和真实性，但现实中的合并是否真像我们所预测的那样，只要满足公式(8)'就会发生合并，而不满足公式(8)'的合并就一定不会发生呢？现实发生的合并可能恰恰相反，说明我们的分析还没有能全面考察现实的约束条件。如张维迎(1998)在一篇讨论国有企业兼并的文章中指出，有效率的兼并在国有企业之间往往难于进行，而实际发生的兼并却往往是无效率的。他对高校之间的合并也作了类似的比附，指出国有企业的利益格局、领导层的控制权损失的不可补偿性是造成这些反效率现象的主要原因。我们且不说对高校合并的这种比附是否恰当，就合并的利益格局、控制权损失等现实约束条件而言，显然是我们的分析未曾考虑的。所以，我们才反复强调对理论应用与政策建议要持审慎的态度。

附录10 科恩等人1989年的重要文献

科恩等人1989年的奠基性文献①是第一篇将经济学中多产出组织的理论和研究工具应用于高等教育的文献，自此以后，教育领域的效率研究都不再采用单产出的分析模型，而是全部使用多产出的组织分析工具。这里我们把该篇论文翻译出来，以供读者有更好的了解。

作为多产出厂商的高等教育机构：规模经济与范围经济

艾肯南·科恩，夏利·L.、W.瑞恩和玛丽亚·C.桑托斯

引　言

经济学家们很早就认识到了高等教育的多维特质，然而，值得注意得是，有关高等教育机构的成本和生产分析，一直以来认定高等教育机构是单维的，忽略或无视其多产出的特性。有关单位成本的规模效应的估计普遍遵从这样的假设：高等教育机构的产出全部是由注册学生人数组成的(比如Bottomely(1972)，Bowen(1980)，McLaughlin et al.(1980)，和Maynand(1971))。对高等教育机构 的多维特质的认识(比如，Brinkman(1987)，South wick(1969)，Verry和Davies(1976)以及Verry和Layard(1975))使我们有了进一步正确的看法，但这种看法却缺少对以多产出成本概念为基础的规模经济和范

① Cohn, E. , S. L. W. Rhine, and M. C. Santos, "Institutions of Higher Education as Multi-Product Firms: Economies of Scale and Scope" *Review of Economics and Statistics*, 71(May 284～290), 1989.

围经济的细致分析(Baumol 等，1982)[①]。本文的目的是为高等教育机构估计一个多产出成本方程，并计算其中任意产出束的规模经济和范围经济的程度如何。

高等教育机构是极为复杂的组织，试图同时实现多项目标。比如，通常认为私立的高等教育机构趋向于小而专业化地提供本科教学，而公立高等教育机构一般较大倾向于达成多项目标。因此，我们可以在各个高等教育机构的目标和目的安排里发现其中的变化差异有多大(典型的比较是教学和科研)，其中许多目标是难以区分和量化的。但实际上，所有的高等教育机构都试图从事某种教学和科研的混合产出生产，因此，我们将注意放在"教学"和"科研"产出上会获得(其他人)较大的一致性并包括了大部分的学术活动。但是有一点很重要，那就是在教学和科研产出的衡量上没有一致的看法，出于本研究的目的，我们采用了两个措施来衡量教学产出——本专科生 FTE(UD)和研究生 FTE(GR)，其中 FTE 是全日制学生人数的字母缩写。

使用以入学人数为基础衡量教学产出的量度有争议的，因为人们会认为它与其说是产出不如说是一种投入。尤其严重得是人们会争论说，不同机构的教学质量是不同的，因此(使用)UD 或 GD 不大合适，尽管我们意识到使用 UD 和 GD 会有潜在的困难，但是这看起来仍是可以衡量教学产出(诸多指标中)最好的选择。首先，尽管哈佛的学历证书同南卡罗莱纳大学的不能等量齐观，但是这种学位证书上的差异不一定是由于教学

① 有关高等教育中的规模经济的综述参看 Brinkman 和 Leslie(1986).

产出的缘故，更多的可能是由各高等教育机构的声誉和各自学生本身能力(的差异)造成的。其次，虽然有人提出以授予学位的数量来衡量产出可能更为恰当，但这种办法至少存在两个问题：(1)它所代表的是过去4年当中高等教育机构累积教学产出的水平；(2)它忽略了那些花在没有毕业的学生身上的教学努力。再次，我们没有衡量教学质量更为可靠的办法，最后，我们对公立和私立大学分别进行分析是以邹检验(1960)的结果为基础的，它排除了两部门在教学质量上的系统差异。

对科研产出的衡量也是充满争议的，理想的办法是衡量科研产出的各组成要素，比如出版物、研究报告、专利数、公共演讲和其他研究工作的结果，这样一种产出的衡量对一个高校的院系来说都是很难完成的，更不用说是一个很大的高等教育机构样本了。一种早先由 Brinkman(1981)采用的衡量科研产出的办法是高等教育机构科研经费总支出额。(一个类似的办法是由 southwick(1969)所使用的科研合同)尽管不是所有的科研以被发起的科研基金为基础，也不是所有科研发起的基金会带来科研产出，但至少在发起人看来，高等教育机构运作此类基金的能力同科研产出密切相关，我们已经选用了一个类似的衡量办法——高等教育机构接收的科研捐款数量。另外，尽管在某些情况下捐款是出于其他目的而非科研的目的(比如，培训和论证)，而且科研可以在没有外部捐款的情况下进行，但是科研产出同拨款支付之间的高度相关是不容置疑的。①

① 我们使用一个包含121所高等教育机构的样本，对于科研捐款和教师的出版物，其数据都是可以获得的(以国家科学院汇编的数据为基础)我们得到这二者的相关系数为0.7。

方 法

我们在方法上遵从了由 Baumol，Panzar 和 Willig(1982)(此后用BPW 代表)的开创性工作，以及此后对他们理论的应用(比如 Mayo，1984)。模型的特点是它是一个固定成本可变的二次方程(简写为 FFCQ)。使用这一模型的主要优点在于它允许各产出的固定成本之间的差异。令 F_i 为虚拟变量并假定当产出量 Y_i 为正时，F_i 为 1，否则为 0，那么 FFCQ 方程变为

$$C = a_0 + \sum_i a_i F_i + \sum_i b_i F_i + \frac{1}{2} \sum_i \sum_j c_{ij} Y_i Y_j + V \quad (1)$$

这里 C 是总成本，a_0，a_i 各项，b_i、c_{ij} 各项都是系数，V 是误差项。变量 F_i 抓住了生产不同产品组合的不同高等教育机构在固定成本上的差异。

对投入价格，以及同产出的交互作用项(比如，在等式(1)中将要素价格看成一项产出)既包括了一次项又包括了二次项。总之，这样的模型特征牺牲了产出要素价格的成本方程的线性齐次特征。然而，既然只有一项要素价格对我们的研究有用(教工平均工资扣除毛利)。那么线性齐次特征同我们的分析就不大相关了(Friedlaender，Winston 和 Wang(1983))[①]。

规模经济与范围经济

遵从 BPW，我们区分了以下的经济形式，整体规模经济，

---

① 总之，投入价格可以转化为混合产出，既然高等教育机构是一种劳动密集型的组织，那么，教工工资可能是最重要的投入价格。对于目前的分析而言，其他产出的价格数据无法获得。而且，可以想象就高等教育机构而言，平均教工报酬和混合产出的双向关系会增长，因此，理想的情况是将本科生、研究生和科研人员的要素工资分离开来。数据的局限妨碍了这种规划，而且，我们结果显示混合产出对于包含或不包含要素工资并不敏感。

衡量产出整体的规模经济；特定产出的规模经济；范围经济（衡量当同时生产两个或多个产出时，由于产出互补性所导致的单位成本下降的程度）。

(1)总体规模经济：用 $C(Y)$ 代表制造所有 n 种产出（Y_i）的总成本，用 $C_i = \partial C(Y)/\partial Y_i$ 代表生产第 i 种产出的边际成本。那么总体规模经济系数 $S_n(Y)$，可以定义为

$$S_n(Y) = C(Y)/\sum_i Y_i C_i(Y) \tag{2}$$

如果 $S_n(Y)$ 大于（小于）1，则说明存在总体规模（不）经济。

(2)特定产出的规模经济：用 $C(Y_{n-i})$ 表示生产除第 i 种产出之外的所有 n 种产出的总成本。同时，用 $AIC(Y_i)$ 表示第 i 种产出的平均增量成本，则其可以表达为

$$AIC(Y_i) = [C(Y) - C(Y_{n-i})]/Y_i \tag{3}$$

那么，特定产出的规模经济的程度 $S_i(Y)$ 如下

$$S_i(Y) = AIC(Y_i)/C_i(Y) \tag{4}$$

当 $S_i(Y)$ 大于（小于）1，存在（不存在）第 i 种特定产出的规模经济。

(3)范围经济：当不同产出之间的生产互补性程度出现时，产出 Y_i 和产出 Y_j 联合生产要比将其分离开生产更经济，这时就出现范围经济。范围经济的程度对于某种产出 t 而言即 $SC_t(Y)$，计算如下：

$$SC_t(Y) = [C(Y_t) + C(Y_{n-t})]/C(Y) \tag{5}$$

其中，$C(Y_t)$ 是仅制造产出 t 的成本，$C(Y_{n-t})$ 是生产 n 种产出中除 t 之外的产出成本，当 $SC_t(Y)$ 大于零时，存在范围经济。

我们将分别估计公立和私立的高等教育机构的多产出成本

方程(以及规模经济和范围经济)，原因是我们前面提到的出于教学质量的考虑，此外，检验(F[19，1827]=15.24)证实了公立与私立部门结构差异的假设。①

数 据

我们实证分析的信息来自高等教育机构的概览 1981—1982 学年的截面数据。它是由“高等教育的一般信息概览”发布的(HEGIS)。我们在这一概览中取了一个有 1887 所高等教育机构的样本，其中忽略了那些数据不全或不授予学位的高等教育机构。表 1 列出了公立和私立机构的质量，对变量的描述以及均值和标准差。

表 1 对变量的描述，均值和标准差

变量符号	描述	公立		私立	
		均值	标准差	均值	标准差
C	教育总支出及转换值(百万美元)	25.14	49.91	15.69	40.35
DRES	如果科研＞0，则 DRES = 1，否则 DRES=0	0.16	0.49	0.71	0.45
DGRAD	如果研究生入学人数＞0，则 DGRAD =1，否则 DGRAD =0	1.69	0.46	0.59	0.49

① 我们可以将多产出的情形同单产出的情形作一番比较，等式(1)变为：

$$C = a_0 + b_1 Y + c_{11} Y^2 + b_2 W + c_{22} W^2 + c_{12} YW + U \qquad (1')$$

这里系数 0.5 出于简化，被省略掉了。我们将分别估计公立和私立部门的等式(1')中的参数，并用 T=UD+GR 代表产出 Y。当 C/Y 下降时，会出现规模经济，当 $\partial(C/Y)/\partial Y=0$ 时规模经济消失。

续表

变量符号	描述	公立		私立	
		均值	标准差	均值	标准差
UD	本、专科全日制注册人数(千人)	4.48	4.94	1.63	1.90
GR	研究生全日制注册人数(千人)	0.36	1.08	0.33	1.04
RES	科研产出(百万美元)	2.93	10.73	2.64	13.55
UDSQ	本、专科生全日制入学人数的平方	44.44	109.88	6.27	20.28
GRSQ	全日制研究生入学人数的平方	1.29	7.63	1.18	7.01
RESSQ	科研产出的平方	123.50	1 022.43	190.36	1 563.48
UDGR	本专科入学人数×研究生入学人数	5.55	25.50	1.91	9.57
UDRES	本专科入学人数×科研产出	47.66	249.01	16.73	96.90
GRRES	研究生入学人数×科研	11.30	79.07	11.98	84.61
WAGE	平均每年教工工资+毛利(千元)	30.26	21.35	22.28	19.03
WAGESQ	工资的平方	1371.10	5 829.11	858.13	5 162.73
WAGE-UD	工资×本专科入学人数	155.51	310.16	47.39	120.08
WAGE-GR	工资×研究生入学人数	15.62	102.92	14.48	72.92
WAGE-RES	工资×科研产出	134.64	1 067.06	118.31	898.40

结　果

我们将成本具体为了产出的方程：UD，本专科全日制入学人数，GR，研究生全日制入学人数；和RES，科研。因此，我们对公立和私立机构分别使用了FFCQ模型，估计了一个产出的成本方程。三产出FFCQ方程的估计结果列在表2中。

表2　三产出的二次成本方程

变量	公立 (1)	私立 (2)
DRES	0.912 (0.783)	−1.903[a] (0.529)
DGRAD	−1.645[b] (0.876)	−0.214 (0.502)
UD	1.585[a] (0.202)	4315[a] (0.477)
GR	13.282[a] (1.579)	8.941[a] (1.357)
RES	3.054[a] (0.155)	2.165[a] (0.088)
UDSQ	0.132[a] (0.014)	−0.566[a] (0.045)
GRSQ	−9.195[a] (0.473)	−3.876[a] (0.257)
RESSQ	−0.043[a] (0.002)	−0.012[a] (0.001)

续表

变量	公立 (1)	私立 (2)
UDGR	0.625[a] (0.143)	2.268[a] (0.182)
UDRES	−0.211[a] (0.014)	−0.015 (0.013)
GRRES	1.244[a] (0.060)	0.345[a] (0.025)
WAGE	0.131[a] (0.033)	0.069[b] (0.030)
WAGESQ	−0.001[a] (0.000 1)	−0.001[a] (0.000 1)
WAGE-UD	0.007 (0.004)	−0.002 (0.014)
WAGE-GR	−0.165[a] (0.024)	0.058 (0.039)
WAGE-RES	0.018[a] (0.002)	−0.003 (0.002)
Intercept	0.174 (1.134)	1.422 (0.889)
N	1 195	692
R^2	9 695	9 832

注意：括号中的数据是标准差。

a　1%的水平上显著(或更低水平上)双尾检验。

b　5%的水平上显著(或更低水平上)双尾检验。

除了某些例外，表 2 中的变量系数在统计上是显著的，而且第 1 栏的大部分系数(公立)明显不同于第 2 栏[1]，这证实了我们早先的论点，公立和私立的成本方程有不同的结构。比如，我们注意到在其他各项不变的情况下，较高的本专科入学人数在公立高等教育机构中是以递增的速率带来成本的增加，而在私立的高等教育机构则相反。而且，UDRES 交互作用系数在公立高等教育机构显著为负，表明了这两种产出的互补性，但是对私立的高等教育机构却并不显著。交互作用项(UDGR 和 GRRES)表明产出不存在互补性，这一点令人疑惑，但是正如下面会看到的，我们发现广泛(存在)范围经济，说明总体而言，三种产出是互补的。[2]

规模经济和范围经济

本研究的中心问题是计算公立和私立高等教育机构的整体规模经济，特定产出的规模经济和范围经济的程度。我们的计算以表 1 中估计出的成本公式为基础，公式具化为(2)，(4)和(5)，一些结果列在表 2 中。在产出和投入价格的平均水平上，整体规模经济在公立和私立部门都存在。我们也发现这一水平 UD 在两部门都存在特定产出的规模不经济。但是，对公立和私立部门产出的平均水平在其他情形中存在相反的结果。我们发现在私立部门存在范围经济，在公立部门存在范围不经济。而且，虽然，我们发现公立部门的 GR 和 RES 在平均产出水

① 古札拉蒂提出的虚拟变量方法是用以检验系数间差异的统计显著性。

② 我们也做了 F 检验以决定在支撑包含 W 的所有各项以后，是否会影响成本方程的整体适用性。对于公立部门而言，F 统计检验是显著的。但这是对私立部门而言却不显著。无论如何，对规模经济和范围经济程度的估计对包含或不包含工资项并不敏感。

平上存在特定产出的规模经济，但是在私立部门结果正相反。

多产出情形的主要问题是没有对应的类似于单产出的“平均成本”概念，因此，我们就不清楚在平均成本公式中什么应当做在分母的位置。这里使用的 BPW 的技术，是以“复合产品”为基础，通过固定“产出比例来(讨论)当产出来变化时成本的行为”(BPW，47 页。)所以，重新计算任一平均产出的倍数的规模经济和范围经济同时保证产出比例不变，是合情合理的[①]。这些结果也列在表 2 中，一般地，我们有以下结论：(1)整体规模经济在私立部门一直到平均产出(或产出均值)的 600%都始终存在，但是在公立部门的平均产出附近就消失了。(2)有两个例外，UD 的特定产出规模经济在私立部门不存在，在公立部门只存在于低产出的水平上。(3)GR 的特定产出规模经济存在于公立部门的高产出水平，而在私立部门根本不存在。(4)RES 特定产出的规模经济在公立部门一直到产出均值的 200%都存在，然后在产出均值的 500%再次出现，比较而言，私立部门不存在这一特定产出规模经济。(5)最后，除了公立部门在产出均值 150%以下的产出水平以外，我们观察到在两部门所有产出都存在范围经济。这些结果相当有趣，因为它们说明教学和科研是互补的。那些专业化于单一产出的高等教育机构(专业化高等教育机构)要承受较高的成本。比如，当所有产出处于他们各自产出均值的 300%时，专业化的公立学校的生产成本要比提供多产出的高等教育机构高出 8.4%。对

① 但是，工资变量总是等于它的平均水平。

应的私立高等教育机构的数据是33.2%。①

我们的结果表明，公立部门以及某种程度上的私立部门会受益于随产出增加而来的范围经济(在私立部门，成本节省会随着产出的增加而戏剧性的扩大)。此外，直至产出均值的600%私立部门仍然存在整体规模经济。我们的结果显示，既培养本专科生又培养研究生，还涉足科研的复杂高等教育机构要比专业化的高等教育机构成本低得多。而且，我们也发现非常小的高校(低于平均水平)要比平均规模的高等教育机构成本高，但在本、专科在校人数增加的情况下则并不符合成本有效。从一个成本的观点看，扩大规模只有在多产出水平的情况下才是有效的。

---

① 单产出模型(见fn3)的结果如下(括号内是标准差)：

公立部门 $c = 1.86 + 2.26Y + 0.17Y^2 - 0.03/W^2 + 0.03YW$

(6.82) (0.26) (0.01) (0.000 2) (0.003)

$R^2 = 0.828\,9$； $N = 1\,195$

私立部门 $c = -5.53 + 5.58Y + 0.03Y^2 + 0.18W - 0.004W^2 + 0.13YW$

(1.96) (0.75) (0.09) (0.000 4) (0.02)

$R^2 = 0.712\,2$； $N = 692$

两部门都存在某种程度的规模经济。在私立部门，当 $Y = 5.12$(入学人数为5 120人)时成本最小(这时 $\partial(C/Y)/\partial Y = 0$)，而在公立部门最低成本发生在当 $Y = 2.11$ 时。显然，单产出的结果完全不同于多产出方法获得的结果。例如，总体规模经济发生在公立部门100%的均值产出水平，这时 $Y(=UD+GR)=4.842$(在校生人数为4 842人)，这大概是单产出模型最低成本水平的两倍多，更不用说进一步出现的范围经济了。这种差别在私立部门更为巨大，当产出均值水平的600%以上仍然存在总体规模经济(此时，$Y = 11.784$，或者在校生人数为11 784人)，同单产出最低成本点产出为5 120人相比，差异巨大，更不用说范围经济带来的成本下降时的情况。这些发现表明，使用单产出成本方程的来自这些研究的结果，如Maynard(1971)估计的结果，最好应当被看作是一种尝试性的结果，最差则可能带来完全错误的结果。

结 论

本论文的主要目的是为高等教育机构估计出多产出成本方程，以此来研究高等教育中是否存在规模经济和范围经济，以及如果存在其程度如何，尽管这里的结果我们是尝试性的，但是我们仍然可以提供以下结论。

(1)多产出成本方程要优于传统的单产出成本方程，固定成本的可变的二次方程非常适合于公立的和私立的高等教育机构，在两部门的系数结构上表现出显著的差异。

(2)至少在一定程度上，两部门都存在整体规模经济和范围经济，而特定产出的规模经济仅存在于公立部门的科研和研究生产出上，整体规模经济在公立部门消失于平均产出，而在私立部门产出均值的 6 倍水平上存在。而且，某些特定产出的规模经济(对公立部门而言)以及范围经济(对两个部门)在这些产出水平上仍然存在，这表明我们在整体规模经济停止的产出水平之前可以通过增大规模的获得经济上的好处。范围经济表明：包括本专科和研究生教学以及科研的复杂高等教育机构会比专业于其中一项(或两项)任务的高等教育机构更有效率。尽管我们知道高等教育机构获得专业化要相对容易一些，但是我们的研究表明容易得到的东西要付出更高的成本。

(3)我们将前面段落的结果同单产出模型的结果进行全面的比较，表明后者有可能导致错误的结论。

(4)最后，我们要作几点说明以防被误解。首先，我们的数据库仅包括了 1 年(1981—1982 年)，因此，可能不具有代表性。其次，我们对教学和科研产出的衡量仅属于替代性指标，UD、GR 和 RES 无法完全描述教学和科研产出，从而限制了我们的结果。最后，就像在所有的经验研究一样，量度的误差和模型特征的误差肯定存在，并造成结果的偏差，因而，我们将非常需要其他独立的研究对结果进行验证，包括采用不同年份的数据以及不同特征的模型。

参考文献

中文部分

1. 约翰·伊特韦尔，默里·米尔盖特，彼得·纽曼编. 新帕尔格雷夫经济学辞典. 陈岱孙，主编. 北京：经济科学出版社，1996.

2. [美]H. 范里安. 微观经济学：现代观点. 费方域等译. 上海三联书店，上海人民出版社，1994.

3. 瓦里安．微观经济学：高级教程. 经济科学出版社，1998.

4. 亨德森，匡特. 中级微观经济学理论：数学方法. 北京大学出版社，1988.

5. 保罗·克鲁格曼，奥伯斯特费尔德. 国际经济学——理论与政策. 张毅等译. 台北五南图书出版公司，1955.

6. 平狄克·鲁宾费尔德. 微观经济学. 宋承先，张军校，张军等译. 中国人民大学出版社，1995.

7. [美]古扎拉蒂. 计量经济学(第三版). 林少宫译. 中国人民大学出版社，2000.

8. [美]小艾尔弗雷德·钱德勒. 企业规模经济与范围经济——工业资本主义的原动力. 中国社会科学出版社，1999.

9. 陈洪捷. 德国古典大学观及其对中国大学的影响. 北京大学出版社，2002.

10. 陈晓宇. 论我国高等教育投资的内部效益. 教育与经济，1995.

11. 陈至立. 在教育部 2000 年年度工作会议上的讲话. 中国教育年鉴，2000.

12. 成刚，孙志军. 我国高校效率研究. 经济学季刊，2008(4).

13. 丁小浩. 中国高等院校规模效益再分析. 教育研究，1993(5).

14. 丁小浩，闵维方. 规模效益理论与高等教育结构调整. 高等教育研究，1997.

15. 丁小浩. 中国高等院校规模效益研究. 北京大学高教所博士毕业论文，1995.

16. 丁小浩. 中国高等院校规模效益的实证研究. 教育科学出版社，2000.

17. 丁建立. 试分析我国高等教育投资结构效益. 教育与经济，1997.

18. 郭苏热. 高校校、系、专业规模对内部效率的影响. 北京大学高教所硕士毕业论文，1994.

19. 韩素贞. 高等教育效益的国际比较. 上海高教研究，1998.

20. 何晓群，刘文卿编著. 应用回归分析. 中国人民大学出版社，2001.

21. 姜力争. 中国高等院校规模效益分析. 北京大学高教所硕士毕业论文，1991.

22. 靳希斌. 教育经济学. 人民教育出版社，1998.

23. 李文利. 中国居民高等教育需求研究. 北京大学高教所博士毕业论文，2000.

24. 梁序军. 中国高等教育学校内部效益分析. 北京大学高教所硕士毕业论文，1990.

25. 闵维方. 高等教育规模扩展的形式与办学效益研究. 教育研究，1990.

26. 闵维方，丁小浩. 中国高等院校规模效益：类型、质量的实证分析. 教育经费筹措管理与效益研究. 天津大学出版社，1993.

27. 闵维方，丁小浩，郭苏热. 高等院校系和专业的规模效益研究. 教育研究，1995.

28. 潘懋元. 高等教育学讲座. 人民教育出版社，1993.

29. 平新乔编著. 微观经济学十八讲. 北京大学出版社，2001.

30. 盛洪. 企业并购与制度变迁. 北京天则经济研究所编. 中国并购经典. 学林出版社，1997.

31. 宋光辉. 高校扩招过程中的规模经济、范围经济现象研究——兼论教育部直属高校的适度规模. 中国经济学年会论文，2003.

32. 宋光辉. 高校扩招过程中的规模经济、范围经济现象研究——兼论教育部直属高校的适度规模. 西南财经大学. 硕士论文，2004.

33. 王善迈. 教育投入与产出研究. 河北教育出版社，1996.

34. 汪丁丁. 从“交易费用”到博弈均衡. 经济研究，1995(9).

35. 魏军锋，平新乔. 移动公司的成本结构和弹性分析. 北京大学中国经济研究中心工作论文 No. C2002019，2002－12－30.

36. 吴式颖，任钟印主编．外国教育思想通史——19世纪的教育思想(上)．第七卷．湖南教育出版社，2002.

37. 武书连，吕嘉，郭石林．2001中国大学评价．科学管理研究，2001(6).

38. 阎凤桥，闵维方．中国高等学校资源配置中的结构效益问题初探．高等教育论坛，1999(4).

39. 杨小凯．当代经济学与中国经济．北京：中国社会科学出版社，1997.

40. 经济学原理．北京：中国社会科学出版社，1998.

41. 易丹辉编著．统计预测——方法与应用．北京：中国人民大学出版社，1990.

42. 中华人民共和国国家教育委员会计划建设司编．中国教育事业统计年鉴．1992—2002．北京：人民教育出版社．

43.《中国教育年鉴》编辑部．中国教育年鉴．北京：人民教育出版社，1997.

44. 张维迎．控制权损失的不可补偿性与国有企业兼并中的产权障碍．经济研究，1998(7)．转引自张维迎．企业理论与中国企业改革．北京：北京大学出版社，1999.

45. 周箴．澳大利亚的高校合并及其启示．高等工程教育，1997(3).

46. 朱彤．可竞争市场理论述评．教学与研究，2000(11).

英文部分

1. Bailey, E. E. and Friedlander, A. F., " Market Stucture and Multiproduct Industries" Quarterly Journal of Economics, 91, August 1977, 481～493 (1982).

2. Baumol, W. J., " On the Proper Cost Tests for Natural Monopoly in a Multiproduct Industry "American Economic Review, 67, December, 809～822(1977).

3. Baumol, W. J., Panzar, J. C. and Willig, R. D. Contestable markets and the theory of industry structure. New York: Harcourt Brace Jovanovich, 1982.

4. Baumol, W. J. and Yale M., Braunstein, " Empirical Study of Scale Economies and Production Complementarity : The Case of Journal Publication"Journal of Political Economy, 85, October, 1037～1048 (1977).

5. Caves, Douglas, Laurits R. Christensen, and Micheal W. Tretheway, " Flexible Cost Function for Multi-product Firms" Review of Economics and Statistics , 62, No. 3, August, 477～481(1980).

6. Cohn, E., S. L. W. Rhine, and M. C. Santos, (1989) "Institutions of Higher Education as Multi-Product Firms: Economies of Scale and Scope" Review of Economics and Statistics , 71(May 284～290) .

7. De Groot, H., McMahon, W. W., & Volkwein, J. F. (1991) "The Cost Structure of American Research Universities"Review of Economics and Statistics, 73, 424～431.

8. Dundar, H. , & Lewis, D. R. (1995) "Departmental productivity in American universities: Economies of Scale and Scope"Economics of Education Review, 14, 199～244.

9. Lewis, D. R and Dundar, H. (1995) "Economies of scale and scope in Turkish universities" Education Economics, Vol 3, Issue2.

10. Dundar, H. , & Lewis, D. R. (1999) "Equity, quality and efficiency effects of reform in Turkish higher education" Higher Education Policy 12 , 343～366.

11. Glass, J. C. , McKillop D. G. & Hyndman, N. (1995) "Efficiency in the Provision of University Teaching and Research: An Empirical Analysis of UK Universities" Journal of Applied Econometrics, Vol 10, Issue 1 , 61～72.

12. Gujarati, N. Damodar (1995) Basic Econometrics, third edition, by McGraw-Hill, Inc. New York.

13. Hashimoto, Keiji and Cohn, E. (1997) "Economies of Scale and Scope in Japanese Private Universities" Education Economics, Vol 5, No 2, 107～115.

14. Hou Longlong, Li Fengliang and Min Weifang(2009) "Multi-product total cost functions for higher education: the case of Chinese research universities" Economics of Education Review, Vol 28, Issue 4, 505～511.

15. Johnes, G. (1996). Multiproduct cost functions and the funding of tuition in UK universities. Applied Economics Letters, 3, 557～561.

16. Johnes, G. (1997a) "Costs and Industrial Structure in Contemporary British Higher Education" Economic Journal, 107, 727～737.

17. Johnes, G. (1997b) "Costs in UK Higher Education: A System-Wide Perspective" Unpublished Paper in Centre for Economic Reform and Transformation, Heriot-Watt University.

18. Johnes, G. (1998) "The Costs of Multi-product Organizations and the Heuristic Evaluation of Industrial Structure"Socio-Econ. Plann. Sci. Vol. 32, No. 3, 199～209.

19. Johnes, G. (1999) "The management of universities" Scottish Journal of Political Economy, 46, 505～522.

20. Hooshang Izadi, Geraint Johnes, Reza Oskrochi, Robert Crouchley (2002) "Stochastic frontier estimation of a CES cost function: the case of higher education in Britain" Economics of Education Review, 21, 63～71.

21. Koshal, R. K. & Koshal, M. (1995) "Quality and Economies of Scale in Higher Education"Applied Economics, 22, 3～8.

22. Koshal, R. K. & Koshal, M. (1999) "Economies of Scale and Scope in Higher Education: a Case of Comprehensive Universities"Economics of Education Review, 18, 269～277.

23. Koshal, R. K. & Koshal, M. (2000) "Do Liberal Arts Colleges Exhibit Economies of Scale and Scope"Education Economics, Vol. 8, No. 3, 209～220.

24. Koshal, R. K. & Koshal, M. (2001) "Multi-product Total Cost Function for Higher Education: a Case of Bible Colleges"Economics of Education Review, 20, pp. 297～303.

25. Laband N. and Lentz F. (2003) "New estimates of economies of scale and scope in higher education"Southern Economic Journal, 70, July, 172～183.

26. Lloyd, P. J., Morgan, M. H., & Williams, R. A. (1993) "Amalgamation of Universities: Are There Economies of Scale or Scope"Applied Economics, 25, pp. 1081～1092.

27. McLanghlin, Gerald W., James R. Montgomery, Alvin W. Smith, Beatrice T. Mahan, and Lawrence W. Broomall (1980) "Size and Efficiency" Research in Higher Education, 12, 53～66.

28. Nelson, R., & Heverth, K. T. (1992) "Effect of Class Size on Economies of Scale and Marginal Costs in Higher Education "Applied Economics, 24 , 473～482.

29. Panzar, J. C. and Willig, R. D. (1977) "Economies of Scale in Multi-Output Production"Quarterly Journal of Economics, 91, August, 481～493.

30. Panzar, J. C. and Willig, R. D. (1981) "Economies of Scope,"American Economic Review, 71, May 1981, 268～272.

31. Pulley, Lawrence B. , and Yale M, Braunstein, (1992)" A Composite Cost Function for Multiproduct Firms with an Application to Economies of Scope in Banking" Review

of Economics and Statistics, pp. 221～230 .

32. Röller, L. (1990a), "Proper quadratic cost functions with an application to the Bell System". Review of Economics and Statistics, 72, 202～210.

33. Röller, L. (1990b), "Modeling cost structure: the Bell System revisited". Applied Economics, 22, pp. 1661～1674.

34. Shoesmith, Gary (1988)"Economies of scale and scope in petroleum refining"Applied Economics, 20, 1643～1652.

35. Verry, D. W. and Davies B. (1975) "Cost Function for Teaching and Research" The Economic Journal , 85, 55～74(1975).

后 记

本书是在本人博士和硕士论文的基础上经过修改形成的，这本书也伴随了我从学生到教师身份的转变，照理说，积淀这么久应该写出好东西才是，可是自己觉得里面的问题多多，主要还是跟自己研究兴趣的转向有直接关系。里面的问题还是留待读者批评指正了。

本书得到了“中央高校基本科研业务费专项资金资助”(supported by the Fundamental Research Funds for the Central Universities)和北京市教育科学规划课题"高等教育中的范围经济"(课题批准号 MDA02207)以及北京师范大学首都教育经济研究院的资助，特此感谢！

侯龙龙
2012-12-12

后 记

[illegible]

[illegible]（Supported by the Fundamental Research Funds for the Central Universities）[illegible]

[illegible]